현대철학 매뉴얼

현대철학 매뉴얼

초판1쇄 펴냄 2023년 02월 28일
초판2쇄 펴냄 2023년 09월 14일

지은이 이하준, 임건태, 조홍준, 우호용, 곽영윤, 박성진, 성기현, 도승연, 이지영
펴낸이 유재건
펴낸곳 (주)그린비출판사
주소 서울시 마포구 와우산로 180, 4층
대표전화 02-702-2717 | **팩스** 02-703-0272
홈페이지 www.greenbee.co.kr
원고투고 및 문의 editor@greenbee.co.kr

편집 이진희, 구세주, 송예진, 김아영 | **디자인** 권희원, 이은솔
마케팅 육소연 | **물류유통** 유재영 | **경영관리** 유수진

ISBN 978-89-7682-815-6 03160

學問思辨行: 배우고 묻고 생각하고 판단하고 행동하고

독자의 학문사변행을 돕는 든든한 가이드 _그린비 출판그룹

그린비 철학, 예술, 고전, 인문교양 브랜드
엑스북스 책읽기, 글쓰기에 대한 거의 모든 것
곰세마리 책으로 크는 아이들, 온가족이 함께 읽는 책

현대철학 매뉴얼

이하준

임건태

조홍준

우호용

곽영윤

박성진

성기현

도승연

이지영

그린비

책을 내며

이 책의 제목에 눈길이 가는 사람이나 책을 펼쳐 보는 독자라면, '현대철학'(contemporary philosophy)이란 말풍선이 머릿속에 그려질 수 있다. 말풍선의 내용은 아마도 다음과 같은 것이리라. "현대철학이란 무엇인가?" 이 질문은 현대철학이라고 지칭될 수 있는 철학의 기원, 대상, 범위, 내용의 고유성에 대한 물음이기도 하다. 개념사적인 측면에서 보면 '현대', '현대적'이란 개념과 술어는 시대 개념이 아니다. 고대 그리스에서 시작해 근대에 이르기까지 '현대', '현대적'은 이전 시대와 다른, 발전된, 진보적인 등의 의미로 사용되었다. 현대철학의 시작을 언제로 볼 것인가에 대한 단일한 이론적 입장은 없다. 멀리는 데카르트부터라고 보는 시각, 헤겔 이후로 보는 시각, 20세기 중반 이후로 보는 시각, 여기에 더해 지그문트 프로이트나 게오르그 지멜을 사상가로 보면서 현대철학자의 범주에 집어넣는 경우와 그렇지 않은 경우 등 실로 다양한 이론적 입장들이 존재한다.

이 책의 공저자들은 넓은 의미에서 20세기 전후에 등장한 철학 사상을 현대철학의 범주로 설정했다. 연대기적 관점에서 현대에는 수많은 사건들이 발생했고 그것이 현대인들의 몸과 마음 그리고 머리를 통과했다. 1·2차 세계대전, 나치즘과 전체주의의 발흥, 반전평화운동, 68혁명, 식민지 해방과 범세계적 민주화 운동, 소련의 붕괴와 동유럽의 민주주의 혁명, 중국의 부상, 자본과 노동 그리고 문화의 세계화, IT 혁명과 지식 폭발, 기후위기, 제1세계와 제3세계의 갈등, 문명 간 충돌 등…. 20세기와 21세기는 인류의 역사 이래 그 폭과 깊이에서 어느 시대보다 큰 변화를 경험한 시기다.

이 책에서 다루는 철학자들은 남다른 지성적 예민함으로 시대에 대해 숙고하고 시대 문제를 철학화한 사람들이다. 나치 시대를 통과한 철학자들, 나치즘에 대한 그들의 개인적·철학적 대응을 보는 것은 어쩌면 영화보다 더 극적이다. 이 책에 소개된 하이데거, 비트겐슈타인, 아도르노, 아렌트와 반유대주의의 문제는 철학자의 직접 체험과 시대적 대응 방식이라는 점에서 블록버스터 영화를 능가하는 역사 드라마이다. 누구나 알듯이 시대 개념으로서 현대는 짧은 시간의 연속이 아니다. 현대철학자라는 같은 명칭으로 불려도 그들이 활동했던 시기와 그들이 겪었던 정치·사회적 질서는 서로 다르고, 이것이 현대철학자들로 하여금 그들 각자의 사유의 집을 짓는 데 큰 영향을 미쳤다. 여기에 덧붙여 현대사회의 복잡성을 마주하는 그들의 관점 및 인식의 편차와 더불어 그들의 성향, 성장사, 성격 등이 확연히 달랐기 때문에 현대철학은 다채롭기 그지없다. 이런 이유로 현대철학의 정원에 들어서려는 사람들은 현기증을 느끼거나 '미로의 숲'에 들어가는 기분을 갖기 쉽다.

이 책은 현대철학의 복잡한 지형도를 볼 수 있는 눈, 현대철학이라는 미로에 빠지지 않기 위한 좋은 매뉴얼이자 친절한 안내자가 되고자 한다. 이를 위해 책에서 다루는 철학자에 남달리 정통하며 학교 안과 밖에서 '함께 철학함'을 실천하는 선생님들이 모였다. 이 책은 많은 현대철학자 중에서 13명을 선정해 다뤘고, 그 소개 순서는 그들의 출생연도에 따랐다. 또한 기존의 현대철학 소개서에서 자주 다뤘던 철학자들뿐 아니라 도나 해러웨이와 주디스 버틀러와 같은 동시대 철학자의 사유의 정원도 살펴보도록 기획되었다.

이 책에서 다루는 철학자들과 그들의 생각은 존경의 대상이기 이전에 우리의 생각을 만드는 '재료'이다. 버려야 할 재료는 버리고, 합치고 붙여야 할 재료는 그렇게 하는 것, 그것이 우리가 만들어야 할 사유의 집이며, 생각의 건축이다. 『현대철학 매뉴얼』이 독자와 현대철학자를 잇는 좋은 다리, 스스로 철학함을 익히게 돕고 '함께 사유함'으로 나아가는 친구가 되기를 희망한다.

끝으로 책이 나오기까지 긴 시간 학문적인 우정을 나눈 동료 선생님들께, 정성과 꼼꼼함을 아끼지 않고 좋은 책을 만들어 준 그린비 출판사의 김아영 선생님께 감사한 마음을 전한다.

2023년 2월, 이하준

차례

일러두기

1 본문 중 인용 주석에서, 소괄호 안의 내용은 원문에 포함된 것이며 대괄호 안의 내용은 원문을 번역한 지은이가 이해를 돕기 위해 추가한 것이다.

2 강조 표시는 모두 지은이 강조이며, 인용된 원문의 강조인 경우 별도로 표기했다.

3 외국어 고유명사는 2002년에 국립국어원에서 펴낸 외래어표기법을 따르는 것을 원칙으로 하되, 관례가 굳어서 쓰이는 것은 관례를 따랐다.

4 인용된 도서 중 국내에 번역 출간된 책이 있는 경우, 국역본의 제목을 따라 표기했으며 출간 연도는 원서의 출간을 기준으로 표기했다.

5 저자 소개글은 권말에 실었으며, 소개 순서는 글의 순서에 따랐다.

프리드리히 니체,
삶을 운명으로 사랑하다 — 임건태

1. 생애와 배경

프러시아 뢰켄(Röcken)이라는 작은 마을에서 1844년 10월 15일 지역 목사의 아들로 태어난 니체(Friedrich Wilhelm Nietzsche)는 꽉 잡으려고 하면 할수록 오히려 손에서 빠져나가는 모래 같은 사상적 면모를 보인다. 유년시절을 보낸 후, 니체는 왕립기숙학교 슐포르타(Schulpforta)에 입학한다. 슐포르타는 희랍어나 라틴어 같은 고전어와 고전 문헌 학습을 주요 커리큘럼으로 가진 당대 인문교육의 요람이었다. 그곳에서 니체는 고전어 독해와 작문에 탁월한 능력을 발휘했다. 슐포르타 과정을 마치고, 본(Bonn) 대학에 진학한 그는 어머니의 바람대로 처음에는 신학과 문헌학을 공부했지만, 결국 신학은 그만두고 문헌학에만 집중하게 된다. 지도교수였던 걸출한 문헌학자 리츨(Friedrich Wilhelm Ritschl)이 라이프치히 대학으로 자리를 옮기게 되고, 니체도 그를 따라 대학을 옮기면서 본 대학 시절은 끝이 난다.

니체의 관심을 문헌학에서 철학으로 전환하게 만든 쇼펜하우어(Arthur Schopenhauer) 철학을 본격적으로 접하게 된 것이 이 라이프치히 대학에서였고, 또 이 시절 니체는 그의 사상에 결정적 영향을 미치는 사건을 겪는다. 그것은 바로 바그너(Richard Wagner)와 만난 일이었다. 니체는 당시 이미 사회적 거물이었던 바그너를 우연한 기회에 직접 마주하게 되었고, 쇼펜하우어 철학에 심취해 있던 바그너와의 대화를 통해 깊은 감명을 받는다.

니체는 문헌학 분야의 여러 논문을 발표함으로써 두각을 나타냈으며, 리츨의 추천으로 바젤 대학의 교수로 가게 된다. 아직 박사학위도 받기 전이었지만, 라이프치히 대학은 그간 니체가 발표한 논문과 연구 활동을 바탕으로 학위 자격을 부여했다. 스물네 살의 촉망받는 문헌학자이자 젊은 교수로서 니체는 학생들을 가르치면서 나름의 학문적 활동을 해 나간다. 그러나 보불전쟁에 의무병으로 참전했던 기간을 제외하고, 니체가 바젤 대학 교수직을 수행하면서 1872년 처음 내놓은 결과물은 주위의 기대와 달리 엄밀한 문헌학적 연구가 아니라, 기존 문헌학의 성과를 정면으로 부정하는 과감하고 도발적인 저술 『비극의 탄생』이었다. 이 책에 대한 주변 문헌학자들의 반응은 싸늘했고, 니체보다 젊은 문헌학자였던 윌렌도르프(Ulrich von Wilamowitz-Moellendorff)는 문헌학적 엄밀성이 결여되어 있는 니체의 책을 호랑이나 표범에게 던져 주면 어울릴 것이라며 혹평을 서슴지 않았다. 이런 분위기 속에서 니체의 수강생들은 눈에 띄게 줄었고, 유년기부터 빈번하게 나타났던 편두통이나 구토, 시력 약화 등의 병증 역시 점차 악화된다.

1879년 니체는 건강상 이유로 바젤 대학에 사직원을 냈고, 대학은 사직을 받아들이는 한편 니체에게 연금 지급을 결정했다. 이제 재야 학자가 된 니체는 병적 증상을 완화시킬 수 있는 기후를 찾아 니스, 로마, 토리노 등 지중해 주변을 중심으로 편력하면서 여러 저술을 남기게 된다. 『반시대적 고찰』(1874)을 제외하고 『인간적인 너무나 인간적인』(1880), 『아침놀』(1881), 『즐거운 학문』(1882), 『차라투스트라는 이렇게 말했다』(1883~1885, 이하 『차라투스트라』) 등의 작품들은 모두 니체가 여러 곳을 여행하면서 구상하고 기록했던 메모들을 바탕으로 탄생한 책들이다.

그림 1 니체가 파울 레 및 살로메와 스튜디오에서 찍은 사진으로, 살로메가 채찍을 들고 있다.

니체가 대학을 떠나 방랑하던 시기에 일어난 주목할 만한 사건은 1882년 로마에서 친구 파울 레(Paul Rée)의 소개로 루 살로메(Lou Andreas-Salomé)라는 러시아 여성을 만난 일이었다. 서른여덟 살의 니체는 자신보다 열일곱 살이나 어린 이 여성의 지적 능력과 매력에 흠뻑 빠졌고, 파울 레를 통해 서툴기 짝이 없는 프러포즈를 했지만 거절당한다. 나중에 레 역시 이 여성을 마음에 두고 있었다는 사실이 밝혀지면서 이들의 관계는 파국을 맞게 된다. 이 사건으로 니체는 깊은 충격을 받고, 이후 자신의 연구를 뒷받침해 주고 건강을 보살펴 줄 수 있는 여성과 결혼하기 위해 몇 번에 걸쳐 시도하지만 모두 실패로 돌아가고 만다.

니체가 온전한 정신을 갖고 활동했던 마지막 시기였던 1886년에서 1888년 무렵에는 『선악의 저편』(1886), 『도덕의 계보』(1887), 『우상의 황혼』(1888년 저술, 1889년 출간), 독특한 방식의 자서전 『이 사람을 보라』(1888년 저술, 1908년 출간), 『안티크리스트』(1888년 저술, 1889년 출간), 『바그너의 경우』(1888), 『니체 대 바그너』(1888년 저술, 1895년 출간) 등이 출간된다. 이 가운데 특히 『우상의 황혼』과 『안티크리스트』는 당시 남긴 메모 내용을 통해 볼 때, 니체가 완결된 저술로 구상했지만 결국에는 펴내지 못했던 소위 『힘에의 의지』의 일부를 구성한다고 볼 수 있다. 가령, 1888년 9월 메모에 등장하는 '소크라테스의 문제', '철학에서의 이성', '참된 세계는 결국 어떻게 우화가 되었는가', '반(反)자연으로서의 도덕'이라는 소제목은 『우상의 황혼』 각 장과 일치한다.[1]

1889년 1월 니체는 이탈리아 토리노의 한 호텔 앞을 산책하다가 그 앞을 지나던 마차를 보게 되는데, 이때 마부가 말에게 채찍질하는 것을 말리다가 정신착란을 일으킨다. 이 사건에 대해 체코 소설가 밀란 쿤데라(Milan Kundera)는 『참을 수 없는 존재의 가벼움』(1984)에서 흥미로운 해석을 내리기도 했다. 니체가 동물을 자동인형(Automaton)으로 여김으로써 동물 학대를 부추긴 혐의를 받는 데카르트를 대신해 사과한다고 말에게 고백한 다음, 인간으로서 그런 미안함을 도저히 이기지 못한 나머지 정신적 붕괴를 맞이했다는 것

---

1 Mazzino Montinari, *Friedrich Nietzsche: eine Einführung*, Berlin: de Gruyter, 1991, p.119 참조.

이다. 어쨌든 더 이상 보통의 인간이기를 그친 니체를 친구 오버벡 (Franz Overbeck)이 예나(Jena)의 정신병원으로 데려갔고, 1년간 거기 머무른 뒤 니체는 어머니와 여동생이 있던 나움부르크(Naumburg)로 옮겨져 긴 투병 생활을 하게 된다. 투병 기간 중 니체는 가끔 방문객을 맞았으며, 즉석에서 피아노 연주를 하기도 했다. 1900년 8월 25일 니체는 병상에서 조용히 숨을 거둔다.

니체는 평생을 병과 고통 속에서 살았으며, 그런 고통을 견디며 살기 위해 사유하고 글을 썼다. 역으로 또 사유하고 글을 쓰기 위해 그는 고통스러운 삶을 살아냈다고도 할 수 있다. 따라서 그의 삶과 사유와 글은 서로 아주 밀접하게 얽혀 있다. 그럼에도 니체는『이 사람을 보라』에서 자신과 자신이 쓴 책은 별개라고 말한다. 이 말은 무슨 의미일까? 아마도 언어적 의사소통을 통해 개인의 가장 내밀한 부분은 항상 왜곡될 수밖에 없다는 니체의 주장에 비추어 볼 때 책 속에서 자신의 특징과 모습을 있는 그대로 발견하기는 어려울 것이라는 말인 듯하다. 물론 이는 니체가 아포리즘, 시, 논문 등 여러 가지 실험적 서술 방식을 통해 체험과 사유를 전하고자 평생 노력한 다음 도달한 결론 치고는 너무 허망한 주장이라고 할 수밖에 없지만 말이다.

이제 역사적 배경에 대해 살펴보자. 니체가 태어나고 활동했던 시대는 한마디로 격변기였다. 1848년 유럽 지역을 한바탕 휩쓴 혁명이 비록 실패로 돌아갔지만, 사회는 더 이상 과거의 질서로 돌아갈 수 없는 지경에 이르렀다. 독일 역시 자유와 인권에 대한 목소리가 점차 커지고 있었고, 경제와 교통 등의 발달로 전통 농업사회를 대신하여 자본주의 산업사회가 등장했다. 노동자와 부르주아의 계급 갈등,

정체성 혼란, 종교적 믿음의 붕괴와 니힐리즘(Nihilism), 사회적 유대의 상실 등이 이 시기를 대변하는 키워드였다. 그런 와중에 프러시아는 오스트리아와의 전쟁에서 승리한 후, 1870~1871년 프랑스와 벌인 보불전쟁에서도 승리함으로써 바야흐로 독일제국의 통일을 이루게 된다. 그러나 통일된 독일제국은 비스마르크(Otto von Bismarck)의 군국주의적 경향으로 인해 군사 문화가 압도하고 있었고, 통일 전 혼란스러웠던 상황이 여전히 이어지면서 경제적 이윤 추구만이 유일한 목표가 되어 버린 천박한 사회로 전락했다.

그렇지만 많은 사람들은 독일제국의 승리와 통일이 마치 문화적 승리와 같은 차원에 속하는 것처럼 착각하고 있었다. 그런 식의 속물적 사고방식을 대변하는 인물이 바로 니체가 『반시대적 고찰』 가운데 첫 번째 고찰에서 비판하고 있는 다비드 슈트라우스(David Strauss)였다. 니체는 군사적이고 정치적인 승리가 곧 문화적 승리를 의미한다고는 결코 생각하지 않았다. 그는 통일된 독일제국의 문화를 확립할 수 있는 새로운 길을 모색하고자 했고 그 과정에서 문화 융성의 가장 유망한 방식을 그리스의 비극적 문화에서 찾았다. 자신이 직접 목도하고 있던 바그너의 음악 드라마(Musikdrama)로 대표되는 독일 음악 속에서 그런 비극적 문화의 부활 가능성을 발견했다고 믿었던 것이다. 물론 이런 믿음은 나중에 환멸로 바뀌지만, 중요한 점은 니체가 처음부터 끝까지 붙들고 놓지 않았던 화두는 문화적 혁명이었다는 사실이다. 마르크스(Karl Marx)가 19세기 중후반 격화하는 유럽의 계급 갈등을 정치적 혁명을 통해 해결하고자 했다면, 니체는 참된 문화의 부활을 통해 여러 차원에서 해체된 사회의 확고한 구심점을 나름대로 마련하고자 했다고 할 수 있다. 그가 몰이해와 비난을 무릅쓰고 『도덕의 계보』에서 인류가 미래의 생존을 계속 보장받기 위해서는 서구의 전통적인 노예도덕에서 악하다고 선언하고 비방했던 야수적 개인들의 부활에 희망을 걸 수밖에 없다고 주장했던 가장 큰 이유도 그런 사람들에 의해서만 위대한 문화 창조가 가능하다고 믿었기 때문이었다.

다음으로, 사상적 배경을 알아보자. 니체 사상을 형성하는 데 가장 큰 영향을 미친 철학자를 한 명 꼽으라면 그것은 바로 쇼펜하우어다. 물론 니체가 쇼펜하우어의 입장을 무조건 다 받아들인 것은 결코 아니며, 이미 초기부터 그에 대한 비판적 태도를 확인할 수 있다. 그렇지만 쇼펜하우어가 제공한 프레임이 없었다면 니체 철학의 형성 과정을 이해하기는 어려울 것이다. 쇼펜하우어는 이 세계를 표상(Vorstellung)과 의지(Wille)로 파악한다. 전자는 우리가 사는 경험적 현실 세계를 가리키며, 후자는 그런 경험적 현실 배후에 존재하는 차원을 뜻한다. 그리고 이성이 아니라 의지가 바로 표상으로서의 세계를 가능하게 만드는 바탕이 된다. 이런 의지는 근원적 의지로서 표상의 세계로 객관화되면 개별적 의지로 나타난다. 그런데 개별적 의지들로 구성된 현실 세계는 그칠 줄 모르는 욕구와 제한된 물질로 인해 끊임없는 갈등과 투쟁의 연속이다. 따라서 쇼펜하우어에 의하면 이 세계의 삶은 고통과 불행으로 가득하다. 이 같은 고통과 불행에서 벗어나기 위해서는 적극적으로 욕구하는 삶이 아니라 금욕적 삶을 살 필요가 있다. 이것이 바로 쇼펜하우어가 내린 세계 진단으로서의 비관주의와 해결책이다. 우선, 니체는 표상과 의지로서의 세계를 나름대로 변형시켜 초기 사상의 바탕이 되는 '아폴론적인 충동'과 '디오니소스적인 충동'을 구상해 낸다. 더 나아가 니체는 쇼펜하우어의 비관주의적 세계 진단 역시 일단 수용한다. 니체는 『음악 정신으로부터 비극의 탄생』에서 그리스인들에게 익숙했던 실레누스(Sileus)의 지혜, 즉 "인간에게 최선은 태어나지 않는 것이며, 차선은 최대한 빨리 죽는 것"[2]이라는 점을 긍정적으로 평가한다. 그러나 니체는 비관주의에 대한 쇼펜하우어식의 해결책은 받아들이지 않는다. 니체는 삶을 부정하는 금욕적 삶을 비판하고, 삶에 대한 긍정적 태도를 내세운다.

　니체 사상을 이해하기 위해 쇼펜하우어와 더불어 반드시 거쳐야 하는 또 하나의 관문은 바로 바그너이다. 니체가 나중에 바그너의 낭만주의와 기독교적 경향으로 인해 그와 결별하긴 했지만, 최초의 우상으로서 바그너에 대한 평가는 여전히 유효하다고 할 수 있다. 그는 트리스탄 코드(Tristan Chord, 불협화음의 지속)로 대변되는 바그너의 혁명적 종합 예술(Gesamtkunstwerk) 내지 음악 드라마가 독일 정신의 통일과 연대를 위해 필요한 신화를 되살려 낼 수 있다고 여겼다. 음악과 신화는 디오니소스적 생명력의 공통된 모태였고, 그런 디오니소스적 생명력의 복원만이 고향을 잃고 정처 없이 방황하는 독일 정신에 확고한 방향을 제시함으로써 문화적 혁명을 가능하게 해 줄 것이었다. 니체는 디오니소스적 생명력의 바탕에 놓인 건강한 문화의 전범은 그리스인들이 보여 준 비극적 문화라고 해석했고, 그런 건강한

2　프리드리히 니체, 『비극의 탄생』, 박찬국 옮김, 아카넷, 2007, §4.

비극적 문화의 부활을 바그너의 음악 드라마에서 열망하고 있었던 셈이다.[3]

2. 초기 예술가 형이상학의 구성 요소
: 아폴론적인 것과 디오니소스적인 것

니체의 초기 사상을 한마디로 규정하면 예술가 형이상학(Artisten-Metaphysik)이다. 여기서 예술가는 인간 예술가를 가리키지 않는다. 그것은 이 세계를 가능하게 만드는 능산적 자연(Natura Naturans)[4]과 같은 근원적 일자(Ureine)로서 디오니소스적인 것이다. 근원적 일자 혹은 디오니소스적인 것은 쇼펜하우어가 말한 근원적 의지를 변형시켜 나온 용어다. 디오니소스는 그리스 신화에서 술과 도취 등을 상징하는 신이며, 갈기갈기 찢겨 죽은 후 부활한 신으로도 유명하다. 니체는 디오니소스적인 것을 자연에서 용솟음치는 충동으로 설명하고 있으며, 고통과 모순을 포함한 카오스적 상태에 있다고 표현한다. 그리고 고통과 모순으로 가득 찬 디오니소스적인 것이 자신을 구원하기

---

3 니체와 바그너의 차이를 단순화시켜 말하자면 다음과 같이 표현할 수 있을 것 같다. "니체와 바그너가 처음의 공통점에도 서로 다른 길을 가게 된 것은 신화의 기능과 관련된 의견 차이 때문이다. 바그너는 신화가 종교적인 권위를 지녀야 한다는 입장인 반면, 니체는 신화가 삶을 지향하는 예술을 촉진하는 심미적 유희라는 입장이다."(뤼디거 자프란스키, 『니체: 그의 사상의 전기』, 오윤희·육혜원 옮김, 이화북스, 2021, 113쪽)
4 '능산적 자연'은 스피노자(Baruch de Spinoza)의 개념으로, 이 우주를 산출하는 근원적 힘을 의미한다.

위해 스스로 발휘하는 충동이 아폴론적인 것이다. 아폴론적인 것 역시 자연적 충동이며, 그리스 신화에서 아폴론이 태양과 빛, 질서와 규칙 등을 상징하는 만큼 디오니소스적인 것은 아폴론적인 충동을 통해 무질서한 상태를 질서와 규칙을 가진 조화로운 모습으로 바꾼다. 우리가 사는 현실 세계가 바로 이 같은 변형의 결과물이다. 따라서 아폴론적인 것과 디오니소스적인 것은 서로 다른 이질적 충동이라기보다는 대립적인 기능을 하는 근원적 일자의 두 측면이라고 할 수 있다. 즉 디오니소스적인 것과 아폴론적인 것은 동전의 양면처럼 서로 구분할 수는 있지만, 분리할 수는 없다.

디오니소스적인 것은 우리가 직접 마주한 현실을 자신의 환영이나 가상으로 창조하는 형이상학적 원천이라는 의미에서 예술가이며, 그런 입장을 니체는 예술가 형이상학이라고 부른다. 예술가 형이상학의 근본 명제는 "세계와 현존은 오직 미적인 현상으로서만 정당화되어 있다"[5]는 주장이다. 즉 우리 현실은 '어두운 철학자'[6] 헤라클레이토스(Herakleitos)가 장기를 두면서 놀이하는 아이 아이온(Aion)[7]으로 표현하고 있는 차원과 유사한 근원적 일자의 놀이, 즉 해변에서 끊임없이 모래성을 쌓고 부수는 놀이로 파악할 수 있으며, 건설 과정에서뿐만 아니라 파괴 속에서도 쾌감을 느끼는 미적 유희라고 할 수 있다.

---

5 니체, 「자기비판의 시도」, 『비극의 탄생』, §5.
6 헤라클레이토스의 수수께끼 같은 철학이 이해하기 어렵고 난해하여 후대의 철학자들이 붙인 별칭이 '스코테이노스', 즉 어두운 철학자였다.
7 헤라클레이토스의 '아이온'은 이 우주를 가능하게 만든 근원적 힘이나 시간이라고 이해할 수 있다.

물론 니체는 이 같은 주장이 형이상학적 가설일 뿐임을 분명하게 인정하고 있다. 그렇지만 중요한 점은 예술가 형이상학을 통해 세계에 대한 기존의 종교적·도덕적 정당화가 무력화된다는 사실이다. 세계는 더 이상 초월적 세계로 가기 위해 거쳐야 하는 과정도 아니고, 도덕적으로 단죄할 수 있거나 교정을 필요로 하는 대상도 아니다. 이로부터 세계와 현존 자체를 영원히 긍정할 수 있는 가능성이 생겨난다.

니체는 예술가 형이상학이 그리스 비극에서 잘 구현되어 있다고 여긴다. 인간이 아폴론적인 자연 충동을 모방해 나온 예술이 조형 예술이라면, 디오니소스적인 자연 충동을 모방해 나온 것이 바로 음악이다. 더 나아가 합창단(Chorus)의 음악을 통해 상징되는 디오니소스적인 차원을 아폴론적인 충동에 의해 말과 무대 장치, 배우의 행동 등으로 우리 눈앞에 구체적으로 생생하게 보여 주는 예술 장르가 바로 그리스 비극이다. 따라서 그리스 비극은 디오니소스적인 것의 아폴론적인 형상화라고 정의할 수 있다. 더 나아가 아폴론적인 형상화의 구체적 내용은 신화다. 음악과 신화는 디오니소스적인 공통된 모태에서 비롯된다. 불협화음에서도 느낄 수 있는 쾌감과, 오이디푸스와 같은 비극 주인공의 고통과 파멸 속에서도 느끼는 카타르시스는 디오니소스적인 생명력의 분출을 통해서만 이해할 수 있다. 개별적인 비극 주인공은 고통 속에서 파멸하고 죽어 가지만, 그런 죽음에도 불구하고 근원적 일자의 영원한 생명력은 여전히 건재하다. 그래서 우리가 이런 근원적 일자와 원래 하나라는 깨달음은 그 무엇과도 비교할 수 없는 환희를 가져다주는 것이다.

이 같은 기쁨은 삶에 대한 무한한 긍정으로 이어질 수 있다. 니체가 보기에, 실레누스의 지혜로 확인할 수 있는 염세주의적 태도에도 불구하고 그리스인들이 찬란하고 성숙한 문화와 예술을 성취할 수 있었던 결정적 이유는 바로 삶에 대한 긍정에 있었다. 물론 기원전 5세기 무렵 번영했던 비극적 문화는, 지식과 이론을 통해 세계의 본질을 파악할 수 있을 뿐만 아니라 세계를 교정할 수도 있다는 망상에 사로잡힌 이론적 인간 소크라테스(Socrates)와 에우리피데스(Euripides)의 등장으로 몰락한다.

3. 니체의 세 가지 핵심 용어

니체의 저작 중 가장 중요하고도 난해한 것은 바로 『차라투스트라』일 것이다. 이 책에서 스스로 만든 선악이 허위임을 기꺼이 인정함으로써 도덕을 극복할 수 있는 인물을 상징하는 차라투스트라는 '위버멘쉬'와 '영원회귀'의 교사로 등장한다. 더 나아가 위버멘쉬와 영원회귀를 설명하기 위한 바탕으로 '힘에의 의지' 역시 이 책의 주요한 부분에서 논의된다. 그럼 이제부터 니체 철학에서 가장 빈번하게 언급되고 주목을 받아 왔지만, 여전히 모호하게 남아 있는 세 가지 핵심 용어를 위버멘쉬, 힘에의 의지, 영원회귀 순으로 살펴보자.

1) 위버멘쉬(Übermensch)
: 초월적 신이 죽은 이후 대지의 의미(Sinn der Erde)
위버멘쉬는 우리말로 대개 초인(超人)이라고 번역되어 왔다. 이는 아마도 일본에서 위버멘쉬를 옮긴 방식을 그대로 따른 결과인 듯싶다. 그러나 초인이라는 용어는 인간을 넘어선 초능력을 지닌 존재, 혹은 신과 같은 초월적 존재자를 연상시킨다는 점에서 문제가 있다. 니체가 의도한 위버멘쉬는 결코 그런 의미의 초인을 뜻하지 않기 때문이다. 오히려 니체는 그런 초월적 존재를 철저하게 부정한다고도 할 수 있다. 왜냐하면 초월적 존재에 대한 믿음은 우리의 대지 내지 현실에 대한 평가절하를 함축할 수밖에 없기 때문이고, 니체는 평생에 걸쳐 그것을 바로잡고자 했기 때문이다. 따라서 위버멘쉬의 접두사 'über'는 초월을 가리킨다기보다는 현실의 한 지점에서 다른 지점으로 이행(Übergang)하는 과정을 가리킨다고 간주하는 편이 적절해 보인다. 요컨대 위버멘쉬라는 표현은 기존 인간의 모습에서 이행 내지 탈피해서 새로운 상태로 나아간 인간을 지칭한다고 할 수 있다.[8]

우선, 위버멘쉬는 어떤 고정된 이상적 인간형이나 지향점을 가리키는 말이 결코 아니다. 니체는 위버멘쉬를 가르치는 교사 차라투스트라와 관련해서도 산에서 내려가는 하강(Untergang)의 이미지를 강조하고 있으며, 인간을 짐승과 위버멘쉬 사이에 걸린 밧줄[9]에 비유함으로써 목표보다는 이행과 진행 과정에 초점을 맞춘다. 또 차라투

---

8 물론 위버멘쉬를 우리말로 어떻게 옮겨야 할지는 아직 해결되지 않은 문제로 남아 있다. 몇몇 연구자들은 위버멘쉬를 극복인(克服人)으로 번역하자고 제안했지만, 크게 호응을 얻지는 못했다. 그래서 더 적절한 역어가 나오기 전까지는 독일어 발음대로 위버멘쉬라고 하자는 암묵적 합의가 지금까지 이어지고 있는 듯하다.

9 프리드리히 니체, 「차라투스트라의 머리말」, 『차라투스트라는 이렇게 말했다』, 정동호 옮김, 책세상, 2003, §4 참조.

스트라가 인간을 확정되지 않은 동물로 정의한 점을 통해서도 인간은 계속적인 변화와 극복을 통해서만 정체성을 얻을 수 있다는 니체의 입장을 확인할 수 있다. 따라서 니체가 차라투스트라를 통해 말하는 위버멘쉬란, 인간은 계속적인 창조와 극복의 과정을 기꺼이 받아들일 필요가 있으며 그런 수용만이 비로소 인간을 다른 동물과 다르게 만들어 줄 수 있다는 점을 상징하는 개념으로 보아야 할 것이다.[10]

다음으로, 위버멘쉬는 타인이나 외부의 장애물을 극복하는 과정보다는 자기 자신을 극복하는 과정을 가리킨다. 차라투스트라가 위버멘쉬의 동력이라고 할 수 있는 힘에의 의지를 생명(Leben)으로 설명하는 구절의 제목이 '자기 극복'이라는 사실 역시 이 같은 점을 드러내 준다고 할 수 있다. 물론 자기 극복의 과정에서 어떤 것이든 외적 저항에 부딪힐 수밖에 없고, 자기 극복을 위해서는 그런 저항을 넘어서야만 한다는 것은 분명하다. 그렇지만 외적 저항에 맞서고 그것을 이겨냄으로써만 자기 극복에 도달할 수 있다는 점에서 결국 궁극적 목표는 자기 극복이라고 할 수 있다. 그리고 바로 이런 측면에서 위버멘쉬를 강력한 권력을 갖고 타인을 지배하는 통치자나 독재자로 바라보려는 해석은 난점에 직면할 수밖에 없다. 왜냐하면 위버멘쉬의 핵심은 타인에 대한 지배나 극복이 아니라, 자기 극복에 놓여 있기

---

10 최근 들어 빈번히 회자되는 트랜스휴머니즘(transhumanism)에서 인간 능력을 최첨단 과학 기술로 향상시킨 트랜스휴먼(transhuman)의 원조로 위버멘쉬를 해석하려는 경향은 오해의 소지가 충분하다. 왜냐하면 트랜스휴먼은 어떻든 고정된 이상적 인간상을 뜻할 수밖에 없으며, 그런 식의 사고방식은 니체가 염두에 두었던 위버멘쉬, 즉 끊임없는 창조와 변화를 대변하는 존재와 상충하기 때문이다.

때문이다.

더 나아가 위버멘쉬가 수행하는 자기 극복은 결코 보편적인 지침이나 규칙에 따라 이루어질 수 없다. 자기 극복은 항상 개별적인 차원에서 행해져야 하므로 누구나 따라야만 하는 자기 극복의 모범이나 범례는 결코 존재하지 않는 것이다. 차라투스트라가 산에서 내려와 시장에 모인 군중 앞에서 위버멘쉬에 대해 설파하지만 제대로 이해받지 못했다는 사실은, 위버멘쉬란 여러 사람에게 공통적으로 설득력 있다고 받아들여져서는 안 된다는 것을 의미한다. 또 차라투스트라가 제자들을 떠나면서 그들이 자신을 부정할 때 다시 돌아와 스승이 되겠다는 언급 역시 차라투스트라의 보편타당한 가르침이 결정적인 것이 아니라, 그런 가르침을 각자 개인적으로 소화시켜 자신만의 무엇으로 만드는 과정이 중요하다는 점을 나타낸다고 할 수 있다.

끝으로, 차라투스트라가 가르치는 위버멘쉬는 통상적인 가르침으로 보기 어렵다. 가르침의 구체적 내용이나 윤곽이 명확하게 제시되고 있지 않기 때문이다. 실제로 『차라투스트라』라는 책을 아무리 열심히 들여다보아도 위버멘쉬가 누구이며, 어떤 존재인지 잘 파악할 수 없다. 그래서 혹자는 위버멘쉬를 비롯한 영원회귀 같은 차라투스트라의 가르침을 반(反)가르침[11] 내지 반(反)개념(Gegen-Begriffe)으로도 표현한다.[12] 우리는 차라투스트라가 위버멘쉬를 '대지의 의미'라

---

11 Michael Skowron, "Zarathustra-Lehren: Übermensch, Wille zur Macht, Ewige Wiederkunft", *Nietzsche Studien,* 33(1), 2004, p.68.

12 베르너 슈텍마이어, 『니체 입문』, 홍사현 옮김, 책세상, 2020, 256쪽 참조.

고 설명하는 동시에, 그런 대지의 의미에 충실하도록 청중들에게 명령하며 호소하고 있다는 사실을 통해 이를 확인할 수 있다. 즉 위버멘쉬는 어떤 특정한 내용을 이미 포함하고 있는 가르침이나 개념이 아니라, 차라투스트라의 청중들이 위버멘쉬적인 태도를 취함으로써 비로소 효과를 발휘하는 차원에 가깝다고 할 수 있다는 것이다. 이런 측면에서 위버멘쉬는 우리에게 자기 극복의 태도를 취하도록 만들어 주는 일종의 실천적 강령에 가깝지 않을까 추측해 볼 수 있다.

2) 힘에의 의지(Wille zur Macht): 생명의 근본 특징

'힘에의 의지'는 니체 후기 사상을 대표하는 용어다. 하지만 이 용어는 여러 가지 오해와 논란의 중심에 놓여 있었다. 특히 니체의 누이동생 엘리자베스(Elizabeth Förster Nietzsche)와 친구 페터 가스트(Peter Gast)는 『힘에의 의지』라는 위작(僞作)을 편집해서 니체가 마치 동명의 체계적인 저술을 남긴 것처럼 보이게 만들었다. 그러나 니체는 그런 책을 쓰거나 남긴 적이 결코 없다. 그들은 니체를 나치 이데올로기의 대변자로 포장하기 위해 자신들 입맛에 맞는 단편들만 모아 그런 짓을 저질렀다. 연대기적 정확함이나 내용적인 치밀함이 결여된 『힘에의 의지』는 이제 정본으로 인정되지 않으며, 니체가 후기에 남긴 유고들은 비판적 고증을 거친 전집 속에 다시 배치되기에 이르렀다.

힘에의 의지라는 말이 『차라투스트라』에 처음 등장하기 전에도 이미 그와 관련된 사유의 흔적을 찾아볼 수 있다. 가령, 니체는 『아침놀』에서 먹을 것과 즐길 것 등 필요한 거의 모든 것을 다 준다 해도 인간은 결코 만족하지 않을 것이라고 주장한다. 그런 와중에도 만족하지 못하고 있는 차원이 엄연히 존재할 수 있기 때문이다. 그리고 그런 차원이 바로 힘이다. 즉 모든 것을 다 갖추고 있다 해도 스스로 힘이 있다는 느낌을 갖지 못한다면 우리는 결코 만족한 상태에 이르지 못할 수도 있다는 것이다. 이런 관점에서 행복 역시 힘이 늘어난 데서 비롯하는 느낌과 크게 다르지 않을 것이다. "필요나 욕구가 아니라, 힘에 대한 사랑이 인간의 정령(Dämon)이다. 인간에게 모든 것, 즉 건강, 음식, 주택, 오락을 제공해 보라. 그들은 여전히 불만스러울 것이다. 정령이 기다리면서 만족하기를 원하고 있기 때문이다. 그들에게 모든 것을 빼앗고 이 정령을 만족시켜 보라. 그러면 그들은 대부분 행복하게 된다."[13]

　힘에의 의지를 이해하기 위해서 반드시 언급해야 할 차이가 두 가지 있다. 우선, 쇼펜하우어가 말하는 근원적 의지와의 차이다. 쇼펜하우어의 근원적 의지는 이 세계의 바탕에 놓여 있는 형이상학적 원리이며, 그런 의지가 개별적 의지들로 나타난 결과가 표상으로서의 세계이자 우리 현실이다. 따라서 쇼펜하우어에 의하면, 근원적 의지는 인간을 포함한 모든 개별적 자연현상에 보편적으로 적용된다. 그러나 니체는 이처럼 의지를 모든 현상에 적용되는 보편적 원리로 보는 점에 대해서 반대한다. 니체가 보기에 그런 단일한 의지는 결코 존재하지 않는다. 더 나아가 근원적 의지를 구현하는 개별적 존재들 역시 개별화된 의지를 갖고 있다고 할 수 없다. 왜냐하면 의지는 힘과

---

13 프리드리히 니체, 『아침놀』, 박찬국 옮김, 책세상, 2004, §262.

힘의 관계 속에서만 성립하기 때문이다. 니체가 쇼펜하우어와 결정적으로 갈라서는 지점은 바로 여기다. 의지란 힘과 힘의 관계를 표현하며, 따라서 항상 다른 힘을 지향하는 힘에의 의지라는 것이다.

두 번째 차이는 기계론적인 설명 방식과의 차이다. 기계론적인 설명 방식의 핵심은 인과관계다. 즉 모든 생성이나 사건을 원인과 결과로 나누어 설명하는 것이다. 그러나 이런 식의 사고방식은 사건이나 생성의 흐름을 제대로 포착할 수 없다. 힘은 매 순간 그 결과를 갖는 연속적 과정이기 때문이다. 더 나아가 기계론적인 설명 방식은 멀리서도 서로 영향을 주고받는 원격작용 역시 제대로 포착할 수 없다.

힘에의 의지는 『차라투스트라』의 「자기 극복에 관하여」라는 장에서 처음 등장한다. 거기서 차라투스트라는 생명이 그에게 말해 주는 비밀을 듣게 된다. 그것은 생명 자체가 힘에의 의지이며, 생명은 항상 자신을 극복하는 것이라는 사실이다. 우선 생명을 삶의 의지라고 규정한 쇼펜하우어의 주장과 달리 힘에의 의지라고 규정할 수 있는 이유는 살아 있거나 존재하지 않는 것이 의지할 수는 없고, 이미 살아 있거나 존재하는 것이 다시 삶을 원하지는 않을 것이기 때문이다. 또 힘에의 의지는 생명보다 더 근원적이라고 할 수 있다. "살아 있는 것들에게는 많은 것들이 생명보다 더 중요하게 평가된다."[14] 그리고 그런 평가를 하는 장본인이 바로 힘에의 의지다. 생명으로서 힘에의 의지는 느낌과 판단, 사고 등을 주도한다. 요컨대 좋고 나쁨의 판단 및 고통과 쾌락 역시 힘에의 의지로 환원시켜 설명할 수 있다. 즉 힘에의 의지는 더 큰 힘을 얻는 데 도움이 되는 것을 좋다고 하고, 그렇지 못한 것을 나쁘다고 판단하며, 힘 있게 만들어 주는 것을 쾌락을 주는 것으로, 그렇지 못한 것을 고통을 주는 것으로 해석한다는 것이다. 결국 살아 있는 것들이 살아가는 이유는 바로 좀 더 힘 있게 되기위해서다. 물론 살아 있는 동안 그런 과정이 끊임없이 반복적으로 이어질 수밖에 없다는 의미에서 자기 극복은 삶의 고정된 목적이 될 수는 없다.

니체는 『선악의 저편』 36절에서 힘에의 의지를 인간의 욕구나 충동의 근본 바탕에 놓여 있을 뿐만 아니라, 모든 유기적 세계의 작동 방식을 설명해 주는 유일한 요소로 제시한다. 이 부분에 나오는 내용은 힘에의 의지를 생명으로 규정한 측면을 좀 더 구체적으로 보강한다고 볼 수 있다. 하지만 이 아포리즘 마지막 부분에서 일종의 반전이 일어난다. 즉 니체는 인간을 포함한 모든 유기적 세계를 설명하는 차원으로 힘에의 의지를 주장하는 듯이 보였으나, 이런 주장을 확실한 사실을 주장하는 직설법이 아니라 유보적인 상황을 나타내는 접속법으로 표현함으로써 힘에의 의지가 쇼펜하우어의 의지와 같은 형이상학적 원리가 되는 것을 막으려 하고 있다. "우리가 모든 유기적 기능을 이러한 힘에의 의지로 환원할 수 있고, 그 힘에의 의지 안에서 생식과 영양 섭취 문제 ── 이것은 하나의 문제이다 ── 의 해법도 찾아 낸다면, 우리는 이로써 작용하는 **모든** 힘을 명확하게 **힘에의 의지**로 규정할 수 있는 권리를 얻을 수 있을 것이다. 그 내부에서 본 세계, 그 '예지적 성격'에 따라 규정되고, 명명된 세계 ── 그 세계는 바로 '힘에

---

14 니체, 「자기극복에 대하여」, 『차라투스트라』, 196쪽.

의 의지'**일 것**이며, 그 밖에 아무것도 **아닐 것**이다. ──"[15] 이런 유보적
표현은 앞서 힘에의 의지를 생명과 동일시한 맥락과 닿아 있다고 할
수 있다. 왜냐하면 힘에의 의지가 생명 자체라면, 그런 힘에의 의지가
동시에 현실적 생명의 바탕에 놓여 있는 어떤 원리나 본질이 될 수는
없을 것이기 때문이다.

　니체가 유고에서 힘에의 의지를 논할 때, 출간된 저술과 비교해
서 일어난 가장 중요한 변화는 그것을 유기적 세계를 넘어 비유기적
세계로까지 확장하고 있다는 점이다. 심지어 힘에의 의지가 모든 세
계에 전면적으로 적용된다는 의미에서 비유기적 세계 자체가 존재
하지 않는다고 니체는 주장하고 있다. 그리고 더 나아가 이런 용단을
분명히 확인할 수 있으며, 영원회귀와의 관련성도 엿보이는 유명한
유고에는 앞서 지적했던 접속법을 통해 확인했던 유보적 태도조차
존재하지 않는다. 따라서 이 유고를 중심으로 힘에의 의지에 접근하
면, 하이데거(Martin Heidegger)처럼 힘에의 의지를 형이상학적 원리
로 해석할 수 있는 여지가 충분하다. "영원히 자기를 창조하고, 영원
히 자기를 파괴하는 이러한 나의 **디오니소스적인** 세계, 이중적 쾌락
을 가진 이러한 비밀스러운 세계, 이러한 내 선악의 저편, 이 세계는
순환의 행복 속에 목적이 없다면, 목적이 없고, 원환이 스스로에 대해
선한 의지를 갖지 않는다면 의지가 없는 세계다. ── 그대들은 이러한
세계에 대한 **이름**을 원하는가? […] **이러한 세계는 힘에의 의지다.** ──

---

15 프리드리히 니체, 『선악의 저편·도덕의 계보』, 김정현 옮김, 책세상, 2004, §36. 강조는 원문.

그리고 그 밖에 아무것도 아니다! 그리고 그대들 스스로 역시 이러한 힘에의 의지다. ─ 그리고 그 외에 아무것도 아니다!"[16]

3) 영원회귀(ewige Wiederkunft): 최고의 긍정 형식

니체는 자신의 철학적 이력을 전해 주는『이 사람을 보라』에서 영원 회귀 사상이 처음 떠오른 순간을 묘사한다. 1881년 8월 어느 날 스위스 실스 마리아(Sils-Maria)에 있는 실바프라나(Silvaplana) 호수 근처 숲속을 산책하다가 피라미드 모양의 커다란 바위 앞에 멈춰 섰을 때, 이 영원회귀 사상이 자신에게 엄습했다는 것이다.[17] 이런 보고에 따르면, 영원회귀는 니체의 지극히 개인적인 체험에 가깝다고 할 수 있다. 물론 그렇다고 영원회귀 사상이 니체 철학에서 차지하는 비중이 감소하는 것은 결코 아니다. 왜냐하면 니체는 주저『차라투스트라』의 근본 사상이 바로 영원회귀라는 점을 분명히 밝히고 있기 때문이다. 더불어 니체가 영원회귀 사상과 관련된 여러 가지 자료나 문헌들을 당시에 이미 참고했다는 점을 감안한다면, '엄습'과 같은 니체의 표현 방식은 사상의 특이성과 독창성을 강조하기 위한 수사적 기법에 가깝지 않을지 싶다.

영원회귀 사상이 처음 명시적으로 제시되고 있는 곳은 주저를 준비하는 작품이라고 할 수 있는『즐거운 학문』341절이다. 거기서

---

16 프리드리히 니체,『유고(1884년 가을~1885년 가을)』, 김정현 옮김, 책세상, 2004, 38(12). 강 조는 원문.
17 프리드리히 니체,「차라투스트라는 이렇게 말했다」,『바그너의 경우·우상의 황혼·안티크리스트·이 사람을 보라·디오니소스 송가·니체 대 바그너』, 백승영 옮김, 책세상, 2002, § 1 참조.

는 어느 날 밤 악령이 찾아와 당신이 살고 있는 이 삶을 그 안의 고통과 모든 사소한 것 그대로 무한히 다시 살아야 한다고 속삭인다면, 과연 어떤 반응을 보일지 묻고 있다. 반응은 크게 두 가지다. 하나는 악령에 대한 저주요, 나머지 하나는 악령의 메시지를 가장 신성하다고 기꺼이 인정하는 것이다. 두 번째 반응은 오직 이 삶을 전면적으로 긍정하는 태도를 지닌 사람들에게만 가능하다. 여기서 영원회귀는 인간이 이 삶을 얼마나 철저하게 긍정할 수 있는지 시험하는 윤리적 의미를 지닌다고 할 수 있다. 과거나 지금과 동일한 삶의 영원한 반복을 흔쾌히 바랄 수 있는 인간만이 고통과 불행으로 점철된 이 삶마저도 운명으로 사랑(Amor Fati)할 수 있을 것이다. "'당신은 이 삶을 다시 한 번, 그리고 무수히 반복해서 다시 살기를 원하는가?'라는 질문은 모든 경우 최대의 무게로 당신의 행위 위에 얹힐 것이다! 이 최종적이고 영원한 확신과 봉인 외에는 **더 이상** 아무것도 **요구하지** 않기 위해서는 그대 자신과 그대의 삶을 어떻게 만들어 가야만 하는가?"[18]

『차라투스트라』에서 영원회귀 사상은 몇 부분에서 상징적인 형태로 고지된다. 그 가운데 가장 중요한 부분은 「환영과 수수께끼」라는 제목이 붙은 장이다. 우선, 첫 번째 환영에서 차라투스트라는 중력의 악령인 난쟁이와 영원회귀에 대해 논쟁을 벌인다. 차라투스트라는 성문 앞과 뒤로 난 길이 모두 과거와 미래라는 서로 다른 방향의 영원으로 이어져 있으며, 성문 위에는 '순간'(Augenblick)이라는 글자

---

18 프리드리히 니체, 『즐거운 학문·메시나에서의 전원시·유고(1881년 봄~1882년 여름)』, 홍사현·안성찬, 옮김, 책세상, 2005, §341. 강조는 원문.

가 쓰여 있다고 말한다. 이에 대해 난쟁이는 영원에 관한 전통적인 견해를 답습하여 시간 자체가 굽어 있지 않은지 하고 대응한다. 그러나 그런 식의 대구에 대해 차라투스트라는 난쟁이가 사태를 너무 안이하게 파악하고 있음을 지적한다. 그리고 차라투스트라는 난쟁이에게 앞뒤의 두 영원으로 이어진 성문 위에 쓰인 글자에 주목하라고 말하면서 그를 쫓아 버린다. 앞서 보았듯이 성문 위에는 '순간'이라는 글자가 적혀 있었다. 영원회귀에서 영원히 반복해서 다시 돌아오는 것은 바로 순간이다. 순간만이 영원하다. 다시 말해 모든 것이 생성과 흐름 속에 존재할 수밖에 없는 상황에서 유일하게 순간만 영원성의 지위를 얻게 된다는 것이다. 이런 순간 속에서 생성과 존재는 가장 가까이 다가서게 된다.

이어지는 장면에서 차라투스트라는 논쟁을 벌이던 난쟁이가 다시 돌아와 끔찍한 환영을 연출하는 광경을 목격한다. 그것은 목구멍 안으로 뱀이 들어가 기겁을 하고 누워 있는 목동의 모습이다. 차라투스트라는 있는 힘껏 뱀을 억지로 떼어 내려고 해 보지만 성공하지 못한다. 바로 그때 차라투스트라의 목소리였는지 아니면 다른 누군가의 외침이었는지 모르지만 어떤 소리가 들리고, 목동은 그것을 하나의 명령처럼 따른다. 그 목소리의 내용은 뱀의 대가리를 물어뜯으라는 것이다. 목동은 힘겹게 뱀의 대가리를 스스로 물어뜯고, 벌떡 일어나 그것을 뱉어 버린다. 그런 다음 목동은 더 이상 목동이 아니라 변화된 자가 됨으로써 그동안 보여 주지 못했던 환한 미소를 짓는다. 여기서 목동이 처했던 상황은 아무런 목적이나 어떤 의미도 없이 순간만이 영원히 반복되는 생성의 세계에 마주했을 때 생겨나는 극단적

니힐리즘을 가리킨다. 그런 니힐리즘을 극복하는 방법은 외적인 수단을 통한 것이 아니라, 그것을 있는 그대로 스스로 긍정하고 수용하는 결단이며, 목동이 차라투스트라의 명령에 따라 행한 행위는 바로 이러한 상황을 상징한다고 할 수 있다. 그리고 그런 결단 행위는 바로 순간 속에서만 가능하다. 여기서 핵심은 과거와 단절하고 새로운 미래를 개시하는 결정적 순간의 역할이다. 앞선 환영에서는 순간만 영원성을 갖는다는 점이 보고되었다면, 이제 과거와 미래를 송두리째 뒤바꿀 수 있는 순간이 조명되고 있는 셈이다.

니체는 유고에서 주로 영원회귀 사상의 자연과학적 증명에 집중한다. 니체가 시도하는 자연과학적 증명은 당시의 여러 과학적 가설을 기반으로 이루어진다. 가령, 에너지 보존의 법칙이 영원회귀를 요구한다는 메모도 엿보인다. 이 세계의 에너지나 힘이 변하지 않은 채 유지되고, 그런 상황이 무한한 시간 속에서 진행된다면, 에너지나 힘의 조합은 끊임없이 반복될 수밖에 없다는 것이다. 물론 유한한 인간이 그런 동일한 반복을 확인하는 일은 불가능하다. 더 나아가 니체는 유고에 등장하는 자연과학적 증명들에서 힘들의 세계는 감소하지 않으며, 어떤 정지 상태도 갖지 않는다고 주장한다. 왜냐하면 힘들이 감소했다면 무한한 시간 속에서 약화되어 사라졌을 것이고, 정지 상태에 이르렀다면 현존의 시계는 이미 멈추었을 것이기 때문이다. "따라서 힘들의 세계는 균형 상태에 이르지 않고, 정지의 순간을 갖지 않는다. [⋯] 인간의 전체 삶도 모래시계처럼 항상 다시 돌고, 항상 다시 달리기 시작한다."[19] 따라서 무한한 시간 속에서 진행되는 힘들의 생성 과정은 힘의 감소나 증가가 아니라, 단지 힘이 도달한 매 순간의 영원한 반복을 함축한다고 할 수 있다. 매 순간만 영원하다. 사실 니체가 제시하고 있는 자연과학적 증명은 당시의 여러 가지 가설을 기반으로 하고 있으며, 증명이 성공한다고 해도 그 증명 역시 과학적 가설일 수밖에 없다. 그러나 그런 가설이 사상적 측면에서도 큰 힘을 발휘할 수 있다는 점이 니체의 요지인 듯하다.

4. 니체가 미친 영향과 두 가지 논란

니체는 서양 전통 형이상학의 중심축, 즉 현상과 본질, 진리와 오류, 정신과 신체 등 이원론적 틀에서 과감하게 탈피함으로써 그 후 전개되는 포스트모던적 흐름에 근본적 모티브를 제공하게 된다. 아마도 근대성과 그것을 바탕으로 한 서구 문명에 대해 비판적 태도를 취하려는 사람 치고 니체를 참고하지 않은 경우는 거의 없을 것 같다. 그 영향력의 범위가 워낙 넓고 다양하기 때문에, 몇 가지 영향과 두 가지 논란만 간략히 소개하고자 한다.

우선, 시인 같은 사상가로 여겨져 왔던 니체를 서양철학사의 주요 무대에 올린 중추적 역할을 한 인물은 바로 하이데거다. 그는 몇 년에 걸쳐 니체에 관한 강의를 진행했고, 그 결과물로 『니체 1, 2』(1961)를 출간한다. 하이데거는 위버멘쉬, 힘에의 의지, 영원회귀 등

---

19 니체, 『유고(1881년 봄~1882년 여름)』, 11(148).

니체의 주요 키워드를 중심으로 니체 철학을 분석하고, 그것을 서구 형이상학의 완성으로 규정한다. 니체가 여러 가지 차원에서 전통 형이상학을 비판했지만, 힘에의 의지와 같은 개념 자체를 다시 형이상학적 원리로 설정함으로써 여전히 그런 틀에서 탈피하지 못했다고 본 것이다.

이에 반해 들뢰즈(Gilles Deleuze)는 이 같은 형이상학적 해석에 반대하면서 니체를 차이와 생성의 철학자로 해석하고 있다. 그는 니체의 핵심 사상이라고 할 수 있는 영원회귀를 같은 것의 반복이 아니라, 강도의 차이를 낳는 반복으로 설명하면서 개념적 차이로 포착할 수 없는 차이 자체의 차원에 주목하고 있다. 더 나아가 그는 『니체와 철학』(1962)에서 니체를 반(反)헤겔주의와 반(反)변증법의 선구자로 자리매김시키고, 독특한 생성의 철학자로서 읽어 내고 있다.

다음으로, 프랑크푸르트학파 1세대의 대표 주자인 호르크하이머(Max Horkheimer)와 아도르노(Theodor W. Adorno)는 『계몽의 변증법』(1948)에서 니체를 계몽의 변증법을 인식했던 소수의 철학자에 포함시키고, 이성과 합리성의 절대화에 포함된 폭력과 지배의 메커니즘을 폭로한 공을 그에게 돌린다. 그들에게 니체는 이성과 지배의 공모 관계를 적나라하게 보여 준 철학자였던 셈이다.

이와 비슷한 맥락에서 푸코(Michel Foucault)는 니체가 『도덕의 계보』에서 보여 주는 계보학을 나름대로 수용하여, 지식의 단층이라고 할 수 있는 에피스테메(episteme)가 다음 단계로 이행하는 방식과 생산적 권력 메커니즘을 규명하는 작업을 인상적으로 시도하고 있다. 푸코는 계보학을 통해 역사적 진행에서 정해진 목적이나 의미가 배제된 채 매번 권력에 의해 지배되는 우연적 사건의 중요성을 강조하고 있다.

　이제 두 가지 논란을 간략히 살펴보자. 하나는 니체의 철학이 히틀러(Adolf Hitler) 정권을 대변하고 정당화한다는 것이다. 이 같은 논란을 유발한 장본인은 바로 그의 누이동생이었다. 그녀는 자기 오빠와 그의 철학을 우상화하는 가운데, 힘에의 의지나 위버멘쉬, 금발의 야수, 주인 도덕 등 나치의 절대 권력을 상징하고 그것을 옹호하는 듯 보이는 개념들을 중심으로 왜곡하게 된다. 실제로 그녀는 히틀러와 만남을 갖기도 했으며, 니체의 지팡이를 그에게 선물하기도 했다. 그러나 니체는 군국주의에 기반한 비스마르크식 독일 민족주의를 극도로 혐오했고, 좀 더 큰 맥락에서 새로운 유럽 공동체를 함축하는 '좋은 유럽인'과 '위대한 정치' 등을 구상하고 있었다. 이런 점에서 니체가 나치 이데올로그라는 주장은 큰 설득력이 없어 보인다.

　또 한 가지 논란은 니체가 반(反)유대주의자였다는 혐의다. 사실 이런 혐의는 니체가 초기에 당시의 대표적 반유대주의자였던 바그너와 친분을 가졌다는 점으로 인해 더 강화되기도 했으며, 니체의 저술에 자주 등장하는 유대교에 대한 비판을 통해 증폭되었다. 바그너와 교세하며 그의 영향 아래 있었지만 결코 니체를 반유대주의자라고 볼 수는 없다. 니체는 오히려 누이동생 엘리자베스가 반유대주의자와 결혼한 사실에 대해 개탄을 금치 못했다. 더불어 유대교에 대한 니체의 비판 역시 유대인에 대한 비판적 태도가 아니라 전통적 노예도덕을 대변하는 유대교와 유대교 사제에 대한 것이었으며, 유대인들에 대해서는 뛰어나고 강인한 민족이라고 칭송한 바 있다. 요컨대 니

체는 오히려 반유대주의자를 속물이라고 비판한 반(反)반유대주의
자라고 불려야 마땅하다.

참고문헌

1차 문헌

니체, 프리드리히, 『바그너의 경우·우상의 황혼·안티크리스트·이 사람을 보라·디오니소스
　　송가·니체 대 바그너』, 백승영 옮김, 책세상, 2002.

_____, 『비극의 탄생』, 박찬국 옮김, 아카넷, 2007.

_____, 『선악의 저편·도덕의 계보』, 김정현 옮김, 책세상, 2002.

_____, 『아침놀』, 박찬국 옮김, 책세상, 2004.

_____, 『유고(1884년 가을~1885년 가을)』, 김정현 옮김, 책세상, 2004.

_____, 『즐거운 학문·메시나에서의 전원시·유고(1881년 봄~1882년 여름)』, 홍사현·안
　　성찬 옮김, 책세상, 2005.

_____, 『차라투스트라는 이렇게 말했다』, 정동호 옮김, 책세상, 2003.

2차 문헌

슈텍마이어, 베르너, 『니체 입문』, 홍사현 옮김, 책세상, 2020.

자프란스키, 뤼디거, 『니체: 그의 사상의 전기』, 오윤희·육혜원 옮김, 이화북스, 2021.

Montinari, Mazzino, *Friedrich Nietzsche: eine Einführung*, Berlin: de Gruyter, 1991.

Skowron, Michael, "Zarathustra-Lehren: Übermensch, Wille zur Macht, Ewige Wiederkunft",
　　Nietzsche Studien 33(1), 2004.

에드문트 후설,
괄호 치는 철학자 — 조홍준

1. 후설은 어떻게 철학자가 되었는가?

보통 이런 책에 선별되는 인물은 세상에 어느 정도 영향을 주었을 것이고 그만큼 특별한 인생을 살았을 것으로 생각한다. 더구나 현대철학에 관심 있는 사람이라면 한 번쯤 들어 봤을 후설(Edmund Husserl)이라는 사람은 떡잎부터 다르지 않았을까 추측할 수 있다. 그러나 그가 자신의 영향력 있는 사상에 어울릴 만큼 특별한 유년 시절을 보낸 것은 아니었다. 특별하지 않을 뿐만 아니라 평범해 보이기까지 한다. 얼마나 평범한지 그의 유년을 기록한 글 중에서 가장 특이한 문구는 그의 인상이 금발에 창백한 안색을 가진, 그런데 식욕은 좋은 학생이었다는 것이다. 그나마 이후 유명하게 될 철학자로서의 자질은 수학과 과학을 좋아했다는 공부 성향인데, 그마저도 한국의 선입견으로 보면 이과 학생이라서 철학자가 되기에는 거리가 있어 보인다. 도대체 식욕이 왕성하고 수학과 과학을 좋아했던 이 평범한 고등학생은 어떻게 현대의 위대한 철학자 중 한 사람이 되었을까?

평범한 이과 학생이 현대철학을 논할 때 빼놓을 수 없는 사람이 되기까지 무엇보다 그가 만난 두 사람을 언급할 필요가 있다. 한 사람은 그가 철학을 본격적으로 공부할 수 있도록 직접적으로 도움을 준 브렌타노(Franz Brentano)이고, 다른 한 사람은 후설 자신의 독자적인 사유를 만들 수 있도록 간접적으로 영향을 끼친 프레게(Gottlob Frege)이다.

1876년에서 1878년까지 후설은 라이프치히 대학에서 천문학을 전공하면서 주로 수학, 물리학 강의를 들었다. 물론 아예 철학에 관심이 없었다고는 볼 수 없다. 마치 운명처럼 후설은 당시 분트(Wilhelm Wundt)의 철학 강의를 들을 수 있었다. 세계 최초로 실험 심리학 연구기관을 창설한 분트는 **심리학주의**(psychologism)의 출발점 역할을 한다. 따라서 나중에 분트와의 이런 인연은 후설에게 중요한 계기가 된다. 그러나 라이프치히 대학 시절의 후설은 심리학이나 철학에 크게 관심을 두고 있지는 않았다.

1878년 베를린 대학에 와서야 그는 천문학보다 수학에 전념한다. 많은 수학 교수들에게 엄밀한 학적(rigorous scientific) 사유 방식을 배우게 되는데, 이때부터 수리철학에 관심을 가진다. 그리고 그는 수학자 쾨닉스베르거(Leo Königsberger)에게 배우기 위해 1881년에 빈 대학으로 옮겨서 「변수계산론」(1883)으로 박사학위를 받는다. 이후 베를린 대학 때 인연이 있었던 수학자 바이어슈트라스(Carl Weier-strass)의 부름으로 그의 조교가 되었지만, 곧 바이어슈트라스의 건강 악화로 다시 빈 대학으로 돌아왔다. 역사에는 가정이 없다고 하지만, 만약 그가 바이어슈트라스와 함께 수학을 계속 연구했다면, 오늘날 철학자 후설을 볼 수 없었을지도 모른다. 그렇게 빈 대학으로 돌아온 이후 후설은 본격적으로 철학을 공부하기로 마음을 굳힌다.

그런데 빈 대학에서 철학 공부를 시작할 수 있었던 것은 바로 브렌타노 덕분이었다. 심지어 브렌타노는 후설에게 가장 큰 유산을 물려준다. 후설에게 지향성(intentionality) 개념을 보여 준 것이다. 이것은 나중에 후설 현상학의 핵심 개념이 된다. 이뿐만 아니라 브렌타노는 후설에게 철학적으로 중요한 동기도 심어 준다. 그는 늘 '철학도 학문적(scientific)이어야 한다'고 강조했는데, 이를 후설은 철학이 엄밀한(rigorous) 탐구 방법을 채택해야 한다고 이해했다. 이로써 그의 철학적 방향은 결정된 것이나 마찬가지였다. 즉, 후설 현상학의 목표인 '엄밀한 학으로서의 철학'이 바로 브렌타노의 정신으로부터 나온 것이다. 그러나 사실 이러한 경향은 라이프치히 대학 시절 분트에게서도 영향받았다고 할 수 있다. 차이가 있다면, 분트는 생물학을 바탕으로 철학의 학문성을 이해했으나 브렌타노는 논리학과 심리학을 강조했다. 이에 후설은 일단 브렌타노의 의견을 받아들여 심리학 및 논리학의 영역을 통해 엄밀한 학으로서의 철학을 정립하려 했다.

그리하여 1886년 브렌타노는 후설에게 『톤의 심리학』(*Tonpsychologie*, 1883/90)으로 잘 알려진, 할레 대학에 있는 그의 제자 슈툼프(Carl Stump)에게 심리학에 대해 더 배울 것을 권하였다. 결국 그는 슈툼프의 지도로 교수 자격 논문, 「수 개념에 대하여: 심리학적 분석」(1887)을 제출하고 할레 대학에서 교육과 연구를 시작하게 된다. 그러나 아직은 후설을 철학자라고 말하기는 어렵다. 여전히 그의 철학은 심리학의 그늘에 머물러 있었기 때문이다.

근대의 경험론자들은 태어날 때부터 가지고 있는 관념을 인정하지 않았다. 즉, 그들은 합리론자들이 신(God)과 수리 및 논리 법칙을 본유관념으로 인정했던 것에 반대했다. 예를 들어 경험론자들은 1+2=3과 같은 것도 계산 경험이 만들어 낸 것이라고 본다. 그리하여 경험론의 전통을 따르는 심리학주의는 논리의 기원이 심리적 경험에 있다고 주장한다. 후설 역시 수학을 심리학주의적 견해에 따라 연구했다.

후설은 1891년 첫 번째 저작인 『산술의 철학: 심리학적·논리학적 연구』(*Philosophie der Arithmetik*)에서 수학적, 심리학적 역량을 결합하여 야심 차게 산술의 심리학적 토대를 밝히고자 하였으나 이 책은 프레게에 의해 보기 좋게 비판받는다. 프레게는 철저하게 심리학을 배제한 논리학을 주장하면서 심리학주의를 비판했다. 이런 비판을 매우 심각하게 받아들인 후설은 프레게에 수긍하며 심리학주의를 논리학에 도입하는 것을 반대한다. 마침내 브렌타노의 영향에서 벗어나게 된 것이다.

그러나 그는 프레게와는 완전히 다른 방향으로 나아간다. 즉 논리학이 아닌 인식론으로 생각을 전개한 것이다. 이로써 후설은 자신의 철학을 구축하게 된다. 이 대목에서 흥미로운 것은 현대철학의 두 조류인 분석철학과 현상학이 수학이라는 접점에서 논리와 인식이라는 각각 다른 방향으로 갈라지며 발생했다는 것이다. 이는 새로운 세계를 여는 일종의 정신사적 충돌 사건이라고 할 수 있다.

이러한 철학사적 의미 외에 우리가 후설의 학문적 성장 과정을 보면서 느낄 수 있는 바는 여러 가지가 있다. 대학교의 이름과 전공에 집착하는 한국의 현실에서 보면, 후설의 학업은 참으로 자유로운 학문적 여정이라고 할 수 있다. 라이프치히-베를린-빈-할레로 이어지는 전학은 순전히 자신의 관심 분야에 따라 원하는 교수를 찾아가면서 이루어졌다. 또한, 천문학에서 수학을 거쳐 도달한 철학에서 일생의 과업을 찾은 것은 박사학위를 받고 난 후였다. 만약에 후설이 대학의 이름과 전공에 매여 있었다면, 다음과 같은 유언을 할 수 없었을지 모른다. "나는 철학자로 살아왔고 철학자로 죽고 싶다."

2. 성장하는 현상학 나무

20세기 유럽 대륙에서 눈에 띄었던 철학 사조를 들라면, 실존주의·철학적 해석학·구조주의 등이 떠오른다. 이런 현대의 철학적 흐름을 가능하게 한 것이 바로 후설의 현상학이었다. 후설 현상학은 매우 다양한 국면을 거치면서 다듬어지는데, 바로 그것이 후설 현상학을 이해하기 어려운 이유이다. 이것은 거꾸로 말해 우리가 이러한 국면의 특징을 알고 있어야 후설 철학을 잘 이해할 수 있다는 말이기도 하다. 따라서 우리는 후설의 육체적 성장과 철학자로서의 정신적 성장을 함께 볼 필요가 있다. 앞에서 후설이 어떤 사람들과의 만남 속에서 영향을 받았는지 살펴봤다면, 2절에서 우리는 그가 어느 대학에서 어떤 저술을 통해 어떤 생각을 변화시켜 갔는지 살펴볼 것이다.

프레게의 비판을 경험하고 깨달음을 얻은 후설은 아직은 설익은 철학자로서의 커리어를 할레 대학에서 시작한다. 그렇게 14년간 강사로 있으면서 그는 1900년에 『논리 연구 1』을 출간한다. 이 책에서 후설은 프레게의 '조언'대로 논리 법칙을 심리 법칙으로 보려고 하는 것을 비판한다. 그러면서도 프레게와 거리를 두며 자기 고유의 철학적 근거를 구축한다. 이윽고 1901년 그의 핵심 개념을 담고 있는 『논리 연구 2』를 출판한다.

이 연구가 여러 학자에게 인정받은 덕분에 후설은 1901년 괴팅겐 대학의 원외 교수가 되고 1906년 정교수가 되어 1916년까지 재직한다. 괴팅겐에서 그는 본격적으로 현상학에 관한 강의를 시작하게 된다. 오늘날까지 알려진 현상학자들 중에서 빼놓을 수 없는 인물인

그림 1

에디트 슈타인(Edith Stein)은 이때 현상학을 처음 접하고 프라이부르크에서 후설에게 박사학위를 받는다. 아울러 이 기간 후설은 두 번째 주저인『순수현상학과 현상학적 철학의 이념들 I』(1913)을 출간한다.

이후 그는 1916년 리케르트(Heinrich Rickert)의 후임으로 프라이부르크 대학에 초빙되었다. 이 시기에 후설은 슈타인과 하이데거(Martin Heidegger)를 조교로 두었다. 후설은 은퇴하던 1928년에 조교들의 도움으로 '1904/05년 겨울학기 괴팅겐 대학 강의'를『내적 시간의식의 현상학』이라는 이름으로 출간할 수 있었다. 이 책을 출간하기 바로 전인 1927년 하이데거는 후설의 도움으로『존재와 시간』을 출판하였는데,『존재와 시간』의 핵심 개념 중 하나가 시간성이라는 것을 보면 시간 개념에 대한 하이데거의 관심과 후설의 시간의식 개념의 영향 관계도 미루어 짐작할 수 있을 듯하다.

은퇴 이후에도 후설은『형식논리학과 선험논리학』(1929),『데카르트적 성찰』(1929) 등을 출간하며 왕성한 활동을 이어 간다. 더구나 기독교로 개종한 유대인이었던 그는 1933년경 나치에 의한 반유대 정책으로 탄압을 받으면서도 강연 위주로 철학 활동을 하며 생전 마지막 주저인『유럽학문의 위기와 선험적 현상학』을 쓴다.

이렇게 우리는 후설이 머물렀던 세 도시를 중심으로 그의 저작을 살펴봤다. 이제 시기별로 그의 생각이 어떻게 바뀌었는지 알아보자. 이를 위해 우리는 후설의 또 다른 제자를 불러야 한다. 슈타인과 하이데거처럼 후설의 조교였던 핑크(Eugen Fink)에 따르면, 후설 현상학은 우리가 살펴본 대로 할레, 괴팅겐, 프라이부르크의 시기로 나눌 수 있다. 그리고 그는 각각의 시기마다 심리학주의, 기술 현상학, 초월론적 현상학이라는 이름을 붙였다.[1]

할레의 심리학주의 시기는 앞서 우리가 살펴본 것처럼 후설이 브렌타노 심리학의 영향하에 있었던 때이다. 이를 현상학의 씨앗이라고 보자. 이후 후설이 지향성을 자신의 고유한 개념으로 도입한 때가 괴팅겐의 기술 현상학 시기라고 할 수 있다. 이때 비로소 우리가 '인간의 의식에 그대로 드러나는 현상을 기술하는 방법'으로서 현상학이라고 부를 만한 체제가 갖추어졌다고 할 수 있다. 다시 말해 현상학이 떡잎을 틔우고 줄기를 올리는 시기이다. 프라이부르크 이후의 초월론적 현상학 시기는 역동성이 현상학의 중심이 되는 하나의 묘

---

1 조셉 J. 코켈만스,『후설의 현상학』, 임헌규 옮김, 청계, 2000, 36쪽 참조.

목으로 성장한 때이다. 그러나 아쉽게도 후설 현상학은 당대에 완전히 성장한 나무로 비유하기는 어렵다. 그럼에도 불구하고 현상학은 여전히 현재 진행형의 성장하는 나무로서 다양한 방향으로 가지를 뻗고 있다.[2]

이렇게 정리함으로써 우리는 후설과 그의 철학에 대한 개략적 지도를 가지게 되었다. 그런데 마치 시험을 앞둔 학생처럼 각 시기마다 달라지는 후설의 사유를 이해하지 못해 고민할 필요는 없다. 단지 일평생 사유의 길에서 고뇌한 한 명의 철학자를 상상해 보는 것만으로도 충분할 것 같다. 그리하여 이제부터는 이런 상상과 느낌보다는 후설 철학의 개념을 간단하게나마 이해하는 시간을 가져 보자. 우선 철학자로서 후설이 왜 현상학을 창설하게 되었는지 당시 상황을 살펴볼 필요가 있다.

---

2 사실 이 정도면 후설의 사상적 성장도 충분히 설명된 것이라고 할 수 있다. 다만, 좀 더 관심 있는 이들을 위해 다른 의견도 소개해 보려고 한다. 예를 들어 슈피겔베르크(Herbert Spiegelberg)는 할레 시기를 포함하여 『논리 연구 1』(1900)까지를 현상학 이전 시기 (1894~1900)라고 명명한다. 이후 괴팅겐 대학의 조교수에서 정교수가 되기까지 『논리 연구 2』(1901)가 포함된 시기를 현상학 시기(1901~1906)라고 부른다. 그리고 1906년 괴팅겐 대학의 정교수가 되었을 때부터 점차 현상학적 관념론으로서의 초월론적 현상학으로 나아 간다고 한다. 그다음으로 프라이부르크 시기부터를 철학과 과학의 보편적 토대로서의 순수 현상학 시기(1916~1938)라고 부른다. 단 자하비(Dan Zahbi)는 이처럼 후설 철학을 시기별로 나누어 보려고 하는 전통적 경향을 정리하여 네 부분의 단절로 표현한다(단 자하비, 2018, 247쪽 참조). 후설은 『산술의 철학』(1891)과 『논리 연구 1』(1900) 사이에서 초기 심리학주의를 비판하고 그것과 단절하였으며, 『논리 연구 2』(1901)와 『이념들 I』(1913) 사이에 순수 기술적 현상학을 포기하고 초월론적 현상학을 주장하고, 1917~1921년에는 정적 현상학을 보완하여 발생적 현상학을 제시한다. 『데카르트적 성찰』(1929)과 『유럽학문의 위기와 선험적 현상학』(1936) 사이에 주체 중심적 초월론적 철학을 포기하고 생활 세계에 근거한 현상학으로 나아간다. 물론 단 자하비는 이를 단절이라고 부르는 것을 싫어한다(단 자하비, 2018, 248쪽 참조). 후설 철학은 단절이 아니라 연속적으로 발전한 것이라고 믿기 때문이다.

3. 후설은 어떻게 전체 학문을 구하려 하는가?

1절에서 살펴본 것처럼 철학자 후설의 탄생은 첫째, 심리학주의에 대한 큰 반동이며, 둘째, 프레게의 논리학에 대한 작은 반동이다. 우선 프레게와 다른 방향으로 나아간 것은 그의 철학이 브렌타노의 심리학에서 출발하고 있기 때문이다. 그럼에도 불구하고 그는 프레게의 영향으로 심리학주의를 비판하게 되는데, 이 비판의 저변에는 반(反) 실증주의가 깔려 있다. 당시 실증주의는 스스로를 유일하게 타당한 방법으로 평가하고, 자연과학뿐만 아니라 모든 분과학문에 적용돼야 한다고 주장했다. 즉, 방법론적으로 자연과학과 다른 분과학문들을 구별하는 것은 무의미하다는 것이다.

　19세기 자연과학에서 발생한 **실증주의**(positivism)는 초월적이고 형이상학적인 사변을 철저하게 배격하고 오로지 과학적 방법, 즉 관찰을 통해 객관적으로 검증 가능한 것만을 진리로 받아들이겠다는 이념이다. 그런데 과연 물리적 대상뿐만 아니라, 심리적 대상에도 이러한 이념을 적용할 수 있는지에 대한 문제가 생긴다. 심리적 현상은 관찰하여 객관적으로 검증하기가 어렵다. 흘리는 눈물만 보고 그 사람이 슬픈지, 너무 웃느라 그런 건지, 고통스러운지 어떻게 알겠는가? 개인의 심리뿐만 아니라 집단 심리를 대상으로 하는 사회학이나 윤리·정치학도 실증주의적 방법론을 적용하기 어려워 보인다. 그러나 실증주의는 각 분과학문의 고유한 특성을 아랑곳하지 않는다. 오로지 과학적 방법을 통해서 얻은 것만을 참된 지식으로 인정한다. 후설은 이러한 실증주의가 전체 학문의 위기를 가져오리라 생각했다.

학문에 대한 후설의 비판은 단지 실증주의자들에게만 향해 있는 것이 아니었다. 그는 실증주의와 매우 강하게 연관된 자연주의를 비판한다. **자연주의**(naturalism)는 넓게 보면 모든 것을 자연으로 보는 견해이다. 자유로운 정신의 독립성을 인정하지 않는다. 정신 및 역사를 오히려 유물론이나 생물학주의의 관점에서 이해할 뿐이다. 이러한 자연주의적 사유에서는 모든 선입견을 배척하고 자연적 사물에 관한 경험을 얻는 것이 학문의 유일한 기초가 된다. 후설은 이러한 자연주의가 정신적인 것을 자연적인 것으로 단정하는 독단일 뿐이라고 비판한다. 그런데 흥미롭게도 그는 이러한 독단을 실증주의자와 같은 특정한 세력의 경향이 아니라, 인간의 기본적인 태도라고 진단한다. 실증주의적이고 자연주의적인 경향은 특정한 학파가 아니라 우리 인간의 성향에서 비롯한 것이다. 이를 그는 **자연적 태도**(natural attitude)라고 한다.

다시 말해 자연적 태도를 지닌 인간은 우리 눈앞에 있는 대상의 존재를 당연한 것으로 파악한다. 우리는 이렇게 세계가 지속해서 존재한다고 확신하고 세계에 대한 우리의 관심을 당연하게 받아들인다. 이로써 인간은 '자연스럽게' 세계에 몰입하면서 자신의 의식 자체를 망각한다.[3] 인간은 이미 존재하는 세계의 사물을 친숙하게 느끼며 그것의 존재를 문제 삼지 않는다. 아울러 이러한 세계에 대한 '자연스러운 입장'에서는 다양한 개별 과학(학문)은 세계의 각 영역을 맡기

---

3 닛타 요시히로, 『현상학과 해석학』, 박인성 옮김, 도서출판b, 2018, 25~26쪽 참조.

만 하면 된다. 다시 말해 이러한 것들은 서로 영역만 다를 뿐 질적으로 차이가 나지 않는 하나의 과학이다. 마찬가지로 철학도 '그러한 과학' 중의 하나로서 특정한 영역을 맡게 된다.

이에 후설은 일단 자연적 태도에서 비롯한 이러한 학문 간의 무차별성을 비판한다. 그리고 그는 자연주의와는 완전히 다른 출발점을 제시한다. 정확히 말하면 자연주의를 포함하여 모든 이념을 가능케 하는 철학을 주장한다. 세계에 대한 우리의 경험이 자연주의와 같이 미리 주어져 있다고 생각하는 소박한 토대에서 출발해서는 안 된다는 것이다. 철학은 우리의 경험이 보다 근본적인 토대에서 출발할 수 있도록 해야 한다. 그 출발점은 이미 존재한다고 믿는 그것이 아닌 것, 바로 '무엇이 있다'고 미리 생각하지 않는 것이어야 한다. 이러한 무전제성을 우리는 자연적 태도와 대비하여 **철학적 태도**(philosophical attitude)라고 부를 수 있다. 현상학은 이렇게 절대적인 무전제성으로 돌아가야 한다는 선언이며 이것이 바로 현상학의 목표가 된다. 그런데 철학의 영역은 세계의 한 부분에 국한될 수 없다. 철학이 향하는 것은 세계 전체다. 또한 오히려 자연주의 같은 세계 이념 자체의 타당성을 따지는 것이 철학이다.

후설 현상학의 목표는 약간의 변화를 거친다. 처음에 그의 현상학은 학문의 위기를 극복하기 위해 현상학적 방법을 통한 모든 학적 인식, 그리고 형이상학의 고유한 토대를 제공하려고 하였다. 아울러 그러한 방법을 통해 얻은 다양한 분과학문을 통일하는 학문을 위한 명칭으로 사용되었다. 초기 후설의 현상학은 방법론이자 그 결과물이라고 할 수 있다. 그러나 후설은 그의 말년, 즉 후기 현상학 시기에 현상학의 과제를 확장해서 현상학이 모든 인간 생활의 유형을 파악할 수 있는 기반이 되기를 바랐다. 이러한 내용은 주로 『데카르트적 성찰』과 『유럽학문의 위기와 선험적 현상학』에서 나타난다.

지금까지 우리는 현상학이 발생하게 된 사상적 배경을 살펴보았다. 단순하게 보면, 후설의 이러한 노력은 자연과학에 맞서 철학을 구하고자 한 어느 철학자의 분투기처럼 보인다. 그런데 우리가 눈여겨봐야 할 것은 후설 철학이 자연과학의 지배 속에서 소위 인문과학으로서의 철학을 살려 내려고 한 것이 아니라는 점이다. 자연과학을 포함한 전체 학문의 위기를 극복하고자 한 것이 후설의 의도이다.

아울러 그의 작업이 학문의 위기 극복에만 머물러 있는 것이라면, 후설 철학을 널리 알려야 할 이유는 없을 것이다. 철학적 태도는 단지 자연적 태도와의 대립이 아니라 두 태도의 전환을 의미한다. 이러한 태도의 전환은 현상학의 고유한 방법이기도 하지만, 삶을 대하는 우리의 태도를 나타낸 것이다. 사회적이든 개인적이든 당연히 주어져 있다고 믿는 세계에 빠져 있는 태도를 전환하는 것은, 그것이 유용하냐 아니냐를 떠나 인간만이 할 수 있는 고차원적 삶의 방식임이 분명하다. 즉, 후설의 철학적 태도는 단지 철학자만 가져야 하고 가질 수 있는 것은 아닌 것이다. 그렇다면 이제 우리는 태도를 바꾸는 방법인 현상학의 개념에 대해서 알아볼 필요가 있다.

4. 우리는 어떻게 현상학을 할 수 있는가?

1) 현상학의 원리

철학적 태도를 통해 모든 학적 인식을 가능하게 하고 형이상학의 토대가 되는 원리는 무엇인가? 그것은 오늘날 현상학의 모토로 잘 알려진 '사태 자체로'(zu den Sachen selbst)라는 말에 숨겨져 있다. 즉, 사태 자체를 직접적으로 통찰해야 한다. 달리 말해 의식에 직접 주어진 것을 직관(Anschauung)할 수 있어야 한다.

우리가 현상학의 모토인 '사태 자체로'를 이해하기 위해서 기억해야 할 개념은 바로 이 직관과 소여(Gegebenheit)이다. 소여란 의식에 직접 주어진, 현상의 근원적 영역이다. 철학을 어느 정도 아는 사람이라면, 의식이란 말을 들으면 자연스럽게 근대철학의 인식론을 떠올리게 될 것이다. 따라서 '소여와 직관'을 '지각을 통한 외부세계의 표상이 지성을 통해 앎이 되는 과정'으로 이해하기가 쉽다. 그리하여 소여를 아무것도 없는 백지상태의 마음 혹은 이미 태어날 때부터 갖추어진 마음에 지각된 표상 등으로 생각할 수 있다. 그러나 후설이 말하는 바는 그보다 근원적인 체험의 장(場)이다. 이러한 체험의 사태에서부터 우리의 모든 앎이 가능하다. 근대적 의식 개념도 무엇이라고 구체적으로 파악하기 어려운데, 그보다 더 근원적인 소여와 직관이라는 것은 선뜻 다가오지 않는다. 그렇다면 왜 후설은 더 근원적인 원리를 제시하고 있는가?

근대철학에서 진리는 인식과 대상의 일치에서, 다시 말해서 나의 사유와 객관적으로 실재하는 세계가 맞아떨어질 때 일어난다. 따라서 근대철학에서는 이러한 일치에 도달할 수 있는 능력이 무엇인지, 그 확신을 어떻게 얻게 되는지가 문제시되었다. 예를 들어 데카르트에서 사유와 연장의 각 실체는 결국 신의 손길로 일치되었고, 칸트는 현상계와 구별되는 물자체(Ding an sich)의 세계가 인식 불가능하다고 선언했다. 물론 헤겔은 바늘로 꿰매듯이 두 세계를 변증법으로 이어 붙여서 인식과 대상의 일치를 주장했다. 그리하여 인식은 변증법적으로 세계 전체를 모두 알게 되는 절대지에 도달할 수 있다고 본 것이다.

이와 달리 후설은 애당초 두 가지 실체를 전제하지 않는다. 즉, 소여를 생생하게 체험할 수 있는 직관은 주관과 객관이 분화하기 전의 인식능력임에 주의해야 한다. 근대철학에서 주관은 인간이 가진 능력과 법칙으로, 객관적인 인식 대상을 알 수 있게 해 주는 것으로 간주되었다. 그러나 후설이 말하는 직관은 그런 논리 법칙 적용 이전에 이루어지는 엄밀한 분석과 기술일 뿐이다. 이렇게 후설은 우리가 모든 학문적 인식의 시원, 즉 어떤 원본 영역의 사태에 도달할 수 있다고 생각했다. 이렇게 사태와 직관을 현상학의 원리라고 한다면, 이제 그 원리를 실현할 수 있는 구체적인 방법론에 대해서 살펴보자.

2) 현상학의 방법

현상학의 방법에 대해 묻는다면, 우리는 환원(reduction) 개념을 언급할 수 있다. 환원의 동사형 'reduce'는 어원적으로 보면, 14세기 후반 '이전 상태로 복원'과 '어떤 것을 줄이다'라는 의미의 라틴어 'reducen'에서 온 말이다. 더 이전으로 거슬러 가면 '되돌리다' 혹은 비유적으로 '복원하다', '대체하다'라는 의미의 라틴어 'reducere'를 그 어원으로 갖는다.

후설은 이를 자신의 고유한 용어로 사용한다. 간단히 말해 우리가 이미 살펴본 자연적 태도를 에포케(Epoche)로 중지하고 그 밖의 다양한 선입견들을 가라앉히는 것이다. 이로써 생생한 경험의 의식 구조를 알아내는 절차가 바로 환원이다.[4] 이를 통해 후설은 무엇보다 자연적 태도에서 비롯한 삶에 대한 소박한 상식을 넘어서 초월론적 경험의 영역을 붙잡을 수 있도록 한다. 자연적 태도에서 외부 사물이 지각되고 이해되면서 알게 된다고 전제한다면, 소위 현상학적 태도에서는 아무것도 전제하지 않으려고 노력한다.

그런데 후설의 환원을 얘기할 때는 두 가지 점에 주의해야 한다. 첫 번째, 환원은 어떤 고정불변의 단일한 규정이 있는 것이 아니라 전 시기에 걸쳐 다양한 수식어가 붙어서 설명된다. 두 번째, 환원은 에포케와 구별되어 사용되는 때도 있다.

우선 두 번째 주의사항에 대해서 간략히 말하자면, 에포케는 환원 이전의 '부정적인' 계기라고 할 수 있다. 예를 들어 자연적 태도를 '중지'하는 일이 그것이다. 이에 반해 환원은 '긍정적인' 단계들을 말한다고 할 수 있다. 즉, 판단중지 이후에 초월론적 경험의 영역을 '확보'하는 과정을 지시한다. 한마디로, 전체 과정에서 먼저 수행되어야

---

4 Dermot Moran and Joseph Cohen, *The Husserl Dictionary,* London: Continuum, 2012, p.273 참조.

하는 것이 에포케라고 할 수 있다. 그러나 전체적으로 후설은 환원의 단계들이나 정도를 그리 명확하게 구분하지는 않는다.[5] 따라서 일반적으로는 두 개념을 혼용해서 이해해도 괜찮다.

영어 'epoch'(시대)의 어원을 살펴보면 후설이 사용하는 독일어 'Epoche'(에포케)의 특징을 간접적으로 알 수 있다. 17세기 초 'epocha'는 '새로운 기간의 시작을 표시하는 점'이라는 뜻이었는데, 오늘날 '시대'라는 단어가 여기서 나왔다. 이 말은 독일어와 마찬가지로 그리스어 'epokhe'에서 온 말인데, 이는 '중단'이나 '고정된 시점'을 의미했다. 후설은 이를 우리의 경험 중에서 어떤 신념을 괄호 치고, 배제하고, 취소하고, 중지하는 절차라는 의미로 사용했다. 에포케는 원래 고대 그리스의 피론(Pyrrhon)과 같은 회의론자들이, 속기 쉬운 감각에 의한 인식을 그만두는 것으로 사용했던 말이다. 그러나 후설은 자신의 에포케를 고대의 회의주의와 구별한다. 그의 에포케는 단지 경험적 진리에 대한 의심과 부정이 아니라, 일반적인 태도나 행동을 보류하는 것이다. 이로써 우리는 자연적 태도에서 철학적 태도로 전환할 수 있다.

그런데 이미 언급했듯이 이러한 현상학의 방법으로서 후설의 환원은 매우 다양하게 표현된다. 일단 나열해 보자면, 철학적 환원과 현상학적 환원, 인식론적 환원, 심리학적 환원, 형상적 환원, 초월론적 환원, 현상학적-심리학적 환원, 초월론적-현상학적 환원 등이 있다.

---

5 *Ibid.*, p.274 참조.

혹시 여러분이 후설 철학이 어렵다고 느낀다면, 그의 중심 생각이 어렵기 때문이라기보다는 이렇게 같은 듯하지만 서로 다른 개념들 때문일 것이다. 사실 후설 연구자가 아닌 이상 이를 일일이 구별하는 것은 의미가 없다. 따라서 여기까지의 내용만으로도 충분하다고 생각한다면, 이 글을 더 읽을 필요는 없을 것이다. 다만 대략적으로나마 구별해 보고 싶은 사람들을 위해 간략하게 설명을 덧붙인다.

우선 환원은 어원적으로 '이전 상태로 복원한다'는 뜻이 있고, 이를 후설이 말한 태도의 변경으로 이해할 수 있다. 그래서 앞서 살펴본 외부세계를 당연한 것으로 생각하는 자연적 태도에서 근원적이고 철저한 방식으로 사태에 도달하게 하는 철학적 태도로의 전환을 **철학적 환원**(philosophical reduction)이라고 한다. 이는 또한 고대에서부터 현대까지 전해 오는 여러 철학적 이론들에서 벗어나 철학적 중립을 취하여 현상을 정확히 드러나는 대로 받아들이려는 것이다. 따라서 철학을 공부하는 사람에게 필요한 방법이라고 할 수 있겠다.

다음으로 **형상적 환원**(eidetic reduction)이 있다. 이는 형상을 직관하는 방법이다. 이것은 우리 인식을 사실의 영역에서 본질 이념의 영역으로 변경하는 것을 의미한다. 이때 본질 이념은 플라톤의 이데아로 설명할 수도 있다. 예를 들어 우리가 현실에서 볼 수 있는 수많은 종류의 '의자'를 의자라고 부를 수 있는 것은 바로 보편적으로 존재하는 의자의 이데아 때문이다. '보편적 이데아'를 가지고 있기에 처음 보는 '어떤 개별적 의자'라도 우리는 의자라고 인식할 수 있는 것이다. 또는 길거리에 지나가는 생전 처음 보는 이들을 보고도 특별히 놀라지 않고 무심할 수 있는 이유도 우리가 이미 사람에 대한 이데아를 가지고 있기 때문이다. 만약 이렇게 플라톤의 이데아론을 가지고 형상적 환원을 설명한다면, 동굴의 비유에서 동굴 밖으로 나가는 길이 환원이라고 할 수 있다. 그런데 이렇게 간단히 플라톤과 후설의 형상적 환원 혹은 본질 직관을 비교하는 것은 후설 현상학의 독특함을 보여 주지 못한다.

그렇다면 한 걸음 더 나아가 보자. 후설의 형상적 환원은 여러 의자와 여러 사람을 보며 공통의 이데아를 얻는 과정이 아니다. 그것은 좀 더 복합적이고 적극적인 정신 활동으로서, 어떤 특정한 대상을 다른 모습으로 상상하면서 개념적으로 비교 분석하는 일이다. 즉, 우리는 지각과 기억 속에서 임의적으로 어떤 특정한 사물을 변형시킬 수 있다. 그렇게 생성된 각각의 변화된 양태는 변화 속에서도 동일하게 유지되는 원형과의 유사성을 가지게 된다. 이때 변하지 않는 동일한 내용(불변체)이 수동적으로 나타나게 된다. 이것이 바로 그 대상의 본질적 속성이며, 이렇게 이 환원을 통해서 대상의 우연적 속성과 본질적 속성을 구별할 수 있게 되는 것이 형상적 환원이다.

다음으로 우리가 살펴볼 것은 **현상학적 환원**(phenomenological reduction)과 **초월론적 환원**(transcendental reduction)이다. 우선 우리는 이러한 환원을 앞서 언급한 형상적 환원과 분명히 구별해야 한다.[6] 앞서 언급한 형상적 환원을 통해서는 우리가 우리 인식의 근원적 토대에 직접 도달할 수 없기 때문이다. 다시 말해 형상적 환원은 우리가

---

6 단 자하비, 『후설의 현상학』, 박지영 옮김, 한길사, 2018, 72쪽 참조.

각각의 개별적 원본 사태에 접근할 수 있게 하지만, 그런 사태들을 가능케 해주면서 그것을 넘어서 있는 '최초의 시원'을 발견할 수 있게 하지는 못 한다. 따라서 후설은 데카르트적 회의 방법을 도입하여 방법적 회의를 '괄호 치기', 즉 에포케로 변형한다.

이 현상학적 환원에서 우리는 세계에 대한 보편적 판단중지를 함으로써, 자연적 태도에서 받아들인 실재 사물의 세계에서부터 순수한 지향적 현상세계로 나간다. 그러나 초월론적 환원은 이렇게 순수한 지향적 현상세계에도 괄호를 치며 용어상 초월론적 현상세계로 나간다. 이때 데카르트의 코기토(cogito)와는 다른 초월론적 자아로서 '나'가 드러난다. 데카르트의 코기토가 육체와 대비되는 영혼적인 것으로 제한된다면, 후설의 '나'는 그런 구분 이전의 근원적인 자아로서 순수 의식이라고 할 수 있다.

3) 의식의 지향성

이렇게 도달한 초월론적 자아는 세계를 경험하는 자아와 구별된다. 경험적 자아가 대상 세계를 경험하는 자아라면, 초월론적 자아는 경험적 자아가 세계를 경험할 수 있게 하는 조건이다. 이는 데카르트가 코기토를 사유실체로 규정함으로써 연장실체와의 교섭을 설명하기 어렵게 만든 이후에, 기회원인론자들이 신(神)을 통해 두 실체의 소통을 설명하려고 한 것을 떠올리게 한다. 즉, 초월론적 자아는 데카르트 계승자들의 신에 비견될 수 있다. 그러나 후설의 초월론적 자아는 그런 객관적인 절대자가 아니다. 그것은 세계와 경험적 자아가 구분되기 이전의 자아일 뿐이다.

하지만, 이 초월론적 자아는 경험의 조건이기에 그 자체는 경험될 수도 없다. 한마디로 무엇이라고 설명하기 어렵다. 마치 신이 저 '높이'에 있어 볼 수 없는 존재인 것처럼, 초월론적 자아는 우리 의식 '깊은 곳'에 있어서 볼 수 없는 것처럼 보인다. 이런 어려움을 모르지 않았던 후설은, 다른 사람들은 몰라도 적어도 현상학 연구자들이라면 이러한 초월론적 자아의 무한 영역을 충실하게 기술해야 한다고 생각했다. 다시 말해 그들이 우리의 지향적 의식이 언제나 '어떤 것에 대한 의식'(대상과 의식의 일치)임을 깨달아야 한다고 말한다.

후설은 은퇴 이후 파리 강연에서 '나는 생각한다'(ego cogito)는 언제나 '나는 생각된 것을 생각한다'(ego cogito cogitatum)로 확장되어야 한다고 말했다. 모든 의식적 자각은 이런 지향적 자각이라는 것이다.[7] 환원을 통해 도달한 사태에서 의식의 지향성 구조를 깨닫는 것은 다소 비밀스러운 과정이기는 하지만, 이러한 자각이 이루어질 때에만 우리는 일상의 객관적 세계를 구성하고 인식할 수 있다. 그렇다면 이제 우리는 지향성에 대해서 알아보아야 할 것 같다.

후설의 지향성이란, 의식의 본질, 즉 모든 의식이 '무엇에 대한 의식'임을 나타내는 말이다. 지향성 개념을 이해하기 위해 우리는 의식의 두 가지 계기인 노에시스(noesis)와 노에마(noema)를 알아야 한다. 전자를 의식작용, 후자를 의식내용으로 표현할 수 있다. 여기서

---

7 Edmund Husserl, *Cartesianische Meditationen und Pariser Vorträge*, ed. Stephan Strasser, *Husserliana: Edmund Husserl Gesammelte Werke*, Bd. 1, den Haag: Martinus Nijhoff, 1973, pp.12~13 참조.

에드문트 후설, 괄호 치는 철학자 **61**

우리는 두 가지를 주의해야 한다. 첫째, 의식은 끊임없이 방향을 바꾸는 능동적인 활동이라는 것이고, 둘째, 노에시스와 노에마가 선후 또는 원인과 결과처럼 과정적 사태를 지시하는 것이 아니라는 것이다. 그러니까 지향성으로서 의식은 끊임없이 무엇인가를 이리저리 지향하는 작용이면서, 동시에 지향된 것이라는 뜻이다. 이것이 바로 후설이 의식을 항상 '무엇에 대한 의식'이라고 지적한 것의 의미이다. 이 지향성은 현상의 알 수 없는 물자체와 데카르트적 코기토도 처음부터 나누어져 있던 것이 아니라는 선언인 셈이다. 말하자면, 후설은 절대적 객체나 주체를 인정하지 않는다. 의식은 외부세계의 사물에서부터 유입되는 것도, 영혼에서부터 비롯되는 것도 아니다. 이렇게 주장함으로써 후설은 주관과 객관에 있어서 그 주관이 객관을 있는 그대로 인식할 수 있는지 밝혀야 했던 전통 철학의 난점에서 벗어날 수 있었다.

이것이 철학사에서 현상학이 가지는 인식론적 의의다. 그렇다면 현상학은 무슨 일을 하게 되는가? 앞에서 감성과 지성의 연합 방식을 고민했던 전통 인식론과 달리, 현상학은 이제 지향된 대상과 지향하는 자아의 양태를 기술(description)하는 일을 한다. 그러나 이것은 예전처럼 의식작용을 주관으로, 의식대상을 객관으로 분열시키는 일이 아니다. 왜냐하면 기술은 두 가지를 표현할 뿐이지 사실상 양자를 개념적으로 분리하는 것이 아니기 때문이다.

말년의 후설은 지향성을 기술의 측면에서 정태적 기술과 동태적 기술로 구분한다. 어쩔 수 없이 주관과 객관을 나누어 서술할 수밖에 없는 정태적 기술에 비해, 동태적 기술은 지향성 자체를 그 발생과 전개로 기술함으로써 지향성 본래의 의미, '무엇에 대한 의식'을 역동적인 하나의 활동으로 잘 드러내 주기에 오해에서 벗어날 수 있다.

4) 후기 후설 현상학: 생활세계와 상호 주관성

이제 어느 정도 후설 현상학이 익숙해졌을 독자에게 마지막으로 언급할 개념은 후설 역시 그의 이론이 무르익어 갈 무렵에 맞닥뜨리게 된 문제에서 나온다. 그 첫 번째 개념은 생활세계(life-world)이다. 이 개념을 이해하기 위해서는 상반된 의미의 물리학적 자연세계를 언급해야 한다. 생활세계는 자연적 태도에서 구성되는 객관적인 세계와 대비되는 일상의 주관적인 세계를 의미한다. 더 나아가 후설은 이러한 일상의 생활세계가 물리학적 자연세계보다 더 우위에 있음을 강조한다. 이러한 구분과 위계는 다시금 실증주의에 대한 비판과 연관된다. 실증적 학문의 세계를 추구하는 일은 결국 삶의 의미를 잃어버리는 결과를 가져온다는 것이다. 왜냐하면, 자연과학이 구성하는 객관적 법칙의 세계는 그 자신의 의미를 부여해 줄 수 있는 생활세계를 은폐시켜 버렸기 때문이다. 그리고 이것이 학문의 위기를 초래한 원인이 된 것이다.

초기 후설은 세계의 의미 구성 과정을 자연적 태도의 환원으로 드러나는 순수의식의 장에서 시작하려고 하였다. 그러나 그는 의미가 구성되는 토대가 아무래도 구체적인 생활세계에서 가능할 것이라고 생각하게 된다. 한편으로 이러한 생활세계를 서술하면서 애매한 입장을 보이는데, 즉 생활세계가 현상학의 시작(근원)인지, 끝(목적)인지 확실하지가 않게 된 것이다. 이러한 애매함은 생활세계에 대한 다양한 해석을 낳았다. 그의 제자인 메를로퐁티(Maurice Merleau-Ponty)는 생활세계 개념에서부터 현상학적 존재론으로 나아갔다. 또 다른 제자인 슈츠(Alfred Schutz)도 생활세계를 일상적인 사회적 세계로 해석하고 그 구조를 분석한다. 이렇게 사회적 세계로 해석되는 생활세계 개념에서부터 자연스럽게 타아(alter ego) 개념이 문제가 되기 시작한다.

지금까지 후설의 과제는 데카르트적 사유 자아에서 더 들어가 절대적 자기 자신으로서 순수의식을 발견하는 것이었다. 그런데 이는 자칫 물질적 외부세계를 인정하지 않고 자아만 존재한다고 말하는 것과 같으며, 최소한 그것이 아니라도 나의 자아를 제외하고 다른 자아를 인정하는 것처럼 보이지는 않는다. 또한, 후설이 만약에 외부세계와 타자를 인정한다고 해도 각각의 자아들이 소통을 할 수 있을지 의심이 든다. 아무래도 현상학은 이렇게 유아론(solipsism)에 빠지는 것 같다.

이에 후설은 하나의 자아에서 다른 자아가 구성될 수 있는 여지가 충분히 있다고 주장한다. 세계가 나에 대해서 확실한 것처럼 타인에 대해서도 확실하다는 나의 이해가 분명해야 한다. 이 말인즉슨 나의 세계는 단지 사적 세계가 아니라 상호주관적(intersubjective) 세계로서 경험된다는 것이다. 무엇보다도 나의 자아가 타인의 자아를 그 자체로 인정하는 과정이 필요한데 이때 중요한 것이 육체와 공감, 바로 감정이입(empathy)이다. 특히 후설의 제자였던 에디트 슈타인은 이 개념을 상세하게 연구하였다.

지금까지 우리는 현상학의 원리(소여와 직관)와 방법(환원) 그리고 생활세계와 상호주관성을 통해 후설 현상학의 주요한 개념을 살펴보았다. 숫자와 우주에 관심이 많았던 식욕 좋은 하얀 얼굴의 청년 후설은 수학과 심리학에서 인식론으로 그리고 존재론으로 그의 철학을 전개하며, 모든 학문을 위한 기초를 세우려는 목적을 어렴풋이나마 이루었다고 할 수 있다. 물론 이것은 여기서 판단할 수 있는 문제는 아니다. 다만 확실한 것은 그의 철학이 여전히 현재진행형이라는 사실이다.

5. 현상학, 후설을 넘어서

후기에 전개된 현상학을 제외한다면, 후설 현상학은 한마디로 초월론적 인식론이라고 할 수 있다. 기존의 인식론은 자연적 태도에서 외부세계를 전제한 상태로 인식 문제, 즉 '나는 어떻게 나의 바깥 세계를 확실히 인식할 수 있는가'를 문제로 삼았다. 이에 비해 후설의 인식론은 현상학적 환원을 통해서 이러한 인식 문제를 해결한다. 세계를 바라보는 태도를 변경함으로써, 세계와 내가 분리되기 전의 원본의 의식에 도달할 수 있다. 그리하여 현상학에서는 세계와 나 사이에 데카르트가 요청했던 전지전능한 신의 연결고리가 필요 없다.

후설은 '파리 강연'에서 현상학이 초월론적 관념론이라고 설명한다. 그러나 그것은 무의미한 감각 자료를 수집하여 의미 있는 세계를 획득하려는 심리학적 관념론이 아니다. 더구나 물자체를 인정하고 약간의 가능성을 열어 두고 있는 칸트의 관념론도 아니다. 초월론적 관념론은 체계적인 자아 이론적 학문의 형식을 갖추고 있는 '고유한 자아의 자기 해석'이라고 할 수 있다.

사실 이러한 현상학의 성과는 데카르트가 이미 도달했던 것일지도 모른다. 그러나 데카르트는 코기토의 진리로서의 무한한 가능성에 도달했으면서도 코기토를 다시금 육체에 대비되는 제한된 사유 실체로 축소시켜 버렸다. 비록 후설의 현상학은 각 개념의 명칭과 발생 배경에서 확실히 근대철학에 뿌리를 두고 있다는 비판을 받을지 모르지만, 학문의 출발점으로서 현재까지 여전히 영향을 미치고 있으며 다양한 분야로 뻗어 나가고 있다.

오늘날 주목받고 있는 뇌과학의 연구자들에게 의식은 뇌라는 육체의 그림자일 뿐이다. 유물론적 실재론의 입장에서 보면, 무엇보다 살아 있는 뇌만이 실재한다. 설령 그렇다고 해도 여전히 끊임없는 의식의 흐름과 시공간을 초월하는 지향성을 한낱 국소적인 뇌의 신경 세포를 통해 어떻게 해명할 수 있을지 의문이다. 사람들은 여전히 자연적 태도 속에서 뇌과학자들이 만들어 내는 형형색색의 뇌 사진에 혹하여 자기 자신의 진짜 의식을 돌아볼 생각을 하지 않는 듯하다. 실증주의와 과학주의를 경계했던 후설은 1938년에 세상을 떠났지만, 그의 문제의식과 그 극복을 위한 시도는 여전히 유효하다.

마지막으로 후설의 학문적 현상학을 떠나서 현상학을 삶에 가볍게 적용하고자 하는 사람이 있을지 모르겠다. 확실히 현상학은 유용할 수 있다. 현상학적 환원에서 태도의 전환은 삶의 진실을 볼 수 있는 방법일 수 있기 때문이다. 플라톤의 비유에서 보듯 동굴 밖으로 나간 사람이 동굴 안을 보게 되었을 때, 동굴 속에서는 깨달을 수 없었던 진실을 깨닫게 되는 것처럼 말이다. 그리고 일상에서는 매우 흔하게 발견되는 두 세력의 정치적 갈등도 한 걸음 물러나 전체를 볼 때 대립 이유가 분명해지면서, 불화의 해소를 위한 시야를 가질 수 있다. 또한 만약 현상학을 통해서 육체와 정신을 초월한 원초적 관찰자의 태도를 갖출 수 있는 사람이 있다면, 세인들의 삶으로부터 초연한 자유를 만끽할 수 있을지 누가 알겠는가?

참고문헌

1차 문헌

Husserl, Edmund, *Cartesianische Meditationen und Pariser Vorträge*, ed. Stephan Strasser, *Husserliana: Edmund Husserl Gesammelte Werke*, Bd. 1, den Haag: Martinus Nijhoff, 1973.

2차 문헌

요시히로, 닛타, 『현상학과 해석학』, 박인성 옮김, 도서출판b, 2018.
이남인, 『후설의 현상학과 현대철학』, 풀빛미디어, 2006.
자하비, 단, 『후설의 현상학』, 박지영 옮김, 한길사, 2018.
코켈만스, 조셉 J., 『후설의 현상학』, 임헌규 옮김, 청계, 2000.
Moran, Dermot and Cohen, Joseph, *The Husserl Dictionary*, London: Continuum, 2012.

루트비히 비트겐슈타인,
삶과 의미의 철학자 —우호용

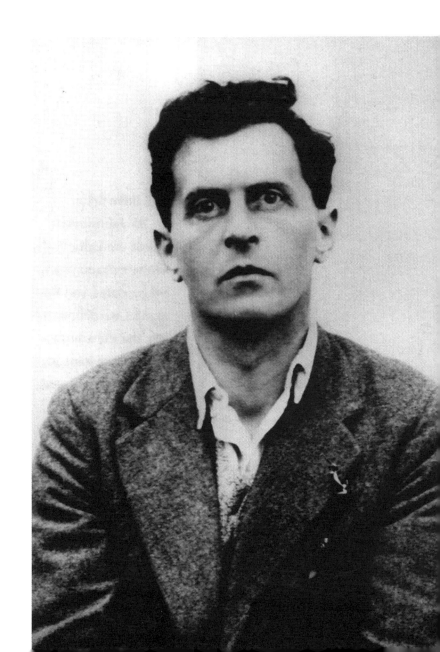

"우리는 언어와 싸운다.

우리는 언어와 교전 중에 있다."

——『문화와 가치』에서

1. 철학과 삶은 하나, 삶의 의미를 고뇌한 철학자

서양의 철학과 사상에 지대한 영향을 끼친 철학자들이 많지만, 그중 소크라테스(Socrates), 플라톤(Platon), 아리스토텔레스(Aristoteles)는 독보적인 영향을 끼쳤다. 이 세 철학자의 공통점은 자신의 철학과 삶이 일치하는 멋진 삶을 살았다는 점이다. 그들은 삶 속에서 자신의 철학적 신념을 목숨 걸고 지키고자 하였다. 소크라테스는 자신의 철학적 신념을 지키기 위해 독배를 마셨고, 플라톤은 자신의 철학적 이상을 위해 애쓰다 노예로 팔릴 뻔하기도 하였으며, 아리스토텔레스는 아테네에서 도망갈 때 자신의 노예들을 자유민으로 풀어 주기도 하였다. 이와 같이 자신의 철학과 삶이 일치하는 멋진 삶을 산 철학자가 과거에만 있었던 것은 아니다. 현대에도 있었는데, 그중 한 명의 철학자가 바로 루트비히 비트겐슈타인(Ludwig Wittgenstein)이었다.

비트겐슈타인의 가정환경은 특별했다. 그의 아버지는 오스트리아의 철강왕이었으며, 그는 8남매 중 막내로 태어났다. 그의 아버지는 오스트리아 빈의 예술가들을 경제적으로 후원해 주었고, 그래서 당대의 유명한 예술가들과 친분을 맺고 있었다. 집안이 경제적으로 매우 풍요롭고 예술이 일상이었던 생활에도 불구하고 4명의 형 중

3명은 사업가인 아버지와의 갈등으로 인해 자살했다. 형들의 자살은 비트겐슈타인을 우울증과 자살 충동에 시달리게 만든 원인이 되기도 하였다. 형들과 달리 비트겐슈타인은 스스로 예술이 아닌 항공공학을 선택하였다. 그러다 그는 분석철학의 아버지라 불리는 고틀로프 프레게(Gottlob Frege)의 『산수의 근본 법칙』(1893), 그리고 버트런드 러셀(Bertrand Russell)의 『수학의 원리』(*Principles of mathematics*, 1903)를 접하게 되었고, 그 이후 수학의 기초론에 관심을 갖게 되었다. 그리고 이것이 바로 그를 철학으로 입문하게 만든 계기가 되었다.

그는 프레게의 추천으로 케임브리지 대학으로 갔고, 거기서 러셀에게 철학을 배웠다. 철학 공부를 하던 중 자신이 부족하다고 생각한 비트겐슈타인은 스승인 러셀에게 찾아갔다. 비트겐슈타인이 철학을 계속할지 아니면 항공 조종사가 될지 고민 중이라고 말하자, 러셀은 방학 동안 관심 있는 철학적 주제로 논문을 한 편 써 오라고 말한다. 개학 후 비트겐슈타인의 글을 본 러셀은 그를 천재라 믿게 되었고 절대 항공 조종사가 되지 말라고 비트겐슈타인에게 확신을 주었다고 한다. 1차 세계대전이 발발하였을 때 그는 조국 오스트리아를 위해 참전하였고, 전쟁터에서 매우 용맹하게 임무를 완수하였다. 참전 중에 전공을 높게 평가받은 비트겐슈타인은 여러 개의 무공훈장을 받기도 하였다. 그가 참전 중이었던 1914년에서 1916년 사이에 썼던 사적인 전쟁 일기인 『노트북』(*Notebooks, 1914-1916*, 1961) ── 이 전쟁 일기는 『논리철학논고』(1922)의 초안이 되었다 ── 에서는 비트겐슈타인의 감정 상태와 초기 철학적 사유가 상세히 기록되어 있었다. 그는 늘 불안한 감정 상태에 있었지만, 전쟁터에서 그에게 위안을 준 것은 철학적 사색을 하는 시간이었다. 철학적 사색을 할 때만큼은 그는 심적으로 평화로움을 느낀 듯하다.

현대 심리학에서는 인간이 행복해지기 위한 조건으로 세 가지, 즉 욕구 충족, 몰입, 삶의 의미를 제시하고 있다. 세 조건들 중 욕구 충족은 비트겐슈타인의 삶을 고려해 볼 때 거리가 먼 듯해 보인다. 그는 실제로 많은 유산들을 예술가와 문학가들에게 기부하였고, 기부 후 남은 유산도 형과 누나들에게 거의 나눠 주었으며, 그에게 실제로 남은 재산은 1913~1914년경 논리학을 연구하기 위해 은거했던 노르웨이의 피오르에 있는 오두막이 전부였기 때문이었다. 그는 매우 검소하고 청빈하게 살았다. 케임브리지 시절에는 그가 식사 메뉴로 우유와 채소만 먹어서 그에게 소고기 스테이크 한 번 먹여 보는 게 주변 사람들의 소원이었다고 한다. 초등학교 교사 시절에도 그는 검소하고 청빈한 생활 방식으로 살았으며, 당시 마른 빵, 버터, 코코아 한 잔이 비트겐슈타인이 평상시 먹던 식사의 전부였다. 그는 늘 구도자의 삶을 살려고 애썼기 때문에 욕구 충족과는 거리가 멀어 보인다.

그런데 두 번째 조건인 몰입은 그에게 매우 중요한 행복의 조건이라 할 수 있다. 그가 철학에 대해 몰입을 할 때만큼은 불안과 우울함에서 벗어나 마음의 평화를 누렸을 것으로 추정되기 때문이다. 빗발치는 포탄 속에서도 그는 철학적 문제들을 해결하기 위해 사유에 몰입하였다. 그러한 몰입은 결과적으로 비트겐슈타인에게 마음의 안식을 가져다 주었을 것이다. 철학에 몰입할 때만큼은 우울증, 자살, 죽음과 관련된 고통에서 벗어날 수 있었기 때문이다. 게다가 행복의 마지막 조건인 삶의 의미는 비트겐슈타인에게 매우 중요한 가치라

할 수 있다. 삶과 죽음이 교차하는 전쟁터에서 그는 무고한 생명들이 스러지고 부상으로 고통받는 것을 목격했을 것이고, 인간이라는 존재가 얼마나 나약한 존재인지 더더욱 느꼈을 것이다. 그래서 전쟁 일기 속에도 삶, 죽음, 신, 그리고 삶의 의미에 대한 고뇌가 담긴 글들이 쓰여 있었다. 이러한 경험들은 『논리철학논고』에도 그대로 반영되고 있다.

2. 그림 의미론: 말해질 수 없는 것에는 침묵을

『논리철학논고』(이하 『논고』)는 전기 비트겐슈타인 철학의 결정판이었고, 철학책으로는 생전에 유일하게 출판된 저작이었다. 책 제목은 비트겐슈타인의 스승 중 한 명이었던 분석철학자 무어(George Edward Moore)가 지어 주었다고 한다. 무어는 『논고』의 구성이 마치 스피노자(Baruch de Spinoza)가 저술한 『에티카』(1677)와 비슷하여 그의 저작들 중 『신학정치론』(1670)을 차용하여 제목을 지었다고 전해진다. 『논고』의 서문에서 그는 "말해질 수 있는 것(Sagbare)은 명료하게 말해질 수 있으며, 말해질 수 없는 것(Unsagbare)에 관해서는 우리는 침묵해야 한다"[1]고 선언하고 있다. 칸트(Immanuel Kant)가 『순수이성비판』(1781)에서 자연과학으로 사유할 수 있는 영역과 그렇지 않은 영역

---

1 루트비히 비트겐슈타인, 『논리철학논고』, 이영철 옮김, 천지, 1991, 33쪽.

을 구분하면서 이성의 한계를 보여 주고자 하였듯, 비트겐슈타인은 자연과학의 언어로 우리가 말할 수 있는 것과 말할 수 없는 것을 해명하면서 언어의 한계를 보여 주고자 하였다.

따라서 그가 저술한 『논고』를 올바르게 이해하기 위해서는 말해질 수 있는 것과 말해질 수 없는 것 중 후자에 더 집중해야 한다. 왜냐하면 비트겐슈타인에게 있어 무엇보다 중요하고 가치 있는 것은 바로 말해질 수 없는 것이었기 때문이었다. 그런데 스승인 러셀을 비롯해 프레게와 러셀에 지대한 영향을 받았던 비엔나 서클의 철학자들도 『논고』가 끼친 영향력을 인정하면서도 '말해질 수 있는 것'에만 집중하였기 때문에 비트겐슈타인의 의도를 잘못 이해하게 된다. 이들뿐 아니라 당시 대부분의 학자들도 말해질 수 있는 것에 집중했고, 『논고』의 핵심 내용은 그 개념에 치우쳐져 설명되곤 하였다. 그들은 비트겐슈타인의 손가락만 보고 손가락이 가리키는 방향에는 주목하지 못했다. 그러나 만일 우리가 말해질 수 있는 것을 일독하고, 말해질 수 없는 것에 집중해서 이해하고자 한다면, 비트겐슈타인이 의도한 『논고』의 진가가 드러날 것이다.

『논고』는 세계가 사물이나 대상들로 구성되어 있는 것이 아니라 사실들로 구성되어 있다는 선언으로 시작한다. 과거 철학자들은 사물이나 대상이 세계를 구성하는 근본 요소라고 보았다. 그러나 비트겐슈타인은 과거의 전통과 달리 사물이나 대상이 아닌 사실이 세계를 구성한다고 주장했다. 이는 청년 비트겐슈타인이 프레게의 철학에 상당한 영향을 받았다는 것을 의미한다. 러셀을 필두로 많은 분석철학자들은 프레게가 전통적으로 존재의 구성 요소로 받아들여졌

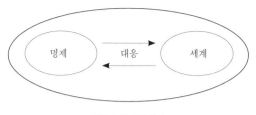

그림 1 명제와 세계

던 물질과 정신에 언어를 추가함으로써 현대철학의 획기적 전환을 이루었다고 극찬하였다. 이를 철학에서는 언어적 전회(Linguistische Wende)라고 말하고 있다. 그리고 그러한 철학적 방법은 비트겐슈타인의 『논고』에서도 그대로 적용되고 있었다.

『논고』의 목적은 '유의미한 명제를 어떻게 구성할 수 있는가?'였고, 이를 위해 비트겐슈타인은 우선 '말할 수 있는 것'이 무엇인지 보여 주고자 하였다. 그는 언어와 세계의 관계를 규명하기 위해서 법정기사에서 경험한 아이디어를 도입하고 있다. 법정에서는 장난감 자동차와 인형을 마치 실제 자동차와 운전자처럼 사용하여 교통사고의 상황을 묘사하고 있었다. 재판에서 증인들은 장난감 모형들을 통해 교통사고의 상황을 구체적으로 진술했다. 언어가 이와 유사하게 세계에서 일어난 실제 사실들을 대신해서 하나의 모형으로 작동하고, 언어를 통해 세계의 사실을 그림처럼 묘사할 수 있다는 것이 비트겐슈타인의 아이디어였다(그림 1). 그리고 이것은 후에 '그림 의미론'(Bildtheorie der Sprache)이라고 불린다.

실제로 우리는 일상생활에서 경험을 통해 세계를 보고, 그것들을 언어로 재현해서 사유하며, 다른 사람들에게 자신의 생각을 언어로 전달한다. 다시 말해, 언어를 통해 세계를 사유한다. 그러한 이유로 비트겐슈타인은 "사실들의 논리적 그림이 사고이다"[2]라고 주장한다. 또한 사실들의 논리적 그림을 통해 사고의 내용을 갖게 되는데, 그 사고를 "의미(sense)를 지닌 명제"[3]로 이해할 수 있다는 것이다. 따라서 우리는 경험을 통해 그려진 세계의 사실들을 언어로 재현해서 보고, 세계에 대응하는 명제가 세계와 일치하는지 아닌지에 따라 세계에서 발생하는 사실들의 존립(참)과 비존립(거짓)을 비교할 수 있게 된다. 그는 언어와 세계의 관계를 통해 '유의미(sense)한 명제'가 어떻게 가능한지 보여 준 다음, 자연과학의 언어로 말해질 수 없는 것인 '무의미(nonsense)한 명제'를 중요하게 다루었다.[4]

말할 수 있는 것으로서의 자연과학의 명제들은 『논고』에서는 유의미한 영역에 속하게 된다. 그럼, 참이나 거짓으로 판별할 수 있는 자연과학의 명제 외의 여러 다른 학문들의 명제들도 유의미한 명제라고 부를 수 있는지 궁금할 수 있다. 가령 논리학의 명제를 검토해

---

2 앞의 책, 45쪽.

3 앞의 책, 59쪽.

4 무의미(nonsense)라는 번역어는 자칫 비트겐슈타인의 의도를 왜곡시킬 수 있다. 왜냐하면 말해질 수 없는 것들이 무의미하다고 표현하면 마치 논리실증주의자들이 실수한 것처럼 그 영역에 속하는 명제들을 사이비명제로 전락시킬 수 있기 때문이다. 비트겐슈타인은 오히려 말해질 수 없는 것을 더 중요하고 가치 있는 것으로 생각했었다. 예를 들어, 『논고』 6.44에서 "세계가 **어떻게** 존재하는지가 신비스러운 것이 아니라 세계가 존재한다는 **것이** 신비스러운 것이다"라고 언급하고 있다(비트겐슈타인, 『논고』, 142쪽). 말해질 수 있는 것으로서의 자연과학의 명제들만이 의미의 영역에 속한다는 점에서, 무의미를 의미와 상대적인 의미에서의 무의미로 이해하는 것이 그 개념의 오해를 줄일 수 있다고 생각한다(K.T. 판, 『비트겐슈타인의 철학이란 무엇인가?』, 황경식·이운형 옮김, 서광사, 1989, 48~50쪽 참조).

보자. 그림 의미론에 근거해 볼 때, 논리학의 명제는 말할 수 있는 것의 영역에 속하는가? 비트겐슈타인에게 있어 논리학의 명제는 자연과학의 명제와 달리 특별한 위치에 있는 명제라고 할 수 있다. 왜냐하면 그는 논리학의 명제가 말할 수 없는 것이지만, 말할 수 있는 것과 말할 수 없는 것의 경계선에 놓여 있다고 주장하기 때문이다. 다시 말해, 논리학의 명제가 세계에 관해 아무것도 말하고 있지 않지만 그럼에도 불구하고 진리값을 가지고 있기 때문이다. 가령 '내일 비가 오거나 내일 비가 오지 않을 것이다'와 같은 명제는 세계에 아무것도 말해주지 않고 있지만, 논리적으로 가능한 모든 경우에서 항상 참이 나온다. 그래서 비트겐슈타인은 "논리학의 명제는 항진명제(tautology)[5]이다"[6]라고 주장하면서, 논리학의 명제는 '의미를 결여한 명제'로 생각하였다.

이외에 우리의 삶에 중요하고 가치 있는 형이상학, 윤리학, 미학, 종교, 예술의 명제들은 말할 수 있는 것과 말할 수 없는 것 중 어디에 속하는가? 그림 의미론에 따르면, 그러한 명제들은 말할 수 없는 것에 속한다. 그는 이런 명제들이 말해질 수는 없지만 보여질 수는 있다고 주장하고 있다. 말할 수 없는 것을 보여 줄 수 있는 방법은 매우 다양하다. 예를 들어, 논리학에서는 일정한 방식으로 기호를 배열함으로써 세계의 한계를 보여 줄 수 있고, 예술에서는 일정한 방식으로

---

5 명제의 진리값을 결정하는 방식들 중 진리표 방법(Wahrheitstabelle)이 있다. 이것은 비트겐슈타인이 『논고』에서 처음 사용하였다. 여기에서 항진명제는 그 명제에 참 혹은 거짓을 할당할 경우, 논리적으로 가능한 모든 경우에 진리값이 모두 참이 나오는 명제를 뜻했다.

6 비트겐슈타인, 『논고』, 122쪽.

소리와 색깔을 배열함으로써 중요한 그 무엇인가를 보여 줄 수 있다.[7] 이와 같은 명제들은 "언어로 표현할 수는 없지만 스스로를 드러낸다"[8]는 점에서 신비스러운 것이다. 말할 수 없는 것은 자연과학의 언어로 표현할 수 있는 것이 아니다. 따라서 "말할 수 없는 것에 관해서는 침묵해야 한다"[9]는 것이 『논고』의 결론이었다.

그런데 여기에서 주목할 점은 『논고』의 후반부에 있는 명제들이 삼천포로 빠진다는 인상을 준다는 것이다. 그가 언급한 '사다리의 비유'와 '말할 수 없는 것에 대한 침묵'은 『논고』의 구성상 전체 맥락에서 벗어난 사족처럼 보이기 때문이다. 그러나 그러한 명제들은 『논고』의 화룡점정에 해당한다. "사다리를 딛고 올라간 후에는 그 사다리를 던져 버려야 한다"[10]라는 명제는 '사다리의 비유'로 불린다. 비트겐슈타인은 『논고』에서 자신이 제시한 명제들, 즉 사다리가 무의미하다고 인식할 때에 세계를 올바르게 보는 것이 가능하다고 믿었다. 그래서 그는 "언어의 한계는, 어떤 명제에 대응하는 사실을 바로 그 명제를 반복하지 않고서는 서술하기가 불가능하다"[11]고 토로하였다. 또한 우리의 삶에서 소중한 것은 사실의 세계를 말하는 것처럼 말해질 수 있는 것이 아니라 결코 말해질 수 없다는 것을 자각하는 것이다. "언표 불가능한 것(나에게는 불가사의하게 보이고, 내가 말로 나타

---

7 K.T. 판, 『비트겐슈타인의 철학이란 무엇인가?』, 황경식·이운형 옮김, 서광사, 1989, 58쪽 참조.
8 비트겐슈타인, 『논고』, 143쪽.
9 앞의 책, 143쪽.
10 앞의 책, 143쪽.
11 루트비히 비트겐슈타인, 『문화와 가치』, G. H. 폰 리히트 엮음, 이영철 옮김, 천지, 1990, 32쪽.

낼 수 없는 것)은 아마도, 내가 말로 나타낼 수 있는 것에 의미를 부여하는 배경을 이룰 뿐이다."[12] 그럼에도 불구하고 우리가 여전히 우리의 삶에 소중한 것을 언어로 말하고자 한다면, 우리의 유일한 선택지는 말해질 수 없는 것에 관해서 침묵하는 길밖에 없다는 것이다.

3. 사용 의미론: 다르게 봐라!

철학의 문제들을 다 해결했다고 확신한 비트겐슈타인은 이제는 철학의 문제들로 고통받는 사람들은 없을 것이라고 생각하고 철학계를 떠난다. 그는 1920년에서 1926년까지는 오스트리아에 있는 조그마한 시골 마을에서 초등학교 교사로 근무한다. 그는 교육에 있어서만큼은 매우 엄격하였기 때문에 아이들을 호되게 혼냈으며, 이에 불만을 품은 학부모들의 강력한 항의를 받기도 하였다. 그렇지만 아이들이 어휘 때문에 공부에 어려움을 겪는 문제를 해결하기 위해 사전을 만들기도 하는 자상함도 보여 주었다. 이 사전의 특징은 알파벳 순서를 따르지 않고, 같은 종류의 단어를 중심으로 거기에 파생어를 덧붙이는 형식을 취했다는 것이다.[13] 그리고 이 사전은 그가 살아 있을 때

---

12 앞의 책, 43쪽.
13 비트겐슈타인은 이때부터 논리적 언어에 근거한 분석으로 공통점을 찾기보다는 일상적 언어에 근거한 구분으로 그 차이점을 보여 주고자 한 것이 아닌가 추정해 볼 수 있다. 그래서 사전의 구성도 기존의 방식이 아닌 유사한 낱말과 파생하는 낱말들로 구성한 듯하다. 그 이유는 아마 그가 사전이 모든 것을 **똑같게** 만드는 위력을 가지고 있다는 위험성을 알고 있었

출판된 마지막 책이 되어 버렸다.

　교사의 경험은 그에게 새로운 철학으로의 관심과 방법을 갖게
만든 중요한 경험이었다. 그는 어린이들에게 낱말과 그 의미를 가르
치면서 자신이 『논고』에서 주장한 그림 의미론이 언어에 대해 매우
제한적이었다고 생각한 듯하다. 교사를 그만둔 후, 잠시 비엔나 근처
의 수도원에서 정원사 조수로 일하다가 1926년에서 1928년에는 누
나의 부탁으로 그의 친구인 건축가 폴 엥겔만과 함께 스톤보로우 하
우스로 불리는 누나의 집을 설계하고 감독하였다(그림 2).

　비트겐슈타인의 첫째 누나는 그 집이 매우 멋지다고 느꼈지만,
거기에 살고 싶지는 않다고 하였다. 자기같이 하찮은 사람을 위한 집
이 아니라 신들이 사는 집처럼 보였기 때문이었다. 그녀는 그 집이 완
전함과 위대함으로 인해 '논리학이 된 집'이라고 말했다. 아마 비트겐
슈타인은 집을 건축할 때도 『논고』를 쓸 때처럼 지은 듯하다. 그는 건
축을 할 때에도 기존의 스타일이 아닌 좀 더 새로운 언어로 재현하고
자 하였고, 보다 새로운 세계에 속하는 방식으로 명료하면서 투명하
게 보여 주고자 하였다.[14]

　비엔나로 돌아온 기간 동안에 비엔나 서클의 주요 인물인 슐
릭과의 역사적 만남도 있었지만, 무엇보다 비트겐슈타인에게 지적
자극을 주고, 새로운 철학으로 가도록 동기부여를 한 사람은 램지

기 때문일 것이다(앞의 책, 53쪽 참조).
14 앞의 책, 26쪽, 123쪽 참조.

그림 2 스톤보로우 하우스

(Frank Plumpton Ramsey)와 스라파(Piero Sraffa)였다.[15] 비트겐슈타인은 새로운 철학을 위해서 1929년 케임브리지로 돌아온다. 경제학자 존 케인즈(John Maynard Keynes)는 비트겐슈타인이 기차역에 도착했을 때 "신이 도착했다!"라고 외쳤다고 한다. 당시 케임브리지에서의 『논고』의 명성이 비트겐슈타인을 거의 신격화할 정도였기 때문이었다. 케임브리지에 머무르기 위해서는 박사학위가 필요했던 비트겐슈타인을 위해 램지는 학위 취득 심사를 마련한다. 하지만 당일 램지가

---

15 램지는 『논고』가 자신에게 끼친 영향력을 인정하고 있다. 그럼에도 불구하고, 그는 『논고』가 세계와 명제를 논리적인 질서에 가둬 두고서 명제에 대한 사실만을 생각하였지, 그러한 사실에 대한 우리의 사유 방식은 전혀 고민하지 않았다고 비판한다. 스라파도 비트겐슈타인과의 대화에서 비트겐슈타인이 주장하는 명제와 명제가 그리는 사실 간에 대응하는 명제와 사실의 동일한 논리적 구조, 즉 동일한 논리적 형식을 갖는다는 것이 도대체 무엇을 의미하는 것인지 모르겠다고 비판하였다.

병이 나서 불참하고, 대신 스승인 러셀과 무어가 박사학위 취득을 위한 구술 심사를 맡게 된다. 심사 중에 러셀이 『논고』의 말해질 수 없는 것에 대한 문제점을 비판하자, 비트겐슈타인은 박사논문 심사 위원인 러셀과 무어의 어깨를 두드리며 '당신들이 그것을 전혀 이해하지 못할 것이라는 것을 알고 있었기에 걱정하지 않아도 된다'고 말하고는 심사를 끝냈다는 일화가 전해진다.

케임브리지 대학에서 그는 연구 보조금을 지급받으면서 여러 저술들을 하였지만, 그중 그의 철학의 최종적인 결정판은 유고집으로 출간된 『철학적 탐구』(1953, 이하 『탐구』)였다. 그에게 중요한 것은 "철학함에 있어서 나의 자세를 늘 바꾸는 것, 뻣뻣하게 굳어 버리지 않도록 **한** 다리로 너무 오래 서 있지 않는 것"[16]이었다. 그래서 그는 『탐구』의 서문에서 언어와 세계를 완전무결하게 논리적으로 구성한 『논고』의 철학적 방법을 거부하고, 대신 『탐구』의 작업을 "이 길고 복잡한 여행에서 생겨난 다수의 풍경 스케치들" 혹은 "철학적 소견들이라는 풍경 사진으로 만들어진 하나의 앨범"이라고 언급하고 있다.[17]

그는 『탐구』의 시작을 자신이 위대하다고 믿고 있었던 아우구스티누스(Aurelius Augustinus)의 언어관에 대한 비판으로부터 시작한다. 아우구스티누스는 낱말의 이름과 그 소리로 지칭되는 대상을 통해 낱말의 의미가 주어진다고 주장하였다. 예를 들어, 엄마가 아기에게 자기 자신을 가리키며 "엄마, 엄마!"라고 말하면, 아기는 엄마라는

---

16 비트겐슈타인, 『문화와 가치』, 63쪽. 강조는 원문.
17 루트비히 비트겐슈타인, 『철학적 탐구』, 이영철 옮김, 서광사, 1994, 13쪽.

소리를 듣고 "어마, 어마!"라고 말하면서 낱말을 배운다. 이것은 인간이 사용하는 언어들 중에서 가장 원초적인 형태의 언어라 할 수 있다. 그래서 비트겐슈타인은 "언어게임의 원천과 원시적 형식은 반응이다; 이것에 기초하여 비로소 보다 복잡한 형식들이 자라난다"[18]고 하였다. 그리고 이보다 좀 더 발전된 형태의 언어로 건축 현장에서 미장이와 조수가 소통하는 언어가 있다. 건물을 짓는 현장에서 미장이가 조수에게 "벽돌!"하고 외치면 조수는 미장이에게 벽돌을 갖다 준다. 이외에도 미장이가 원하는 건축자재나 도구들을 "못!", "시멘트!", "목재!", "철근!"이라고 외치면, 조수는 즉각 필요한 자재나 장비를 미장이에게 갖다 준다. 그들은 건축 현장에서 언어들을 불편함 없이 능수능란하게 사용하고 있다.

언어의 사용과 관련된 두 사례는 특정 맥락에 따라 언어의 의미가 생각보다 다양한 방식으로 사용되고 있다는 점을 시사해 준다. 그는 아우구스티누스가 제시한 언어나 미장이와 조수가 사용하는 언어를, "언어와 그 언어가 뒤얽혀 있는 활동의 전체"[19] 혹은 "언어를 말한다는 것은 어떤 활동의 일부, 또는 삶의 형식의 일부"[20]라고 언급하면서, 이를 언어게임(Sprachspiel)이라고 불렀다. 낱말 사용의 전체 과정을 어린이들이 모국어로 배우는 게임이나 미장이와 조수가 사용하는 게임은 모두 하나의 언어게임이다. 이외에도 언어게임은 다양하게

---

18 비트겐슈타인, 『문화와 가치』, 70쪽.
19 비트겐슈타인, 『탐구』, 23쪽.
20 앞의 책, 31~32쪽.

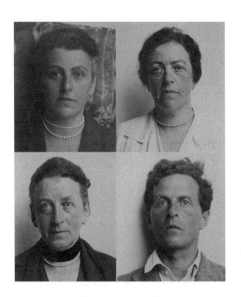

그림 3 비트겐슈타인 형제들

존재한다. 수수께끼 풀기, 연극하기, 농담하기, 하나의 가설을 세우고 테스트하기, 수학문제 풀기, 번역하기 등 언어게임의 언어적 도구들과 사용 방식은 매우 다양하다.[21]

비트겐슈타인은 다양한 언어게임들 간에는 유사한 점과 차이점이 서로 겹치고 교차하지만, 그렇다고 해서 모든 언어게임을 관통하는 공통된 특징은 없다고 주장한다. 그는 이를 가족에서 유추하여 가족유사성(Familienähnlichkeit)[22]이라고 불렀다(그림 3). 가족 구성원의 몸집, 용모, 눈 색깔, 걸음걸이, 기질 등등은 비슷하면서도 서로 차이

---

21 앞의 책, 32쪽 참조.
22 앞의 책, 60쪽.

가 있다. 그렇다고 해서 가족 구성원들을 모두 관통하는 공통된 특징이 있는 것은 아니다. 그는 이 가족유사성에 근거해서 사물이나 대상의 본질을 주장했던 과거의 철학, 특히 『논고』의 철학을 비판적으로 탐구하면서 일반성을 갈망하는 철학의 전통 중의 하나인 본질주의를 비판한다. 비트겐슈타인이 『논고』를 비판적으로 돌아본 이유는 『논고』가 잘못된 일반성을 지향하는 철학이라고 생각했기 때문이었다.

비트겐슈타인의 언어관 변화는 의미에 대한 그의 생각이 상당히 바뀌었음을 시사해준다. 그는 철학으로 되돌아오기 전부터 이미 언어의 형이상학적 사용을 일상적 사용으로 전환하고 있었다. 그는 이제 언어와 세계의 관계에서 발생하는 의미뿐만 아니라 언어와 인간의 관계에서 발생하는 의미에도 관심을 가졌다. 이를 위해 그는 이상적인 논리적 언어에 의한 분석에 근거해 공통점을 찾는 대신 일상 언어에 의한 구분에 근거해 차이점을 찾고자 노력하였다. 달리 말해, 다양한 언어게임들 안에서 낱말이 어떻게 사용되고 있는지 그 차이점을 보기 위해서는 전체적으로 조망해서 보는 것(übersehen)이 매우 중요하였다. 그래서 비트겐슈타인은 "하나의 대상에 대한 상이한 각도들에서의 견해들만이 고찰된다"[23]고 역설하고 있으며, 제자들에게도 늘 "다르게 보라!"고 강조하였던 것이다.

아우구스티누스의 사례나 미장이와 조수의 사례를 들어 보여 주었듯이, 이제 낱말의 의미는 특정한 언어게임 안에서 낱말이 어떻게

---

23 비트겐슈타인, 『문화와 가치』, 26쪽.

사용되는지에 달려 있게 된다. 이는 후기 비트겐슈타인의 철학을 규정하는 중요한 입장이며, 후에 '사용 의미론'(Verwendungstheorie der Sprache)으로 불린다. 그는 "한 낱말의 의미는 언어에서의 그 사용이다"[24]라고 주장한다. "문장을 도구로 간주하라, 그리고 문장의 의미를 그 사용이라고 간주하라!"[25]는 것이다.

비트겐슈타인이 『탐구』의 작업에 매달린 이유는 무엇보다 철학자와 사람들이 철학적 문제에 매달려 소중한 삶을 허비하고 있다고 생각했기 때문이었다. 그의 충고대로 우리가 언어의 사용 방식을 전체적으로 조망하면서 철학적 문제를 본다면, 그러한 문제의 출구를 쉽게 찾을 수 있다. 하지만 철학자와 사람들은 언어의 잘못된 사용 방식으로 인해 철학적 문제라는 파리통에 빠져 출구를 찾지 못하고 헤매다 죽는 파리와 같은 처지에 놓여 있다. 비트겐슈타인은 이를 '파리통 속의 파리'라고 비유적으로 언급했다. 그는 철학의 목적이 "파리에게 파리통에서 빠져나갈 수 있는 출구를 가리켜 주는 것"[26]이며, 그래서 "사고 속에 평화가 깃드는 것"[27]이 철학하는 자가 열망하는 목표라 하였다. 그러기 위해서 먼저 "철학자는 상식의 개념들에 도달할 수 있기 전에 자신 속에서 오성의 수많은 병을 치료해야"[28]한다. 따라서 철학적 치료로서의 철학은 개념적 함정에 빠져 있는 사람들을 구

---

24 비트겐슈타인, 『탐구』, 44쪽.
25 앞의 책, 192쪽.
26 앞의 책, 32쪽.
27 비트겐슈타인, 『문화와 가치』, 92쪽.
28 앞의 책, 93쪽.

제하는 것이며, 무익한 정신적 갈망과 철학적 문제들로부터 사람들을 해방시켜 주는 것이다. 그렇게 해야 사람들이 사이비 문제들로부터 해방되어 마음의 평화를 찾고 자신의 인생에서 참된 활동을 시작할 수 있을 것이라고 비트겐슈타인은 확신했다.

4. 확장된 사용 의미론: 상도 의미!

철학자들은 비트겐슈타인의 철학을 의미론에 근거하여 전기 비트겐슈타인과 후기 비트겐슈타인으로 구분한다.『논고』의 그림 의미론이 전기 비트겐슈타인 철학을 규정하듯이,『탐구』의 사용 의미론은 후기 비트겐슈타인 철학을 판단하는 기준이 된다. 그런데 최근 일부 비트겐슈타인 연구자들은 세 번째 비트겐슈타인이 있다고 주장하곤 하였다. 그 단서가 되는 개념은 상(Aspekt)으로서의 의미인데, 특히 상이라는 개념을 말년의 비트겐슈타인이 매우 집중적으로 탐구하였기 때문이다.『탐구』에서 "의미는 하나의 상이다"[29]라고 언급한 것은 혹시 상이라는 개념이 새로운 의미론을 제시하는 단서가 아닌가 하는 궁금증을 불러일으켰다. 실제로 그는『탐구』2부에서도 상에 대한 탐구에 많은 부분을 할애하고 있었다. 그중 xi에서는 보기(Sehen)라는 낱말의 사용을 매우 상세하게 탐구하면서 상으로서의 의미를 구체적

---

29 비트겐슈타인,『탐구』, 227쪽.

그림 4 오리-토끼 그림

으로 고찰하고 있다.

　상으로서의 의미가 비트겐슈타인의 새로운 의미론인지 판단하기 위해서는 그가 그 개념을 어떻게 사용하고 있는지 분석할 필요가 있다. 그는 '본다'라는 낱말이 하나의 언어게임에서 어떻게 다양하게 사용되고 있는지 보여 주기 위해서 '상 보기의 언어게임'에서 '지속적인 상 보기'(stetigen Sehen eines Aspekts) 개념을 먼저 탐구한다. 가령 오리-토끼 그림(그림 4)을 누군가에게 보여 줄 경우, 그 그림을 오리로 보는 사람(A)이 있거나 토끼로 보는 사람(B)이 있을 것이다. A와 B에게 그 그림을 보여 줄 경우, 각각 "오리네" 혹은 "토끼네"라고 말할 것이다. A와 B는 그 그림을 각각 지속적으로 오리로 보거나 지속적으로 토끼로 본다. A와 B는 자신들이 보고 있는 것의 동일성을 당연시 한다. 그런데 만약 A가 그 그림을 언제나 오리로 보거나 B가 그 그림을 항상 토끼로 본다면, 그들은 또 다른 차원으로 지속적인 상 보기를 하고 있는 것이다. 비트겐슈타인은 이를 '간주하기'(Betrachten als)라고 불렀다.

　반면 A, B 중 누군가 하나의 상에서 번쩍 떠오른 새로운 상을 본다면, 달리 말해 A가 갑자기 "토끼!"라고 말하거나 B가 갑자기 "오리!"라고 말한다면, 그는 '번쩍 떠오른 상 보기'(Aufleuchten eines Aspekts)의 언어게임을 시작하고 있는 것이다. 이것은 '상의 전환'(Aspektwechsel)이다. 비트겐슈타인은 상의 전환을 특히 강조하였다. 하나의 상에서 다른 상이 번쩍 떠오르는 체험을 하지 못하는 사람이 있을 수 있기 때문이다. 그는 이를 '상맹'(Aspektblinde)이라고 불렀다. A가 오리에서 토끼로 번쩍 체험하지 못하거나 B가 토끼에서 오리로 번쩍 체험하지 못한다면, 그들은 상맹인 것이다. 상맹은 상의 변화를 체험하지 못하기 때문에 삶에서도 새로운 체험을 하지 못한다는 한계점을 갖는다.

지속적인 상 보기가 지각하고 있는 '것'을 보고(report)하는 반면 번쩍 떠오른 상 보기는 새로운 시각 '경험'을 표현(expression)한다는 점에서 차이가 있다. 지속적인 상 보기가 우리가 사용하는 언어와 외부 세계의 지각된 대상이나 그 대상의 속성과 관계가 있다는 점에서 외적인 것의 언어게임이라면, 번쩍 떠오른 상 보기는 그 대상과 다른 대상들과의 내적 관계와 연관된다는 점에서 내적인 것의 언어게임이라 할 수 있다. 이렇듯 상 보기의 언어게임에서 '본다'라는 낱말의 의미는 하나의 의미로 확정되어 단일하게 사용되는 것이 아니다.

비트겐슈타인은 여기에서 더 나아가 우리가 사용하는 낱말의 의미가 얼마나 복잡한 양상을 띠는지 보여 주기 위해서 상 보기에 대한 탐구에 멈추지 않고, 이 언어게임에 교차하면서 중첩되어 있는, '낱말의 의미를 체험하는'(erleben der Bedeutung eines Wortes) 언어게임으로 탐구를 이어 나간다. 상 보기의 언어게임과 유사하게 이 언어게임에서도 하나의 낱말을 사용하는 사람들은 그 낱말 ── 가령 그 낱말이 두 가지 의미만 있다고 가정하자 — 을 각각 A라는 의미로 사용하는 사람, B라는 의미로 사용하는 사람이 있을 것이다. 그들은 그 낱말을 사용할 때, 아마 하나의 의미로만 사용하거나 습관적으로 항상 하나의 의미로 간주하고 사용할 수도 있다. 하지만 그들 중 누군가 낱말의 의미에서 갑자기 번쩍 떠오른 새로운 낱말의 의미를 체험했다면, 그는 낱말의 새로운 의미를 체험하는 언어게임에 참여하게 된다. 그래서 누군가는 하나의 낱말을 단지 특정한 의미로만 사용하거나 늘 그런 의미로 간주하며 사용하지만, 그 낱말의 의미를 새롭게 체험한 사람은 새로운 언어게임에 참여하여 과거의 방식과는 다르게 그 낱말을 사용할 수 있게 된다. 마치 도스토예프스키의 『죄와 벌』(1866)을 단지 특정한 의미로 지속적으로 사용하면서 받아들이거나 늘 그렇게 간주하면서 의미를 대하다가 어느 날 갑자기 하나의 낱말에서 새로운 의미를 체험한다면, 그는 번쩍 떠오른 낱말의 의미를 체험하는 언어게임에 참여하는 것이다. 이제 『죄와 벌』을 읽다 경험한 새로운 의미의 체험으로 인해 그는 그 책의 내용들을 이전과 달리 대할 것이며, 때로는 사고방식이나 가치관까지도 바꿀 수도 있을 것이다. 그래서 상의 변화는 삶의 변화를 포함하고 있다.

지금까지 설명한 상 보기의 언어게임에 대한 비트겐슈타인의 탐구를 심리철학 혹은 철학적 심리학이라고 부른다. 『탐구』 2부는 비트겐슈타인의 말년의 저작들과 밀접한 관련이 있었다. 언어가 세계와의 관계뿐만 아니라 세계 안에 있는 인간들의 활동, 특히 내적인 정신활동과도 밀접한 관계를 갖고 있다는 것이 비트겐슈타인의 생각이었기 때문이다. 그런데 언어는 모든 사람들에 대해 동일한 덫을 준비하고 있으며, 그물망처럼 연결된 미로의 연속이기 때문에 비트겐슈타인은 잘못된 길이 분기되는 모든 장소에 사람들이 그 위험한 지점들을 무사히 넘어가게 도와주는 표지판들을 세우고자 했다. 상 보기의 언어게임과 낱말의 의미를 체험하는 언어게임도 두 언어게임의 차이점을 보여 줌으로써 표지판을 세워 놓는 작업이었다. 그래서 비트겐슈타인의 철학을 의미론으로 구분해서 전기와 후기를 나눈다면, 상으로서의 의미는 세 번째 비트겐슈타인을 규정짓는 의미론이라기보다는 사용 의미론의 확장된 버전으로 보는 것이 온당하다 할 수 있다.

5. 비트겐슈타인의 메시지: 당신의 삶을 돌봐라!

『논고』 이후 비트겐슈타인의 철학적 탐구는 언어와 세계를 넘어 언어와 인간, 그리고 인간의 삶과 밀접한 관계를 맺고 있었다. 그는 『논고』에서 매우 중요하게 여긴 말할 수 없는 것을 일상적인 삶의 언어로 확장하면서 철학적 문제들을 극복하고자 하였다. 그래서 그의 철학을 인간의 삶, 특히 그의 삶과 분리해서 접근할 경우, 그가 평생 탐구했던 철학의 메시지를 놓칠 수 있게 된다. 비트겐슈타인에게 있어 철학의 목적은, 우리의 사고에 평화가 깃들게 해 철학적 문제들로부터 고통받는 철학자와 사람들을 구제하기 위한 용기의 표현이었다. 그래서 그는 당시의 사고의 토양을 바꾸고자 노력하였다. 비옥한 새로운 관점이야말로 우리의 삶을, 혹은 삶의 방향을 바꿀 수 있기 때문이었다.

비트겐슈타인 철학의 영향력은 대단했다. 『논고』가 출판될 당시 그 영향력은 매우 컸다. 특히, 스승이었던 러셀은 자신의 논리적 원자론(Logischer Atomismus)을 청년 비트겐슈타인의 생각에서 착안하여 발전시켰다고 회고하였다. 후에 논리실증주의로 불리는 비엔나 서클의 학자들도 『논고』의 논리적 분석 방법에 환호했다. 그들은 논리적 분석 방법과 과학적 지식의 검증 가능성에 근거하여 논리성과 실증성이라는 두 마리 토끼를 다 잡을 수 있다고 확신하였다. 그래서 과학적 지식만이 유일한 사실적 지식이며, 자연에 관한 참된 지식을 모든 과학에서 하나의 공통된 언어로 표현할 수 있다는 통일 과학을 제창하였다. 반면 그들은 모든 전통 형이상학의 입장을 무의미한 것으로 거부하였다.

이 중 논리실증주의의 대표적 철학자 중의 한 사람인 루돌프 카르납(Rudolf Carnap)은 형식화된 인공적인 기호논리학에 근거해 명제들을 분석하고 세계를 논리적으로 구성하고자 하였으며, 이는 미국 철학계에 상당한 영향을 끼치게 된다. 논리실증주의에 영향받은 A. J. 에이어(Alfred Jules Ayer)도 대표 철학자로서 논리실증주의의 철학적 입장을 명료하게 소개한 『언어, 논리, 진리』(1935)를 저술하기도 하였다. 그는 논리실증주의의 검증 가능성에 근거하여 경험으로 검증할 수 없는 명제들은 무의미하며. 언어 분석이야말로 경험적 진리를 명료화하는 방법이라고 주장했다.

『논고』가 논리적 원자론이나 논리실증주의에 영향을 끼쳤다면, 『탐구』는 옥스퍼드의 일상언어학파의 형성에 중요한 역할을 하였다. 비트겐슈타인은 제자들에게 옥스퍼드 대학을 '철학의 사막'이라고 혹평하곤 했다. 그러나 케임브리지 대학의 제자들이 대거 옥스퍼드 대학으로 진출하면서 철학의 황무지였던 옥스퍼드 대학은 새로운 기회를 잡게 되었다. 특히, 길버트 라일(Gilbert Ryle)은 『마음의 개념』 (1949)에서 일상언어의 분석을 통해 마음을 '기계 속의 정령'이라고 주장하며, 인간의 마음을 행동으로 이해하려는 철학적 행동주의를 제창한다. 화행론으로도 불리는 언어행위이론으로 유명한 존 오스틴(John Langshaw Austin)도 유명한 일상언어철학자였다. 『말과 행위』 (1962)에서 그는 일상적인 언어의 기능에 초점을 맞춰 언어공동체 안의 언어 사용자가 말을 통해 다른 언어 사용자와 어떻게 상호작용하는지 논의하고 있었다. 특히, 말이라는 것이 참·거짓임을 단언할 수도 있지만, 그 외에도 질문, 명령, 약속, 논쟁, 경고, 칭찬, 감사 등의 수많은 다른 가능한 행위일 수 있다고 주장한다. 존 오스틴의 일상언어철학은 존 설(John Rogers Searle), 맥스 블랙(Max Black)과 같은 일상언어학파 철학자들에 의해 다양하게 발전해 나간다.

서양철학에 끼친 비트겐슈타인의 영향력 때문에 일부 철학자들은 『논고』를 모더니즘 철학의 백미로, 『탐구』를 포스트모더니즘의 백미로 평가한다. 그러나 비트겐슈타인의 철학은 그의 철학'함'을 제대로 보지 못한다면 올바르게 이해할 수 없다. 스승인 러셀이 비트겐슈타인에게 "논리학은 지옥이다!"라고 말했던 것처럼 그는 케임브리지 대학의 교수 시절 제자들에게 늘 "철학은 지옥이다!"라고 말했다고 전해진다. 그는 철학자나 사람들이 고통스러운 철학적 문제의 늪에 빠져 방황하고 시간을 허비하여 참된 삶을 살지 못하는 모습을 안타깝게 여겼다. 그래서 자신이 철학이라는 싸움터의 최전선에 나가 그들을 대신해서 참전해 치열하게 싸웠던 것이다. 따라서 비트겐슈타인이 살아온 여정을 전체적으로 조망하면서 그의 철학을 본다면, 그의 철학을 더 잘 이해할 수 있을 것이다.

비트겐슈타인의 삶의 태도를 보면 그의 철학에 대한 태도도 여실히 드러난다. 일례로, 케임브리지 시절 비트겐슈타인이 봐 왔던 강단 철학자들은 위선과 가식으로 가득 찬 족속들이었으며, 사람들을 철학적 문제라는 파리통에 빠뜨려 그들의 참된 삶을 송두리째 뺏어가는 무뢰배들이었기 때문에 비트겐슈타인은 그들을 매우 경멸할 수밖에 없었다. 그래서 그는 자신의 철학적 작업이 다른 사람들에 의해서 계속되어 삶의 방식의 변화로 이어지기를 바랐을지도 모른다. 당시의 문명은 '진보'라는 단어로 규정되었다. 과학과 산업의 발전으로 인해 인간이 진보하리라는 오만함과 잘못된 확신이 팽배하였으며, 1·2차 세계대전의 발발이 인간을 야만성과 폭력성으로 치닫게 하여 수많은 사람들의 생명을 빼앗고 삶을 비참하게 만들었던 시대였다. 그래서 비트겐슈타인은 당시의 문명이 사람들을 잘못된 길로 이끌고 있고, 그 선봉에 강단 철학자와 과학자들이 있다고 생각하였기 때문에 그들과 거리두기를 하며 비판적으로 사유했던 것이다. 그리고 이를 해결할 수 있는 방법으로 우리의 삶이 견디기 어려울 때, 외부의 상황을 바꾸기보다는 오히려 자기 태도를 변화시키는 것이 가장 중요하고 가장 효과적인 변혁이라고 생각한 듯하다.

그런데 아이러니하게도 수많은 사람들의 삶과 생명을 앗아간 2차 세계대전의 주범인 히틀러는 비트겐슈타인과 1904년 오스트리아 린츠에 있는 국립실업학교의 동창이기도 하였다(그림 5). 한 사람은 다

그림 5 린츠 시절의 비트겐슈타인과 히틀러

른 사람들의 행복을 위해 인생을 치열하게 살았지만 또 다른 사람은
인류의 파멸을 위해 무가치하게 살았던 것이다. 일설에 의하면, 히틀
러가 어린 시절 학교에서 봤던 부유한 유대계 귀공자에 대한 반감이
반유대주의를 부추겼다고 전해진다.[30]

    비트겐슈타인은 과학의 발전이 오히려 인간을 진보가 아닌 정신
의 퇴락으로 빠뜨리고, 인류를 실존적 위기에 처하도록 만들었다고
생각했다. 그래서 그가 할 수 있는 일은 과학문명으로 인해 하강한 정
신문명이 철학을 통해 상승할 수 있도록 새로운 토양을 만드는 것이
었으며,[31] 철학적 문제로 고통받고 있는 사람들에게 각자 자신의 참된

---

30 비트겐슈타인에 대한 혐오감과 증오가 히틀러 반유대주의의 주요한 기초가 되었다고 킴벌리
   코니시는 말한다(킴벌리 코니시,『비트겐슈타인과 히틀러』, 남경태 옮김, 그린비, 2007 참조).
31 1930년 비트겐슈타인은 "이전의 문화는 폐허로, 그리고 마침내 잿더미로 되겠지만, 그러나
   정신들은 그 재 위에서 떠돌 것이다"라는 기록을 남기기도 하였다(비트겐슈타인,『문화와 가

삶으로 살도록 도와주는 것이었다. 그 결과가 바로『논고』나『탐구』
였던 것이다. 그 외에도 비트겐슈타인이 저술한 많은 철학적 탐구의
열매들 역시 그러한 목적으로 의도되었던 것들이다. 그래서 그가 살
아온 삶을 배제하고 그의 철학을 이해하려고 한다면 그의 철학을 잘
못 이해하게 될 공산이 크다.

임종 직전, 비트겐슈타인은 유언으로 자신들의 친구들에게 '원
더풀 라이프(wonderful life)를 살았다'고 전해 달라고 했다. 여기에서
'wonderful'은 그의 삶의 여정을 고려해 볼 때 중의적 의미로 이해할
수 있다. 먼저 원더풀한 삶은 '이상한 삶'을 의미한다. 자신의 의지와
상관 없이 야만과 광기의 시대에서 살아야 했고, 그러한 시대에 고통
에 빠져 있는 철학자와 사람들을 대신해서 그들을 도와주고자 애썼
으며 이를 삶의 의미로 여겼을 것이다. 그래서 그는 삶의 기쁨에 대해
서 "나의 생각들에 대한 기쁨은 나 자신의 이상한 삶에 대한 기쁨이
다"[32]라고 언급하기도 하였다. 또한 비트겐슈타인은 보이는 것을 탐
하던 시대에 위선과 가식을 벗어던지고 자신이 추구하고자 하는 삶
을 향해 후회 없이 무소의 뿔처럼 나아갔다. 그가 죽기 전 마지막으로
남긴 유언을 곰곰이 곱씹어 보면, 그가 자신의 삶을 후회 없이 멋지게
살았다는 것을 여실히 보여 주고 있다. 그러한 의미에서 비트겐슈타
인의 원더풀한 삶은 '멋진 삶'이기도 하였다.

비트겐슈타인의 삶은 오늘날 삶의 의미를 찾지 못하고 방황하는

치』, 19쪽).

32 비트겐슈타인, 『문화와 가치』, 53쪽.

사람들에게 하나의 이정표가 될 수 있다. 우리도 혼탁한 시대에 그와 같은 원더풀한 삶을 살기 위해서 그가 남긴 유언의 메시지를 잊어서는 안 될 것이다. "당신의 삶을 돌봐라!"(Care for your life!)

참고문헌

1차 문헌

비트겐슈타인, 루트비히, 『전쟁 일기』, 박술 옮김, 읻다, 2016.

_____, 『논리철학논고』, 이영철 옮김, 천지, 1991.

_____, 『철학적 탐구』, 이영철 옮김, 서광사, 1994.

_____, 『문화와 가치』, G. H. 폰 리히트 엮음, 이영철 옮김, 천지, 1990.

Wittgenstein, Ludwig, *Notebooks, 1914-1916*, Oxford: Basil Blackwell, 1961.

_____, *Tractatus Logico-Philosophicus*, trans. C. K. Ogden, London, Boston and Henley: Routledge & Kegan Paul LTD, 1971.

_____, *The Blue and Brown Books*, San Francisco: Harper & Row, 1965.

_____, *Philosophical Investigation*, trans. G. E. M. Anscombe, Oxford: Basil Blackwell, 1978.

2차 문헌

박병철, 『비트겐슈타인』, 이룸, 2003.

K.T. 판, 『비트겐슈타인의 철학이란 무엇인가?』, 황경식·이운형 옮김, 서광사, 1989.

마르틴 하이데거,
질문하는 철학자 ― 조홍준

1. 왜 존재를 묻는가?

그림 1

먼저 그림을 감상해 보자. 그림에 조금만 관심 있는 사람이라면, 이 그림을 보고 입체파나 피카소(Pablo Picasso) 등을 언급하면서 그리 낯설어 하지 않을 것이다. 그런데 이 그림은 「샘」(Fountain, 1917)으로 유명한 마르셀 뒤샹(Marcel Duchamp)의 「계단을 내려오는 누드 넘버 2」(Nude descending a staircase No. 2)라는 작품이다. 1912년 프랑스에서 처음 발표되었을 때나 1913년 뉴욕에서 다시 전시할 때, 많은 논쟁을 불러온 작품이다. 이미 피카소가 1907년 「아비뇽의 처녀들」(Les

Demoiselles d'Avignon)을 그려 브라크(Georges Braque)와 더불어 입체파를 알리기 시작한 후였고, 이를 추종한 스물다섯 살 뒤샹은 이 그림으로 유명해지긴 했지만 이후 그림 그리기를 그만두었다.

젊은 뒤샹을 피카소와 같은 입체주의로 볼 수도 있지만, 뒤샹의 그림은 피카소의 그림들과는 분명한 차이가 있다. 피카소가 원통, 원추와 같은 기하학적 입체를 가지고 자연을 평면에 구현하려고 했다면, 뒤샹은 정지된 화면에 운동하는 물체를 표현하려고 하였다. 차원으로 말하자면, 피카소가 3차원을, 뒤샹은 4차원 현실을 표현한 것이다. 뒤샹은 당시 활동사진을 그림으로 재현하기를 원했다고 한다. 이러한 뒤샹의 동기를 철학적으로 해석할 필요가 있다.

도대체 뒤샹은 왜 이런 그림을 그리게 됐을까? 우리는 뒤샹이 이 그림을 그렸던 때의 마음을 상상해 볼 수 있다. 진짜 현실을 화폭에 담으려고 했던 입체주의 화가들은 2차원에서는 불가능한 3차원의 '뒷모습'을 보여 주려고 했으며, 뒤샹 역시 2차원 평면에서는 사실상 불가능한 운동을 표현하려고 노력했다. 그는 진짜 존재하는 것이 어떤 것인지 그림으로 표현하려고 한 것이다. 그의 마음에 '존재가 무엇인지', 존재물음이 가득 차 있었을 것이라고 생각된다. 그런데 왜 그는 존재를 물었을까? 존재를 묻는다는 것은 무엇인가? 앞으로 우리는 존재물음에 대한 하이데거(Martin Heidegger)의 생각을 살펴보고 뒤샹의 존재물음이 가지는 의미를 찾아볼 것이다. 이러한 시도는 또한 이 글을 읽는 여러분이 한 번쯤 해 보았던 존재물음을 다시 떠올릴 수 있는 계기를 제공하게 될 것이다. 우리는 왜 존재를 묻는가?

2. 하이데거는 누구인가?

하이데거만큼 자신의 철학과 개인적인 삶이 밀접하게 연관된 철학자도 드물 것이다. 그런데 그를 추종하거나 옹호하는 측면에서는 그의 삶과 정신을 가능하면 구분해서 보려는 경향이 강하다. 이는 필시 그의 나치 활동 가담 전력 때문일 것이다. 그러나 무엇보다 하이데거는 그저 출퇴근하는 '직업 철학자'는 아니었고, 소위 그의 '흑역사'조차도 그의 고유한 생각에 따른 결단임은 분명하다. 결정적으로 나치 활동 외에도 그의 철학을 이해하는 데 도움이 되는 삶의 양상은 다양하다. 따라서 우리는 하이데거 철학을 이해하기 위해서라도 그의 다양한 생의 국면들을 살펴보지 않을 수 없다.

마르셀 뒤샹이 태어난 지 2년 뒤인 1889년에 하이데거는 태어났다.[1] 19세기 말에 태어나 1976년까지 살다 간 그는 1차 세계대전 (1914)과 2차 세계대전(1939)을 그 중심에서 겪은 20세기 철학자다. 그는 메스키르히(Meßkirch)라는 독일 남부 작은 도시의 평범한 가정에서 태어났다. 흔한 얘기로 유럽 사람들은 이사를 갈 때, 근처에 교회가 있는지 확인한다고 한다. 그런데 그도 그럴 것이 유럽의 도시는 대개 시내 중앙에 교회가 있다. 메스키르히에서도 여느 유럽 도시처럼 시 한복판에 우뚝 서 있는 교회를 볼 수가 있다.

---

1 하이데거와 입체파를 연결하는 것은 필자의 순수한 아이디어일 뿐이다. 더구나 뒤샹과 하이데거가 당시 어떤 관계였는지는 알 수가 없다. 다만 하이데거는 피카소와 함께 입체파를 이끈 조르주 브라크와는 직접 만난 적이 있다(Graham Harman, *Heidegger Explained*, Cicago: Open Court, 2007, p.12 참조).

이 교회는 단순히 메스키르히를 상징하는 것이 아니라 하이데 거와도 깊은 인연이 있다. 우선 이 교회의 정식 명칭은 '성 마르틴 성당'(Die Stadtpfarrkirche St. Martin)인데, 하이데거의 이름이 바로 마르틴이기도 하다. 또한 하이데거의 가족들은 교회 관사에 기거했고, 아버지는 교회를 관리하는 일을 했다. 그리하여 시골의 작은 교회는 하이데거에게 삶의 터전이 되었다.[2]

교회는 하이데거에게 정신적 성장의 기회를 주기도 하였다. 당시 하이데거 가족은 그리 가난하지는 않았지만, 아이들을 상급 학교에 진학시킬 형편은 안 되었다. 이때 하이데거의 비범함을 발견한 교구 신부, 카밀로 브란트후버(Camilo Brandhuber)는 하이데거를 콘스탄츠의 신학생 기숙학교에 보내자고 제안하였다. 그렇게 하이데거는 사제가 되기 위한 공부를 시작했다. 1906년 열일곱 살이 된 하이데거는 콘라트 그뢰버(Conrad Gröber)로부터 프란츠 브렌타노(Franz Brentano)의 책을 선물받게 된다. 앞에서 이미 '후설'(Edmund Husserl)에 관한 글을 본 독자라면, 브렌타노라는 이름이 친숙할 것이다. 그는 후설이 수학에서 철학으로 전향할 수 있게 도와주고, 현상학의 핵심 개념인 지향성을 알려 준 사람이다. 물론 당시 기숙학교 사감이자 그의 후원자였던 그뢰버는 아직은 십 대인 하이데거가 종교에 투신하는 데 도움이 되길 바라는 마음에서 준 것이겠지만, 어쩌면 이 선물이 하이데거의 운명을 바꾸어 놓았는지도 모른다. 하이데거는

---

2 뤼디거 자프란스키, 『하이데거 독일의 철학거장과 그의 시대』, 박민수 옮김, 북캠퍼스, 2017, 33쪽 참조.

1909년 예수회에 들어갔다가 건강상의 이유로 바로 나와서, 프라이부르크 대학에서 신학과 철학을 전공한다. 이때, 후설의 『논리 연구』(1900~1901)를 접하고 감명을 받는다. 그는 도서관에서 이 책을 빌려 무려 2년 동안 자신의 방에 두고 연장해 가면서 정독했다고 한다. 이렇게 20대 초반까지 하이데거는 브렌타노와 후설의 영향을 직간접적으로 받았다.

그런데 우리는 하이데거가 언제쯤 그의 평생 주제인 존재를 묻게 됐을지 궁금하다. 이를 추측해 볼 수 있는 단서는 바로 선물로 받은 브렌타노의 책이다. 그 책은 브렌타노의 박사학위논문인 『아리스토텔레스에서 존재자의 다양한 의미에 대하여』(*Von der mannigfachen Bedeutung des Seienden nach Aristoteles*, 1862)였다. 따라서 하이데거는 열일곱 살에 이미 존재론을 나름 잘 알고 있었을 것이다. 그도 그럴 것이 이듬해 김나지움 졸업반에서 하이데거는 카를 브라이크(Carl Braig)의 『존재에 관하여: 존재론 개요』(*Vom Sein: Abriß der Ontologie*, 1896)를 산책할 때도 들고 다니며 공부했다고 한다. 이 책을 통해 그는 나중에 헤겔(Georg Wilhelm Friedrich Hegel)과 셸링(Friedrich Wilhelm Schelling)에 대해 검토하기로 마음을 먹기도 했다.[3]

이로써 하이데거는 청소년 시절 가졌던 '존재물음'을 품고 브렌타노와 후설의 세례를 받은 셈이다. 그는 박사학위논문(1913)과 교수자격논문(1915)을 제출하고 프라이부르크 대학에서 강사 생활을 시

---

3 앞의 책, 45~46쪽 참조.

작한다. 군대에 다녀온 1918년부터는 후설의 조교로서 현상학 운동에 본격적으로 참여하게 된다.

그러나 후설의 조교가 되는 것이 쉬웠던 것은 아니다. 예수회를 나온 뒤 가톨릭교회와 점점 멀어지기 시작했음에도 불구하고, 후설은 하이데거의 종교적 성향 때문에 급진적인 현상학을 연구하기에는 적합하지 않다고 생각하였다.[4] 나중에는 아예 교회와 영구적으로 단절되었기에 후설의 예상이 맞았던 것은 아니었지만, 하이데거는 결코 후설 현상학의 충실한 추종자는 아니었다. 후설의 현상학은 과거의 철학을 '환원'을 통해서 유보시킨 새로운 출발을 의미했지만, 하이데거는 여전히 과거의 철학에서부터 출발하려고 하였다. 예상할 수 있듯이, 그 출발점은 바로 아리스토텔레스(Aristoteles)다. 그는 형이상학이 사라지고 있던 20세기에 다시금 존재론으로 그 불씨를 지폈다.

『존재와 시간』(1927)에서도 알 수 있듯이, 하이데거는 현상학의 핵심 개념인 (현상학적) 환원, (초월론적) 자아, (본질) 직관 등을 사용하지 않았다. 아리스토텔레스로부터 물려받은 존재 개념, 즉 존재의 다양한 의미에 대해 집중하였다. 그리하여 인간 현존재의 존재의미를 분석하는 해석학적 연구를 시작했다.

『존재와 시간』에서 하이데거는 '경험의 현상을 원인이나 전제를 배제하고 직접 기술하려는 현상학의 목표'에 충실하다. 인간의 본질로 여겨졌던 이성 개념을 전혀 다루지 않고 인간 삶의 현상을 기술하는

---

4 Harman, *Heidegger Explained*, p.7 참조.

데 집중하고 있기 때문이다. 그러나 후설에게 중요한 의식(Bewusstsein)이라는 개념은 사라지고, 현존재의 존재로서 염려(Sorge)가 등장한다. 그리고 이 존재를 배려, 심려 등 다양한 의미로 해석한다. 이뿐만 아니라 존재라는 말에 다양한 수식어를 붙여 사용한다. 그의 목표는 존재의 다양한 방식을 밝혀내는 것이었다. 이로써 우리는 그가 아리스토텔레스의 제일철학을 연구의 화두로 내세우며 현상학적 방법론으로 존재를 해석하는 일을 수행했다고 볼 수 있다. 그리고 이러한 해석학적 경향은 그의 후기까지 이어진다.

이렇게 후설의 현상학에서 멀어지면서 해석학자로서의 면모를 보인 하이데거와 관련된 또 한 사람을 거론하지 않을 수 없다. 바로 한스-게오르크 가다머(Hans-Georg Gadamer)이다. 그는 1922년 프라이부르크에서 하이데거의 지도로 철학박사 학위를 받았다. 하이데거는 스승인 후설과 사이가 좋지 않았던 것처럼, 제자인 가다머와도 좋은 관계를 유지하지는 못했던 것으로 보인다. 물론 자신의 산장 연구실에 불러 함께 장작을 패기도 하는 사이였지만, 하이데거는 확실히 상당히 뛰어난 학생이었던 가다머조차도 스스로 철학을 잘할 수 있을지 의심하게 할 정도로 불친절한 사람이었다.[5] 1900년생인 가다머는 20세기 최고의 철학서 중에 하나로 꼽히는 『진리와 방법』을 1960년에 출간했다.

하이데거의 건강에 관해서 얘기해 보자. 그는 예수회 사제 수련

---

5 *Ibid.*, p.14 참조.

을 포기할 만큼 어릴 때부터 건강이 좋은 편이 아니었다. 군 복무 기간 중에도 건강상의 이유로 전투병에서 제외되어 우편 검열 사무실이나 기상청에서 일을 했다. 그러나 한편 스키복을 자주 입고 다닐 정도로 스키를 즐기며 꽤 잘 타기도 했다. 그런 운동 덕분인지 그는 1976년 86세의 나이로 숨을 거두기까지 건강하게 살았다.

다음으로 하이데거와 함께 언급될 수밖에 없는 사람이 바로 한나 아렌트(Hannah Arendt)이다. 1920년대 초 프라이부르크에서 강사 생활을 하던 하이데거는 1923년 마르부르크 대학의 조교수로 가게 된다. 이후 1928년 프라이부르크 대학으로 옮기기 전까지 마르부르크에서의 5년은 하이데거에게 중요한 시기였다. 그는 토드나우베르크의 슈바르츠발트 산장에서 연구를 시작했고, 학생들 사이에서 독일 철학계의 '숨은 왕'이라는 명성을 얻기도 하였다.

특히 아렌트와의 만남은 하이데거에게 중요한데, 그녀는 그의 철학적 영감의 원천이라고 할 정도였다. 하이데거의 『존재와 시간』(1927)도 예외는 아니었다. 그러나 둘 사이의 관계는 오래가지 못하고, 아렌트가 하이델베르크의 야스퍼스(Karl Theodor Jaspers)에게 가 버림으로써 일단락되었다. 그렇게 아렌트가 떠나고 1925년에 행한 강의[6]가 바로 『존재와 시간』의 초고가 되었다. 우여곡절을 겪으며, 『존재와 시간』의 출간과 함께 마르부르크의 정교수로 임용된 하이데거는 1928년 후설의 후임으로 프라이부르크 대학으로 가게 된다. 조교로 받

---

6 1925년 여름학기 강의는 전집 20권 『시간 개념의 역사』(*Prolegomena zur Geschichte des Zeitbegriffs*)로 출간된다.

아들였던 하이데거의 재능에 감동한 후설은 이미 1920년 초부터 하이데거와 함께 현상학 운동을 주도적으로 이끌어 갈 생각을 했던 것 같다. 그러나 그 생각은 약 10년에 걸쳐 완전히 사라지게 되는데, 결정적인 것은 바로 1933년 히틀러 집권 즈음이라고 할 수 있다.

하이데거와 나치의 관계에 대해서는 다양한 해석들이 있다. 하지만 그가 친나치 활동을 한 것은 부인할 수 없는 사실이며, 그의 철학에서 그것을 완전히 배제할 수는 없다. 그는 1933년 5월 나치에 가입하고 대학 총장에 취임한다. 나치의 행진 음악과 함께 거행된 총장 취임식에서 「독일 대학의 자기주장」이라는 제목의 연설을 했다. 그 연설에서 하이데거는 대학의 본질은 학문이며, 이 학문은 순수이론체계가 아닌 혁명임을 강조한다. 따라서 대학은 독일 민족을 지도하고 보호하면서 역사적 과업을 달성해야 한다고 주장하며, 대학생들이 노동봉사(Arbeitsdienst), 병역봉사(Wehrdienst), 지식봉사(Wissensdienst)를 수행해야 한다고 말한다. 적극적인 국가사회주의 혁명가로서 혁명을 계속 밀어붙인 그는 혁명에 소극적인 학과 동료들은 물론 국가사회주의 정부와 충돌한다.[7] 결국 1934년 약 10개월 동안 수행한 총장직을 그만둔다. 그러나 그는 1938년, 유대인이었던 후설의 장례식에 참석하지 않았다. 최근 출간된 일기인 『검은 노트』(*Schwarze Hefte*, 2014)를 보면 그가 직접적인 나치 활동과 상관없이 반유대주의적 성향을 가지고 있었다는 것은 분명해 보인다. 1945년

---

7 자프란스키, 『하이데거 독일의 철학거장과 그의 시대』, 694쪽 참조.

연합군은 그에게 공식 강연을 금지시키고 조사에 착수한다. 결국 1933년에서 1934년 사이의 공식적인 나치 당원 활동이 '적극적인' 것이 아니라고 밝혀져 교수 자격을 박탈당하지는 않았으나, 1959년 사임할 때까지 계속적으로 논란이 있었다.

3. 존재물음의 의미

이제 본격적으로 하이데거의 생각을 살펴보기로 하자. 하이데거의 사상은 일반적으로 1930년대 초 전회(Kehre)를 통해 두 시기로 나눈다. 전기에는 주로 『존재와 시간』을 중심으로 존재와 시간의 문제 즉, 존재의 다양한 의미에 집중한다. 이에 반해서 후기에는 존재와 시간의 문제에 등을 돌린다고 할 수 있다. 하지만 하이데거는 이를 부인하면서 항상 똑같은 질문을 던져 왔다고 주장한다. 사실상 그가 더는 '존재의 의미'에 관한 질문은 하지 않았기에 이 말이 옳다고 할 수는 없지만, 완전히 틀린 말은 아니다. 여전히 그의 철학적 화두는 '존재'였기 때문이다. 하이데거의 철학은 존재론에서 시작해서 존재론으로 끝난다고 할 수 있다. 따라서 그의 존재론의 의미를 탐구할 필요가 있다. 여기서 우리는 전기와 후기를 관통하는 하이데거의 화두인 존재물음에 대해서 알아볼 것이다. 그리고 그 바탕이 되는 것은 그 물음의 시작인 『존재와 시간』이 될 것이다.

그렇다면 어디서부터 출발해야 할 것인가? 앞서 우리는 하이데거가 후설과 달리 기존의 철학을 유보하지 않고 직접 해석하려고 했다는 것을 알았다. 그의 출발점은 아리스토텔레스뿐만 아니라 그보다 앞선 소크라테스(Socrates) 이전 철학자에 놓여 있다. 그렇다고 그가 기존 철학을 무비판적으로 받아들이기만 한 것은 아니다. 확실히 그는 선언하듯 이렇게 말한다. "지금까지의 철학은 존재물음의 망각에 빠져 있었다." 하이데거의 철학을 이해하기 위해 우리는 우선 이 말이 무슨 뜻인지 살펴볼 것이다. 그리하여 지금까지의 철학에서 '존재물음'이 잊히게 된 이유에 대해서 알 수 있을 것이다.

1) 실체 형이상학과 그 비판

실체란 무엇인가? 실체를 고대 그리스 시대로 거슬러 올라가 개념적으로 접근해 보자. 실체에 상응하는 그리스어 단어로는 근본이 되는 성격, 본질(本質)이라는 '우시아'(ousia)가 있었다. 이 우시아는 플라톤에게는 형상적이었다. 반면, 플라톤(Platon)의 제자였던 아리스토텔레스에게 실체는 여러 속성의 바탕에 놓인 기체(基體), 기저에 있는 것이라는 뜻에서 '히포케이메논'(hypokeimenon)으로 불렸다. 이때 히포케이메논은 형상적인 것이 아닌, 질료적인 것을 의미하였다. 이렇게 우시아(본질)는 라틴어로 '에센티아'(essentia)로, 히포케이메논(기체)은 라틴어 '수브스트라툼'(substratum)으로 각각 불리게 되었다. 그리고 이를 합쳐서 '서브스탄스'(substance), 즉 실체(實體)라고 하게 된 것이다.[8] 신이 곧 실체였던 중세를 지나 근대에 이르러 실체는 객체에

8　한자경, 『실체의 연구: 서양 형이상학의 역사』, 이화여자대학교출판문화원, 2021, 22~25쪽 참조.

대한 의식의 주관으로서의 자아를 의미하는 주체(主體)로도 불렸다.

전통 형이상학은 아리스토텔레스의 규정에서도 알 수 있듯이 진짜 존재하는 것이 무엇인지에 대해 답하는 것이다. 존재 자체에 대한 탐구라고 할 수 있다. 이렇게 개념적 변화에서도 볼 수 있듯 다양한 존재자의 이런저런 측면이나 속성들을 포괄하는, 그런 다수를 담고 있는 존재자 자체를 실체라고 부른 것이다. 가장 보편적이고 가장 자명한 존재자인 실체에 대한 탐구를 형이상학이라고 한다.

실체를 우시아, 히포케이메논 등으로 규정했던 플라톤과 아리스토텔레스 외에도 고대에는 다양한 실체 개념을 찾을 수 있다. 주로 근원 물질(아르케)을 실체라고 생각했는데, 탈레스(Thales)가 물이라고 한 이후로 엠페도클레스(Empedocles)는 물·불·공기·흙 등을 모두 실체라고 했다. 또한 피타고라스(Pythagoras)는 수(數)라고 했다. 이렇게 추상적인 실체 개념은 결국 하나의 전체를 뜻하는 일자(the one)라고 규정되었다가 중세에는 그대로 '하나'님이 된다. 근대의 신은 점점 인간 내면으로 들어와 정신, 의식, 자아 등이 되었다.

'진짜' 실체를 찾기 위해 형이상학자들은 2500년 동안 경합이라도 하듯이 형상적인 것에서 질료적인 것까지 많은 실체 개념을 쏟아내었다. 이제 실체에 대해서 더 물어볼 필요가 없게 된 듯하다. 그중에 하나쯤을 실체라고 할 수 있을 뿐만 아니라, 어떤 것을 직접 지시하지 못하더라도 실체란 가장 보편적이고 가장 자명한 존재자라는 것보다 더 분명한 답변은 있을 수 없기 때문이다.

지금까지 형이상학은 기존의 실체 개념을 비판하고 극복할 수 있는 새로운 실체 개념을 제시해 왔다. 그런데 하이데거는 여기에 새로운 실체 개념을 보태지 않고, 기존의 철학을 새로운 차원에서 다음과 같이 비판한다. "존재에 대한 물음은 오늘날 망각 속에 묻혀 버렸다."[9] 철학자들이 더는 실체에 대해 묻지 않게 되었다는 것이다.

좀 더 자세히 알아보자. 하이데거가 보기에 지금까지 형이상학은 참된 존재를 찾아서 제시한 것이 아니라 단 하나의 최고 존재자를 찾았을 뿐이다. 하이데거는 존재(Sein)와 존재자(Seiendes)를 구별한다. 하이데거는 존재는 존재자를 규정하는 것이므로 존재 그 자체는 존재자가 아니라고 주장한다. 존재는 "존재자를 존재자로서 규정하고 있는 […] 존재자가 […] 각각 이미 이해되어 있는 그곳이다. 존재자의 존재는 그 자체가 또 하나의 존재자가 아니다".[10] 반면 존재자는 존재하는 모든 것이다. "우리가 이야기하고 있는 것, 우리가 의미하고 있는 것, 우리가 이렇게 또는 저렇게 관계 맺고 있는 모든 것들이며, 또한 무엇으로 그리고 어떻게 존재하는 우리 자신도 존재하는 것이다."[11]

이로써 하이데거는 존재 자체라고 여겨진 실체가 결국은 존재자일 뿐이라고 주장한다. 즉, 기존의 실체 개념은 이야기된 것, 의미된 것, 관계 맺고 있는 것들로서 존재자일 뿐이지, '존재 자체'는 아닌 것이다. 여기서 우리는 이런 회의를 느낄 수도 있을 것이다. 도대체 이야기되지 않고, 의미되지 않고, 심지어 어떤 것과도 관계 맺지 않고서 어떻게 존재 자체를 보여 줄 수 있는가?

---

9 마르틴 하이데거, 『존재와 시간』, 이기상 옮김, 까치, 1998, 15쪽.

10 앞의 책, 20쪽.

11 앞의 책, 21쪽.

그러므로 '존재에 대한 물음은 오늘날 망각 속에 묻혀 버렸다'라는 하이데거의 명제에서 우리가 주의해야 할 것은, '존재 망각'이 아니라 '존재물음의 망각'이라는 것이다. 넓은 의미에서는 양자 간에 큰 차이가 있는 것은 아니다. 하지만, 하이데거는 현존재가 존재를 완전히 잊을 수 없다고 생각한다. 우리는 어렴풋이 존재를 이해하고 있다. 또한 만약에 우리가 존재를 잊었다고 말한다면 그것은 우리가 이미 '존재가 무엇인지' 묻는 일을 잊어버렸기 때문이라고 주장한다. 이제 우리는 '존재'가 아니라 '존재를 묻는 일'에 주목해야 한다.

하이데거는 존재물음의 망각을 선언한 후에, 존재가 무엇인지 대답하지 않고 묻는 것이 무엇인지에 집중한다. 그는 존재를 묻는 일을 시작할 뿐이다. 다시 말해서 하이데거가 규정한 존재 개념에 우리가 기대했을 만한 긍정적인 답변은 없었다. 그저 "존재는 존재자가 아니면서 존재자를 존재케 한다"는 '부정적 대답'만 있었다. 이를 해석하면, 존재는 어떤 대답이 아니라 그 물음에서 찾아야 한다는 것이다. 존재가 무엇인지 알기 위해서 우리에게는 '끊임없는 존재물음'이 필요하다. 그렇다면 존재물음의 길은 어디서부터 시작해야 하는가?

2) 주체와 실존

너무도 당연한 얘기라 생각하겠지만, 우리는 흔히 묻는 사람을 빼놓고서 물음을 상상할 수가 없다. 묻는 자로서 이 묻는 '주체'가 바로 존재물음의 출발점이라고 할 수 있다. 그런데 앞서 우리는 바로 형이상학이 인간을 실체로 규정한 적이 있다는 것을 알았다. 하이데거는 결국 기존의 형이상학을 비판하면서 다시금 기존의 주체를 진정한 존재로 생각한 것인가? 이에 대한 결론을 내리기 전에 형이상학의 주체와 하이데거가 말하는 묻는 자의 차이를 알아보도록 하자.

하이데거는 『존재와 시간』에서 인간 주체(Menschliches Subjekt)라는 말 대신 인간 현존재(Menschliches Dasein)라는 말을 쓴다. 즉 그는 주체가 아니라 현존재로 인간을 규정하고 있다. 하이데거의 직접적인 규정을 보자. "우리들 자신이 각기 그것이며 여러 다른 것들 중 물음이라는 존재 가능성을 가지고 있는 그런 존재자를 우리는 현존재"라고 부른다.[12] 인간을 현존재라고 부르는 하이데거의 의도는 바로 그 존재자가 다른 어떤 존재자와는 달리 물음을 물을 수 있기 때문이다. 그런데 중요한 것은 인간 현존재가 있고 그 다음에 물을 수 있는 능력이 있는 것이 아니라, 묻는 것 자체가 그의 존재 이유라는 것이다. 이러한 특징을 기존의 인간 주체 개념과 비교해 보자.

우리에게 실체로서 주체 개념을 각인시켜 준 이는 데카르트(René Descartes)이다. 그는 확실한 진리를 발견하기 위해 어떤 방법을 사용하는데, 그것은 바로 끊임없이 의심하는 것이다. 그는 그것을 '방법적 회의'라고 한다. 가장 먼저 우리는 감각기관을 믿지 않을 수 있다. 누구나 자신의 감각에 속아 본 적이 있기 때문에 감각을 믿지 않는 것은 이해가 된다. 하지만, 부정확한 감각이라도 상황 자체를 속일 수는 없기 때문에 상황을 의심하기는 어렵다. 예를 들어 길거리에서 친구인 줄 알고 모르는 사람을 아는 척할 수는 있지만, 어떤 사람을 보았

---

12 앞의 책, 22쪽.

고 아는 척했다는 상황은 감각적 착각과 상관없이 사실이다. 이에 데카르트는 사실이라고 믿어지는 상황이 꿈일 수도 있다고 한 번 더 의심한다. 그런데 꿈속이나 현실이나 1+1=2라는 수학적 진리는 의심할 수 없다고 대답할 수 있다. 이런 대응에 데카르트는 만약에 악마가 있어서 우리가 수학을 계산할 때마다 속이는 것일 수도 있다고 의심한다. 그렇게 의심에 의심을 거듭한 데카르트는 스스로도 이런 의심에 지쳐갈 즘에 '이렇게 의심하는 자기 자신은 의심할 수 없다'는 사실을 깨닫는다. 즉, '내가 의심한다'는 것만큼은 의심할 수 없다는 것이다. 그리하여 의심하는 나의 존재는 확실하다는 결론에 이른다. 그것이 그 유명한 'Cogito ergo sum'(나는 생각한다, 고로 존재한다)이다.

이렇게 데카르트는 자기 정신의 존재를 확신했으며, 아울러 정신과 상관없이 육체의 존재도 확실하다고 믿었다. 그는 상호 배타적인 정신적 실체(res cogitans)와 육체적 실체(res extensa)를 구별하고 심신이원론을 주장하기에 이른다. 이어 이 두 실체의 소통을 위해 무한 실체로서 신을 요청하기도 하지만, 우리가 찾으려고 한 데카르트의 한계는 그런 것이 아니다. 데카르트의 한계는 다름 아닌 방법적 회의의 물음을 코기토(cogito)라는 대답에서 멈춘 것이다. 즉, 자기의식의 확신에 도달한 데카르트는 (자기) 존재를 의심하지 않고 더 이상 묻지 않게 된 것이다.

이에 반해 하이데거는 물음을 멈추지 말 것을 주장하고 있는 셈이다. 그에 따르면, 우리는 우리의 존재든, 존재 그 자체든, 존재를 알지 못한다. 그리하여 존재물음을 제기할 수밖에 없다. 하이데거가 생각하는 우리 인간의 특징은 '존재를 모른다'는 것이다. 다만 우리는 어렴풋하게나마 존재를 이해하고 있고 단지 그것을 실마리로 질문할 뿐이다. 데카르트처럼 어떤 확실한 대답에 도달할 수 없다. 데카르트가 인간의 본질을 신에 의해 연결된 정신과 육체로 규정했다면, 하이데거에게 인간은 자기 본질이 무엇인지 모르는, 그리하여 끊임없이 존재물음을 묻는 존재자일 뿐이다. 인간 현존재는 "존재 자체의 무(無) 안에 들어서 머물러 있으면서 관계로서 머물고" 있는 존재자이다.[13] 현존재는 그렇게 항상 어떤 토대도 없이 존재한다. 이러한 하이데거의 주장은 어떤 토대와 전제를 괄호 치고 무전제에서 출발하는 후설의 현상학에서 배운 것이기도 하다.

그러나 하이데거의 현존재는 절대적 무에 근거하고 있지는 않다. 즉, 존재를 아예 모르는 것은 아니다. 만약에 존재를 전혀 모른다면, 존재물음조차도 할 수가 없기 때문이다. 어렴풋이나마 존재를 이해하고 있는 현존재는 질문할 수 있다. 하지만 그렇다고 확실한 대답을 찾을 수 있는 것도 아니다. 그는 확실한 자기 존재에 도달하지 못한다. 현존재는 애매한(zweideutig) 존재일 뿐이다. "현존재는 그의 존재함에서 이 존재와 관계를 맺는 그런 존재자이다. […] 실존하는 현존재에게는 각자성이 본래성과 비본래성의 가능조건으로서 속하고 있다. 그때마다 각기 이 두 양태 가운데 한 양태 안에서, 또는 그 둘의 양태적 무차별 속에서 실존한다."[14] 우리는 어떤 확실한 토대에 서 있는 것이 아니라, 우선 대개 자기 자신이 아닌 존재로 살면서 이따금

---

13 앞의 책, 22쪽 각주.
14 앞의 책, 80쪽.

자기 자신이 되려고 시도하며 살아간다. 진짜와 가짜의 삶에 관계하며 '애매하게' 산다.

데카르트의 실체적 주체와 하이데거의 실존적 현존재는 둘 다 존재에 의문을 갖고 물어본다는 점에서는 동일하다. 그러나 현존재는 주체의 코기토처럼 물음에 대한 확실한 답을 가지고 있지 않다. 현존재는 어렴풋한 존재 이해를 가지고 존재와 자기 자신에 대해 끊임없이 묻는 자일 뿐이다. 이것이 주체와 현존재의 차이다. 그렇다면 현존재의 본질이 애매하다는 것은 무슨 의미인가?

3) 현존재의 본질

김상용 시인의 1939년 작품인 「南으로 窓을 내겠소」라는 시를 음미해 보자. "남으로 창을 내겠소./밭이 한참 갈이/괭이로 파고/호미론 풀을 매지요. […]" 대표적인 전원시로, 안분지족의 삶이 느껴지기도 한다. 특히 마지막 절의 '왜 사냐건 웃지요'라는 어구는 속세를 떠난 해탈의 경지까지 보여 주는 듯하다. 그런데 누군가 '왜 사는지' 묻거나 스스로 묻는 것은 지금 우리의 주제와 밀접하다. 존재 이유와 근거를 묻는 것이기 때문이다.

만약에 누군가 '왜 사냐'고 묻는다면 우리는 무엇이라고 대답할 수 있을까? 시인처럼 대개는 웃고 말 일이다. 하지만 철학적으로 생각해 보면, 두 가지 정도 이유가 있을 수 있다. 하나는 육체가 있기에 존재한다는 것이다. 흔히 '일단 태어났으니 산다'고 말하는 사람들의 존재 이유가 이런 것이다. 다른 하나는 영혼이 있기에 존재한다는 것이다. 물론 영혼이 단순히 신이나 우연 등에 의한 믿음의 대상일 뿐이며 비과학적인 것이라 생각할 수 있다. 하지만 여기에 의식이나 생각 등 자연과학자도 쉽게 부인할 수 없는 무형의 존재를 포함한다면, 우리가 평상시 우리의 존재 근거를 이렇듯 정신과 육체로 구분하여 생각한다는 사실을 확인할 수 있다. 그런데 만약에 우리 인간의 본질이 이런 정신적인 것도 아니고 육체적인 것도 아니라고 한다면, 아니 그보다 더 근원적인 것이 있다면 그것은 무엇일까?

여기서 우리는 하이데거가 생각하는 인간의 본질에 대해서 알아볼 것이다. 확실히 그는 우리 인간을 정신적인 존재나 육체적인 존재로 보지 않는다. 그는 소위 심신이원론에 대한 비판을 제기한다. 이를 자세히 알기 위해서는 『존재와 시간』에서 언급한 신화를 알아볼 필요가 있다.

어느 날 쿠라(Cura)는 강가의 고운 진흙을 보고 그것으로 무엇을 만들 수 있을지 궁금했다. 그리고 자기도 모르게 무엇인가를 만들게 된다. 자신이 만든 것에 탄복한 그는 마침 지나가는 주피터(Jupiter)에게 영혼을 불어넣어 달라고 부탁한다. 주피터도 그것을 보더니 감탄하며 영혼을 불어넣었다. 갑자기 이것은 움직이며 떠들기 시작했다. 이에 두 신은 신기해 하며 이것의 이름을 각각 자기의 이름으로 부르려고 싸우게 된다. 그런데 이때 땅에서 텔루스(Tellus Mater)가 나타나더니, 그것은 자신이 관장하고 있는 흙으로 만든 것이니 자신의 이름을 붙여야 한다고 주장한다. 이렇게 옥신각신 이름과 소유권을 가지고 싸우던 세 신은 신 중의 신인 사투르누스(Saturnus)에게 심판을 맡기기로 한다. 사투르누스는 다음과 같이 판결한다. "이것은 죽으면 영혼과 육체가 남을 텐데, 영혼은 원래 주었던 주피터에게, 육체는 텔루스에게 돌아간다. 다만 사는 동안에는 쿠라에게 소유권이 있다. 그것의 이름은 흙으로 만들었으니 흙이라는 말의 후무스(Humus)라고 부르기로 하겠다." 그리하여 이것은 그때부터 인간, 휴먼(human)으로 불리게 된다.

　이것이 『존재와 시간』에서 하이데거가 밝힌 인간 탄생 신화이다. 여기서 등장하는 신 중 주피터는 제우스로 더 잘 알려진 하늘과 번개의 신으로서 인간에게 영혼을 주었다. 텔루스는 대지의 여신으로 육체를 제공해 주었다. 사투르누스는 농경의 신인데, 나중에는 시간의 신(cronos)이라고 하기도 한다. 마지막으로 쿠라는 인간을 창조한 여신인데, 이 신이 바로 하이데거가 밝히고 싶었던 인간의 본질이다. 다시 말해 인간의 본질이라고 하는 영혼과 육체는 부차적인 성질일 뿐 진정한 본질은 쿠라 즉, 염려라는 것이다. 쿠라는 영어로 'care' 혹은 'concern'의 어원이 된다. 이러한 신화를 보면 알겠지만 영혼과 육체는 염려 때문에 생긴다. 죽어서는 모르겠지만, 사는 동안에는 염려가 우리의 주인이다. 그렇다면 염려는 어떤 성격이기에 인간을 창조할 수 있었을까? 쿠라는 어쩌면 호기심 많은 신일지도 모른다. 쿠라의 호기심과 물음이 인간에게 육체와 영혼을 가져다준 셈이다. 따라서 염려는 '물음 그 자체'라고 할 수도 있다. 다시 말해 우리는 사는 동안에 끊임없이 묻는 존재다. 염려 때문에 우리는 영혼이나 육체에 관심을 가지고 왜 존재하는지 묻는다.

　그런데 염려가 인간의 주인이 된 결정적인 계기는 무엇인가? 바로 사투르누스 때문이다. 인간은 그의 판결로 인해 죽을 때까지 염려에 따르며 살게 된 것이다. 따라서 염려는 자신의 소유권이 다하는 시점인 죽음을 걱정할 수밖에 없다. 이에 하이데거는『존재와 시간』에서 현존재의 존재 의미를 시간성이라고 표현한다. 인간의 존재를 염려로 결정해 준 것은 바로 시간의 신이기 때문이다. 그렇다면 하이데거가 신으로 먼저 친숙하게 묘사한 인간의 본질, 염려는 구체적으로 무엇인지 알아보자.

4) 염려

철학에서 '염려'라는 용어는 확실히 낯설다. 그동안 철학은 이성에 집중했었고, 그 상대어로 감성이 그나마 중요한 개념이었기 때문이다. 사물을 인식하고 행위를 결정하는 것은 모두 이런 이성과 감성의 협업 덕분이라고 할 수 있고, 그것이 우리 인간이 존재하는 데 필수라고 생각했었다. 그런데 이제 염려가 등장한 것이다.

하이데거에 따르면, 염려와 "비슷한 현상들로는 의지, 소망, 성향, 충동 등이 있다. [그러나] 이것들 자체가 염려에 기초하고" 있다.[15] 염려는 이렇듯 이성보다는 감성적인 것이다. 그리고 자고로 이성이나 지성이 어떤 신적인 활동에 가까운 것이라면, 감성은 인간적인 특성에 해당했다. 그런 점에서 감성적 염려는 외부보다는 항상 '자기 자신'으로부터 발생하는 것이다.

따라서 염려를 '자기 자신에 대한 관심'이라고 할 수도 있다. 이러한 인간의 자기 관심은 세 가지로 구성되어 드러난다. 즉, 처한 상

---

15 앞의 책, 249쪽.

황·표현·가능성(능력)은 인간이 자기 관심을 본질로 가지고 있다는 것을 보여 준다. 이를 하이데거식으로 말하자면, 염려는 처해진 기분·말·이해로 구조화되어 있다. 이러한 구조는 완전히 새로운 것은 아니다. 그동안 우리는 인간의 정신적 구조를 지성과 감성, 그리고 언어가 이룬다고 굳게 믿어 왔기 때문이다.

예를 들어 아리스토텔레스는 인간의 특성을 로고스(logos)를 가지고 나타냈다. 인간은 '이성을 가진 생명체'(zoon logon echon)이다. 이런 인간이 가진 이성을 관조하는 이성(철학적 지혜)과 실제에 적용하는 이성(실천적 지혜)로 나누었다. 칸트(Immanuel Kant)는 이성을 인식능력인 순수이성과 윤리 의식인 실천이성으로 구분했다. 순수이성은 감성과 지성으로 구성되어 있고 실천이성은 정언명령을 따르려는 의지를 핵심으로 한다.

확실히 하이데거의 염려는 아리스토텔레스의 로고스나 칸트의 이성과는 구별된다. 앞서 말했듯이 염려는 오히려 감성에 가깝다. 그렇다고 그것이 어떤 감정이나 느낌은 아니다. 그것은 차라리 '어떤 것에 대한 태도나 방식' 혹은 '어떤 것에 대한 물음'이다. 다만, 로고스나 이성이 그 안에서 다시 구분되어 나누어지는 것처럼, 염려도 다양하게 불린다. 즉 그것은 배려(Besorgen), 심려(Fürsorge), 염려(Sorge)로 나누어진다.[16]

---

16 여기의 배려, 심려, 염려의 번역은 『존재와 시간』 이기상 번역본을 따른 것이다. 물론 다르게 번역되어 부르기도 한다. 헷갈리는 분들을 위해 영문번역(J. Macquarrie and E. Robinson)을 써 보자면, 순서대로 'concern', 'solicitude', 'care'이다. 그리고 필자의 의견을 간단히 언급하면, 우리나라 말에서 배려가 '주다, 제공한다'는 의미와도 유사성을 갖는 것처럼, 독일어

배려는 현존재가 도구(손안의 존재자)를 다루고, 사물(눈앞의 존재자)을 대하는 방식을 말한다. 하이데거는 현존재가 세계 내부에 있는 도구나 사물을 둘러보며 사용할 수 있는지 묻는다고 한다. 그렇게 현존재는 세계 곁에 존재한다. 심려는 자기와 함께 존재하는 타인(공동 현존재)을 대하는 방식이다. 심려는 안부 인사와 같은 물음이라고 할 수 있다. 이러한 태도로 우리는 타인과 공존할 수 있다. 마지막으로 염려는 다시 자기 자신을 향해 있다. 염려는 자기 자신을 투명하게 보면서 '나는 누구인가?' 하고 묻는다. 이렇게 우리 인간은 이성이 있어서 존재할 수 있는 것이 아니라, 그보다 자기를 비롯한 다른 모든 것에 대해서 물을 수 있기에 실존할 수 있는 것이다. 정확히 말하자면, 어떤 것이 있어서 묻는 것이 아니라, 물을 수 있기에 어떤 것이 존재하는 것이다. 이제 로고스나 이성에서 염려에게 인간의 주도권을 넘겨준 사투르누스, 즉 시간이 무엇인지 알아봐야 할 것이다.

5) 염려와 시간성의 구조

사실 염려도 그렇지만, 시간이라는 개념이 철학에서 중요하게 부각되는 일은 드물다. 소위 진리는 영원불변해야 하는데, 시간이란 덧없음을 의미하기 때문이다. 변하고 사라지는 것을 진리라고 하기는 어려워 보인다. 이 문제부터 짚고 넘어가자.

하이데거에게 중요한 것은 영원하고 불변하는 것이 아니다. 영

'Besorgen'도 그런 뜻을 포함하고 있어서 배려로 번역하는 것이 적절해 보인다. 그 외 다른 단어는 그때마다 헷갈리지 않도록 주의해야겠다.

원불변하는 것은 인간에게 의미가 없다. 오히려 변하고 사라지는 것이 중요하다. 다시 말해서 끊임없이 물어볼 필요가 있는 것이 의미가 있다. 이렇게 생각해 볼 수도 있다. 하이데거에게 죽은 후의 영생은 의미가 없다. 차라리 언제 죽을지 모르면서 사는 이 순간이 의미가 있는 것이다. 이렇게 제한된 유한성이 우리 현존재의 염려를 자극하고 존재를 끊임없이 묻도록 한다. 하이데거의 견해를 한마디로 '시간성이 현존재의 존재(염려)를 가능하게 한다'고 정리해볼 수 있다.

이때 시간성이란 우리와 상관없이 무심히 흘러가는 과거-현재-미래의 직선적 시간이 아니다. 이것은 우리 각자의 유한성으로, 단순히 육체적 종말을 의미하는 것도 아니다. 시간성은 도구나 사물, 타인에 대해서 물음을 자아내게 하는 우리 마음의 상태다. 이를테면 기억-현전-기대와 같은 것이다. 하이데거식으로 말하면, 과거로부터 내던져져 있음, 현재에 빠져 있음, 미래로 자기 자신을 던짐이다. 이러한 시간성은 모두 '자기 바깥에'라는 구조적인 특징을 가진다. 이는 인간이 고정된 자기로 머물러 있지는 않는다는 말이다. 다시 말해 우리의 마음은 영원불변한 금옥(金玉)이라기보다는 시인 김동명이 「내 마음은」(1937)에서 노래하듯, '호수, 촛불, 나그네, 낙엽'처럼 언제 어떻게 될지 모르는 것이다. 이러한 시간성이 현존재를 그대로 머물지 못하게 끊임없이 묻는 식으로 실존하도록 한다. 즉, 시간성은 우리가 우리 존재에 관해서 끊임없이 질문(염려)하도록 촉구한다. 그렇다면 언제 어떻게 진정한 물음이 발생하게 되는가? 나는 언제 진정 존재한다고 말할 수 있는가?

4. 존재의 근원

잘 알다시피 우리는 우리의 존재에 대해서 그렇게 염려하지 않는다. 그런데 이러한 우리의 경향도 사실은 시간성에 의해 그렇게 된 것이다. 우리의 마음은 "망각하며-현재화하는 기대함"[17]의 상태에 있다. 즉, 어떻게 살았는지 잊고 현재에 몰입하면서 미래에 기대하는 마음으로 살아가는데, 이러한 마음은 우리가 일상적이고 막연한 기분 속에서 호기심을 갖고 눈앞에 있는 것들에 대해 잡담하는 태도를 취하게 한다.

　이렇게 눈앞의 것들에 집중하는 우리의 존재를 하이데거는 비본래적이라고 말한다. 비본래적 현존재도 죽음 앞에서는 자기 존재를 걱정하지 않을 수 없을 것이다. 그런데 대개의 비본래적 현존재는 그런 죽음을 무서워하며 도망가려 하거나 오히려 떠벌이며 자신이 현재 죽지 않았다는 것을 수시로 확인하려고 한다. 혹은 죽음을 학문적으로 접근하여 객관화시켜 자신과 완전히 상관없는 주제로 만들어버린다. 그렇게 비본래적 현존재는 죽음을 '인간은 누구나 죽는다'라고 하는 객관적인 진리로 규정하고 안심한다.

　하이데거에 따르면, 이런 비본래적 인간 현존재도 어느 순간 자기 자신에 대한 불안에 사로잡혀 침묵하며 모종의 결단을 내리게 된다. 다시 말해 본래적 현존재가 된다. 이러한 자기 존재에 대한 태도

---

17 앞의 책, 449쪽.

로 전환하게 되는 것은 바로 '순간'이라는 특별한 시간성에 의해서다. '반복하며-침묵하는 앞질러 달려가 봄'[18]의 순간은 삶의 끝으로 앞질러 가 봄으로써 그 삶이 완료된 것이 되는 현재를 말한다. 죽음에의 결단은 누구도 아닌 나의 마지막임을 받아들임으로써 이미 과거가 되어버린 내 미래의 순간이다. 이것은 우리의 삶 전체를 보여 준다.

이러한 죽음으로 앞질러 가 봄은 마치 거울을 보는 것과 같다. 비본래적으로 존재하는 현존재는 눈앞의 자연이나 건강검진 결과에 마음을 빼앗겨서 진정 자기를 돌아볼 기회를 갖지 못한다. 이들은 자기 자신을 주변의 사람들로 착각하며 살아가고, 자신이 존재한다는 사실이나 존재라는 것에 대해 물어볼 기회도 전혀 없다. 그러나 본래적 현존재는 마치 거울을 보듯 자기 자신을 보게 되는데, 이때 자기를 포함하여 전체라고 생각했던 주위 세계는 모두 사라지고 오로지 자기 자신의 존재에 대해 묻게 된다. 이러한 순간에는 아무리 똑같은 쌍둥이라도 각각 독립된 개체가 되며, 사주팔자가 같은 두 사람이라도 서로 다른 존재가 된다. 하이데거는 이 순간을 다른 모든 것에서 해방되어 자기 자신으로 존재하는 자유라고 말한다. 이러한 자유를 가능케 하는 존재물음이 일어나는 근원이 바로 시간성이다. 그것은 결코 영원불변한 어떤 실체 같은 것이 아니다.

비본래적 삶도 시간에 의해 가능하므로 비본래적 현존재도 질문하면서 살지만, 이때는 내가 아니라 타인들이 대신 묻고 대답해 준다.

---

18 앞의 책, 510~511쪽 참조.

인터넷의 무수한 조언자들의 말에 따라서 묻고 그들의 대답을 간직하며 살아갈 뿐이다. 하지만, 불안 속에서 염려가 피어오를 때, 죽음을 마주할 때 비로소 우리 현존재는 자기 존재를 묻기 시작한다. 결코 어떤 대답을 찾을 수 없는 현존재는 자신이 영원한 존재가 아니라 시간적 존재라는 사실을 깨닫고 비로소 '정답'의 세계가 아닌 다양한 답이 가능한 열린 세계 자체가 된다.

5. 존재물음의 의의

이제 마지막으로 망각에서 상기된 하이데거의 존재물음이 가지는 의의가 무엇인지 살펴보자. 먼저 존재를 묻는다는 것이 단순히 추상적이고 개념적인 순수한 철학적 질문은 아니라는 사실을 짚고 넘어가야겠다. 이러한 사실을 깨달음으로써 우리는 존재물음의 두 가지 의의를 도출해낼 수 있다. 첫째는 철학뿐만 아니라 과학과 예술에서도 넓은 안목을 가질 수 있게 된다는 것이며, 둘째는 정답만을 강요하고 추구하는 우리 사회의 문제점을 인식하고 개선할 기회를 가질 수 있게 된다는 것이다.

먼저, 존재물음은 철학·과학·예술 분야를 아울러 우리의 안목을 넓혀 준다. 우리가 산다는 것에 대해서 기하학적으로 어떻게 말할 수 있을까? 우리는 3차원 공간 속에 산다고 생각한다. 최근에는 거기에 시간이라는 1차원을 더해 4차원 시공간에 살고 있다고 말한다. 그런데 과연 4차원 시공간에 산다는 것이 무엇을 의미하는지 이해하는 사람은 얼마나 될까? 아무도 없을 것이다. 왜냐하면 우리의 감각기관을 통해서 알 수 있는 차원은 3차원이 전부이기 때문이다. 따라서 대개 우리는 세상을 정지된 3차원 공간으로만 이해하려고 한다. 감각기관으로 알 수 없는 시공간의 진실을 알려고 하지 않는다. 물론 이러한 문제 제기는 철학자들만 하는 것이 아니다. 앞서 우리가 감상했던 뒤샹의 그림을 다시 한번 보자. 뒤샹은 왜 그런 그림을 그리게 됐을까? 표면적인 동기는 당시 개발된 활동사진의 이미지를 미술적으로 표현하려고 했던 것이다. 그런데 뒤샹도 하이데거와 다르지 않았을 것이다. 뒤샹이 그 그림을 그리려 했을 때, 그 동기의 배후에는 존재물음이 있었을 것이다. 그의 시간은 그의 염려가 존재물음을 던지게 하고 그것을 그림으로 표현하게 했을 따름이다. 그리고 이 그림은 우리에게 다시 묻는다. '우리가 사는 진짜 현실은 무엇인가?' 이것이 우리가 철학이나 예술을 해야 하는 이유라고 할 수 있다.

다음으로 하이데거의 존재물음은 일상적 태도의 전환을 가져올 수 있다. 한국 사회의 문제점으로 특히 자주 지적되는 것에 대해서 생각해 보자. '우리 사회는 왜 질문하지 않는가?' 이를 보여 주는 하나의 사건이 2010년 9월 서울 G20정상회의 폐막식에서 일어났다. 당시 오바마 대통령이 한국 기자들에게 단독으로 질문할 기회를 주었지만 아무도 질문하지 않았고, 결국 중국 기자가 기회를 가져갔다. 물론 이는 어쩌다 일어나는 해프닝에 불과할 수도 있고, 한국뿐만 아니라 다른 나라에서도 충분히 일어날 수 있다. 다만 그 일로 우리의 문제가 드러났음이 중요하다. 우리는 질문을 하지 않는 것이 아니라 못하게 되었다. 왜 그렇게 됐을까? 앞서 하이데거는 우리가 존재자에 사로잡혀 있기에 존재물음을 잊어버렸다고 했다. 여기서 존재자는 이미 선대의 철학자들이 진짜 존재라고 주장하는 것이다. 이런 '정답'에 사로잡혀 있는 사람은 쉽게 질문하지 못한다. 혹은 굳이 질문하려고 하지 않는다. 질문 없이 정답을 듣는 것이 더 효율적이고 더 가치 있다고 생각한다. 그러나 애초에 질문 없이 그 대답이 있을 수 있었겠는가? 존재 없는 존재자는 있을 수 없다. 이미 정답이 있다고 믿으면서 다른 사람들이 찾은 정답을 강요하거나 답만 알면 된다고 하는 태도를 바꾸어야 한다.

우리는 단 한 번도 제대로 질문할 기회를 얻지 못하고 살아가고 있다. 따라서 누군가의 '정답'에 머물지 말고 우리 스스로 다시 질문하면서 살아야 한다. 다시 말해 소크라테스와 데카르트의 생각을 아는 것이 중요한 것이 아니라, 그들이 어떤 질문을 해서 그런 생각을 할 수 있었는지 아는 것이 중요하다. 그렇다고 또 다시 그들의 질문을 똑같이 하라는 말은 아니다. 우리도 자신만의 질문을 해야 한다. 바로 이것이 하이데거가 우리에게 주는 '존재물음'의 의미라고 할 수 있다.

참고문헌

1차 문헌

하이데거, 마르틴, 『존재와 시간』, 이기상 옮김, 까치, 1998.

2차 문헌

자프란스키, 뤼디거, 『하이데거: 독일의 철학거장과 그의 시대』, 박민수 옮김, 북캠퍼스, 2017.
한자경, 『실체의 연구: 서양 형이상학의 역사』, 이화여자대학교출판문화원, 2021.
Harman, Graham, *Heidegger Explained*, Chicago: Open Court, 2007.

칼 포퍼,
야만과 광기의 시대에
비판적 합리주의를 외친 철학자 ─우호용

"소크라테스 이전 철학자들에게 돌아가라!"

"소크라테스 이전 철학자들에게 돌아가라!"

──「합리주의의 시작」,『포퍼선집』에서

1. 과학적 지식은 비판에서부터

서양의 근대라고 불리는 17세기는 다른 표현으로 천재의 시대라 불리고 있다. 과학에서는 뉴턴(Isaac Newton)이 등장하여 수학의 언어로 자연현상의 원인을 설명하고 미래의 사건을 예측할 수 있는 이론을 집대성한 『자연철학의 수학적 원리』(1687)를 저술하여 과학계에 엄청난 영향을 미쳤으며, 물리학이 철학에서 분과하는 결정적 역할을 하였다. 철학에서는 데카르트(René Descartes)가 해석기하학을 만들어 과거 유클리드 기하학의 도형들을 좌표축에 근거하여 수로 환원하였으며, 이는 자연현상을 수와 식으로 정량화하는 토대를 마련하였다. 또한 라이프니츠(Gottfried W. Leibniz)는 뉴턴과 비슷한 시기에 미적분을 만들어 자연에서 발생하는 사물들의 운동과 변화를 철학적 방법이 아닌 수학적 방법으로 계산하는 발판을 마련하였다.

　　이때부터 자연과학은 수학이라는 도구를 사용하여 급격히 발전하였다. 그런데 이에 못지않게 과학의 발전에 중요한 역할을 한 지식이 논리학이며, 그중 하나가 바로 귀납(induction)이었다. 귀납은 개별적 경험들을 통해 보편적 법칙을 도출하는 논리적 방법으로 당시 과학자들이 관찰과 실험을 통한 가설이나 법칙을 세울 때 주로 사용하는 방법이었다. 특히, 프랜시스 베이컨(Francis Bacon)은 『신기관』

(1620)을 통해 새로운 귀납적 방법에 근거한 과학적 지식을 강조하였다. 과학은 관찰과 실험에서 출발하여 자연의 법칙에 도달해야 한다고 역설한 그는 인간이 과학적 지식을 통해 자연 세계를 통제할 수 있다는 신념을 갖고 있었고, 그러한 의미를 함축하는 선언이 바로 '아는 것이 힘이다'(Knowledge is power)였다.

과학적 지식이 세계의 참된 모습을 보여 준다는 신념이 팽배했던 시대에 칼 포퍼(Karl Popper)도 유럽의 과학적 토양 위에서 성장했다. 그는 변호사이며 학구적 성향이 강한 유대계 아버지 밑에서 어린 시절부터 학문적 토양을 쌓기 시작했다. 포퍼의 아버지가 역사와 철학에 관심이 많았기 때문에 서재에는 그러한 종류의 책들이 많았고, 포퍼도 역사와 철학의 주요 문제들을 자연스럽게 접하게 되었다. 이는 포퍼가 후에 과학적 문제뿐만 아니라 역사적·사회적 문제에도 관심을 가지고 연구하게 만든 토대가 되었다.

특히, 1930년대 나치의 광풍이 몰아치던 시대에 나치의 위험성을 통찰한 포퍼는 1937년 뉴질랜드로 피신할 수밖에 없었다. 유대인이었던 그는 유대인을 희생양으로 만드는 나치의 인종차별 정책과 전쟁의 가능성을 예측하고 뉴질랜드로 떠난 것이었다. 포퍼의 예측대로 유럽은 2차 세계대전이라는 전쟁의 혼란 속으로 빠졌고, 인간의 폭력적인 비합리성의 폐해가 인류 역사상 극에 달한 시기가 이때였다. 이에 포퍼는 현재의 위기를 극복할 수 있는 해결책은 인간의 비판적 합리성이라 믿고, 히틀러(Adolf Hitler)의 나치즘, 무솔리니(Benito Mussolini)의 파시즘, 스탈린(Joseph Stalin)의 소련 공산주의 독재 및 일본의 군국주의와 같은 전체주의에 대항하는 책인 『열린 사회와 그 적들』(1945)을 저술하여 '열린 사회'라 할 수 있는 자유 민주주의 체제를 적극적으로 옹호하기도 하였다.

또한 그가 뉴질랜드로 떠나기 전인 1930년대에는 비트겐슈타인(Ludwig Wittgenstein)의 『논리철학논고』(1922)에 영향을 받은 오스트리아 비엔나에 있던 일군의 철학자들, 슐리크(Moritz Schlick)를 중심으로 바이스만(Friedrich Waismann), 카르납(Rudolf Carnap) 등과 함께 토론하곤 하였다. 당시 비엔나 서클로 불렸던 그들의 철학은 논리성과 실증성을 중시하는 논리실증주의로 발전하였고, 오스트리아를 넘어서 유럽의 학계를 주도하고 있었다. 그런데 포퍼는 그들과 교류하면서도 논리실증주의의 과학적 방법론에 대한 그들의 입장에 동조하지는 않는 공식적인 반대자이기도 하였다. 그래서 소크라테스(Socrates)가 아테네의 등에로 불렸던 것처럼, 포퍼는 그들에게 비엔나의 등에로 불리기도 하였다.[1] 포퍼에게 있어서 과학적 지식은 끊임없는 합리적 비판을 견뎌내야 하는 객관적 지식이어야 했기 때문에, 관찰과 귀납에 근거한 논리실증주의자들의 과학적 방법론은 포퍼에게는 학문적으로 받아들일 수 없는 철학이었다.

포퍼가 제기한 논리실증주의 비판은 그들이 주장한 귀납적 방법의 문제에서 출발한다. 포퍼는 그러한 방법으로는 객관적인 과학적 지식을 확보할 수 없다고 생각했고, 이를 극복할 수 있는 대안으

---

1 소크라테스는 아테네의 청년들에게 지적 자극을 주어 자신의 무지함을 스스로 깨닫게 하기 위해 그들에게 늘 비판적 시각을 견지하였다. 그래서 붙은 별칭이 '아테네의 등에'였다. 이와 마찬가지로 포퍼도 논리실증주의로 불리는 비엔나 서클에 동조하지 않고 그들 주변에서 늘 서클의 문제점을 비판하였다. 그래서 서클의 학자들은 그를 '비엔나의 등에'라고 불렀다.

로 연역(deduction)에 근거한 반증주의(falsificationism)를 주장한다. 포퍼는 과학적 지식은 끊임없는 반증을 견뎌 내야 객관적 지식으로 인정받을 수 있다고 확신했다. 하지만 그렇다고 해서 그 과학이론이 절대적 지식을 확보하는 것은 아니었다. 그에 의하면, 반증(falsification)을 견뎌낸 과학이론은 단지 현존하는 가장 설득력 있는 과학적 지식에 불과할 뿐이라는 것이었다. 그래서 차후 과학이 발전하여 새로운 방식으로 여러 종류의 테스트를할 때, 그 과학이론이 반증을 견뎌 내지 못하면 폐기당할 수도 있다는 것이 포퍼의 지론이었다. 하지만 1930년대의 유럽의 지적 분위기는 포퍼의 반증주의를 받아들일 준비가 되어 있지 않았다. 그의 걸작『연구의 논리: 현대자연과학의 인식론』(1934)은 영문판『과학적 발견의 논리』(1959)[2]로 출판되면서 빛을 보기 시작하였고, 당시 철학계를 주름잡았던 논리실증주의에 대한 비판의 신호탄이 되었다.

2. 귀납의 문제에 대한 포퍼의 비판

논리실증주의의 과학적 방법론에 심각한 문제가 있다고 생각한 포퍼는 과학 방법론의 쟁점인 귀납의 문제를『과학적 발견의 논리』의 서두에서부터 비판적으로 검토하고 있다. 원래 귀납의 문제는 영국의

2　Karl Popper, *The Logic of Scientific Discovery*, trans. Julius Freed, London: Hutchinson, 1959.

귀납추론 관찰 ⟶ 패턴 ⟶ 가설 ⟶ 이론

연역추론 이론 ⟶ 가설 ⟶ 관찰 ⟶ 검증/확증/확인

그림 1

경험론자 흄(David Hume)에서 시작되었다. 흄은 개별적 경험에서 출발해서 보편적인 지식으로 추론하는 귀납의 방법을 우리가 받아들일 수 있는지 비판적으로 검토하였다. 연역추론과 대비되는 귀납추론은 당시의 자연과학의 법칙을 도출하는 중요한 논리적 방법이었다. 따라서 귀납추론에 문제가 있다면 그러한 방법으로 획득한 과학적 지식도 신뢰성이 떨어질 수밖에 없을 것이다(그림 1).

　귀납추론은 반복적으로 경험한 관찰 사례들에 근거해서 관찰되지 않은 어떤 사례를 추론하는 것을 의미한다. 흄은 다수의 관찰 사례들이 관찰되지 않은 사례들과 어떤 논리적 관계도 없다고 믿었다. 달리 말해, 설사 전제에 사용된 관찰된 사례들이 아무리 수많은 관찰들에 근거한다 한들, 우리의 경험을 초월해서 관찰되지는 않은 사례라는 결론을 논리적으로 정당하게 이끌어 낼 수 없었다. 예를 들어, 우리가 10마리의 백조, 1000마리의 백조, 혹은 100만 마리의 백조를 관찰한 결과 모든 백조가 흰색이었다 하더라도 그러한 관찰 사례들을 전제로 '모든 백조는 희다'라는 결론을 이끌어 낼 수는 없다. 이 전제들이 유한 개의 대상과 특징을 진술한 명제인 반면 '모든 백조는 희다'라는 명제는 과거·현재·미래에 관한 내용까지 포함하고 있는, 우리의 경험을 초월한 진술이기 때문이다. 따라서 흄은 우리가 반복하여 경험했던 사례들에서 경험하지 못한 사례를 추론하는 것은 정당화되

지 않는다고 결론을 내린다.

그럼에도 불구하고, 많은 사람들은 반복적으로 경험했던 사례들에 의해 경험하지 못했던 사례가 추론될 수 있다고 믿을 수 있다. 이에 흄은 우리가 과학에서 귀납추론을 계속 사용하는 이유는 관습이나 습관 때문이라고 주장한다. 인간은 사회적 동물로서 자기가 속한 집단의 관습이나 습관의 반복을 통해 조건화된다는 것이 귀납의 문제에 대한 흄의 해결책이었다. 그래서 흄은 귀납추론의 정당화 문제는 부당하지만, 귀납추론의 심리적 문제[3]는 충분히 받아들일 수 있다고 결론 내리고 있다. 이에 포퍼는 전자를 '귀납의 논리적 문제'라고 부르고, 후자를 '귀납의 심리적 문제'라고 구분한 후,[4] 귀납의 논리적 문제에 대한 흄의 비판에는 동조하면서도 귀납의 심리적 문제는 완전히 잘못되었다고 주장하고 있다. 그래서 흄의 잘못된 결론을 피하기 위해 포퍼는 귀납의 논리적 문제를 다음과 같이 재정식화하였다. "우리가 경험했던 사례나 반례에서 이에 대응하는 법칙의 참 혹은 거짓을 추론하거나 우리가 전혀 경험하지 못했던 사례를 우리가 추론하는 것은 합리적으로 정당화되는가?"[5]

---

3 귀납의 경우, 경험하지 못했던 사례들이 경험했던 사례들에 의해 따라 나올 것이라는 예상을 합리적인 모든 사람이 강하게 믿게 되는데, 흄은 그 이유를 관습이나 습관 때문이라고 주장한다. 달리 말해, 관념들의 연합 법칙에 의해, 즉 경험적 반복을 통한 조건화에 의해 경험했던 사례들에서 경험하지 못한 사례들이 따라나올 것이라고 강하게 예상하고 믿게 된다는 것이다. 그래서 포퍼는 이를 논리적으로 정당화하는 문제가 아니라 단지 심리적인 문제로 규정하였다.

4 칼 포퍼, 『포퍼 선집』, 데이비드 밀러 엮음, 이한구·정연교·이창환 옮김, 철학과 현실사, 2018, 136~137쪽 참조.

5 앞의 책, 139쪽.

여기서 포퍼가 생각한 독창적인 아이디어는 과학적 지식에서의 사례나 반례의 역할이었다. 사례는 경험된 것들이고, 이는 전제(단칭 명제들: 지금까지 10번의 관찰로 관찰된 10마리의 백조는 희다)[6]에 사용 된다. 반면 결론에서 사용된 경험되지 않은 사례(전칭명제: 모든 백조 는 희다)는 보편적 내용을 포함하고 있다. 과학적 지식에서 그러한 보 편성을 가지고 있는 것이 바로 과학이론에서의 가설이나 법칙이라 할 수 있다. 그리고 우리는 가설이나 법칙에 근거해서 미래에 발생할 수 있는 자연현상을 예측하는데, 이때 자연법칙에 근거해서 따라 나 오는 것이 바로 미래 사건을 예측하는 사례(단칭명제: 2030년 3월 1일 경복궁에서 관찰될 백조는 흴 것이다), 즉 관찰 가능한 예측 사례이다. 만일 가설이나 법칙에 의해 따라 나온 예측 사례가 우리가 관찰한 세 계의 사실과 일치한다면, 그 예측 사례를 이끌어 낸 자연법칙이 정당 화되지는 않지만, 잠정적으로 당분간 그 과학적 지식이 참이라는 것 을 확인(corroboration)할 수는 있다. 물론, 논리실증주의자들이 주장 하는 검증(verification)이나 확증(confirmation)은 성립할 수 없다.[7] 그 리고 그러한 지속적인 관찰 사례들을 통해 가설이나 법칙은 세계의

---

6 과학에서 중요하게 사용되는 명제로는 전칭명제과 단칭명제가 있다. 전칭명제는 보편적 내 용을 담고 있으며, 명제의 주어 앞에 '모든'이 사용된다. 반면 단칭명제는 특정 시간과 공간이 제시되며, 그 시공간에 존재하는 관찰 대상과 그 특징을 기술하는 명제라고 할 수 있다.

7 개념적으로 '검증', '확증', '확인'을 구별할 필요가 있다. '검증'은 관찰 사례들에 의해 과학적 지식의 가설이나 법칙이 참임을 입증함을 뜻한다. 검증에 대한 비판 때문에 논리실증주의자 들이 한발 물러나서 사용한 용어가 확증이었다. '확증'은 확률 개념이 추가된 의미로 관찰 사 례들에 의해 과학적 지식의 가설이나 법칙이 확률적으로 참임을 입증하는 것이다. 반면 포 퍼가 선호하는 '확인'은 두 발 물러난 개념이라 할 수 있다. 포퍼는 '확인'을 관찰 사례들에 의 해 과학적 지식의 가설이나 법칙이 현재까지는 참임을 입증하는 것으로 사용하고 있다.

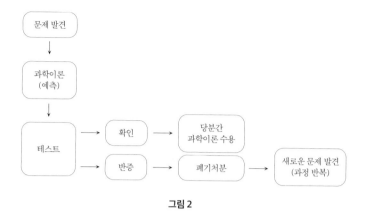

그림 2

진리에 점점 접근해 갈 수 있다는 것이 포퍼의 생각이었다.

반면 예측의 사례가 사실과 일치하지 않는다면, 예측 사례를 이끌어 낸 가설이나 법칙은 거짓으로 반증된다. 이것이 바로 반례의 중요한 역할이라 할 수 있다. 포퍼에 따르면, 우리가 반례로부터 가설이나 법칙의 거짓을 추론하는 것은 논리적으로 정당화된다. 그래서 '모든 백조는 희다'는 보편적 명제의 반례를 받아들인다는 것은 '모든 백조는 희다'라는 가설이나 법칙이 거짓이라는 것을 받아들이게 되는 것을 의미한다. 따라서 귀납의 방법을 사용한 결과로서의 검증이나 확증은 받아들일 수는 없지만, 연역의 방법을 사용하여 가설이나 법칙을 반박(refutation)이나 반증(falsification)할 수 있다는 것이 포퍼가 내린 결론이었다. 포퍼는 흄이 주장한 귀납의 논리적인 문제에 동의하면서도 동시에 흄이 그 문제에 대해 내린 잘못된 문제를 재정식화했다. 이로써 흄이 놓치고 있었던, 경험적 사례로서의 반례의 중요성을 강조하고 있었던 것이다(그림 2).

3. 반증을 할 수 있다면 과학, 그렇지 않으면 비과학

포퍼가 논리실증주의 맹점을 잘 알고 있었기 때문에, 그가 제창하는 과학적 방법론에는 논리실증주의가 주장하는 귀납의 방법과 검증 가능성의 원리가 배제되었다. 그는 오히려 연역적 절차와 반례를 적극적으로 도입하였다. 그의 과학적 방법론에서는 과학이론의 가설이나 법칙에 근거하여 연역적으로 따라 나온 예측명제가 테스트에 의해 거짓으로 '반박 가능'하거나 혹은 '반증 가능'한지가 매우 중요하였다. 그런데 논리실증주의자들은 검증 가능성의 원리를 의미와 무의미의 기준으로 삼고, 형이상학·윤리학·미학·종교의 명제들을 철학에서 퇴출시키는 잘못을 저질렀었다. 하지만 포퍼에게 있어서 형이상학의 명제는 성격을 달리 한다. 포퍼는 소크라테스 이전 철학자들의 우주론과 인식론은 형이상학적 상상력의 결과물로 반증이 불가능하였지만, 데모크리토스(Democritos)가 주장한 원자론과 같은 자연철학은 근대과학이 발전하면서 17세기 뉴턴의 물리학이나 18세기 라부아지에(Antoine Laurent Lavoisier)의 화학에 이르러 과학의 지위를 갖게 되었다고 본다. 왜냐하면 원자론에 근거한 뉴턴이나 라부아지에의 자연현상 예측은 테스트에 의해 반증 가능성의 유무를 따질 수 있게 되었기 때문이다. 따라서 포퍼에게 형이상학은 논리실증주의자처럼 무의미한 것이 아니라 과학적 지식의 발전에 기여하는 것이었다.

따라서 과학적 지식의 발전에 있어 반증 가능성은 과학과 비과학을 판단하는 기준으로서 중요한 역할을 수행한다(그림 3). 반증주의에 따르면, 과학이론이 반증되면 그 이론은 폐기처분해야 하지

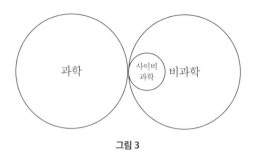

그림 3

만, 그렇지 않으면 과학이론의 지위를 당분간 유지하게 된다. 그러나 차후 새로운 테스트에 의해 반증될 수 있는 여지는 항상 남아 있으며, 반증이 될 경우 그 이론은 과학의 지위를 잃게 될 것이다. 예를 들어, 아리스토텔레스(Aristoteles)의 천동설은 서양의 고대나 중세에는 참인 과학이론으로 받아들여졌지만, 근대 이후에는 코페르니쿠스(Nicolaus Copernicus)가 주장한 지동설이 정설로 받아들여졌다. 하지만 코페르니쿠스의 지동설은 단지 우리의 테스트를 잘 견뎌 내고 있을 뿐이다. 후에 새로운 과학이론이 나와서 지동설을 반증할 수 있는 사례들을 제시한다면 — 물론 현재의 과학적 지식으로 그럴 리는 없겠지만 — 이 과학이론도 폐기당할 위기에 처할 수 있다.

포퍼의 반증주의는 타당한 논증[8]인 후건부정식(modus tollens)과 연관되어 있다. 후건부정식은 '만일 p이면 q이다. q가 아니다. 따라서 p가 아니다'와 같은 형식을 취한다. 여기에서 'p'와 'q'는 명제를 뜻하

---

8 연역논증의 특징인 타당성과 부당성은 다음과 같이 정의할 수 있다. 타당한 논증(valid argument)이란 전제들이 모두 참이면서 동시에 결론이 거짓일 수 없는 논증으로 정의할 수 있다. 부당한 논증(invalid argument)은 전제들이 모두 참이면서 동시에 결론이 거짓인 논증의 사례를 적어도 1개 이상 제시할 수 있는 논증으로 정의된다.

며, '만일 …이면, …이다'는 일상언어의 조건문에 해당한다. 예를 들어, 'p'에 '모든 까마귀는 검다'를 대입하고, 'q'에는 '2030년 3월 1일 덕수궁에서 관찰한 까마귀는 검다'를 대입한다고 하자. 그 경우 후건 부정식은 '만일 모든 까마귀가 검다면, 2030년 3월 1일 덕수궁에서 관찰할 까마귀는 검을 것이다. 그런데 그날 관찰한 까마귀는 검지 않았다, 가령 흰색이었다. 따라서 모든 까마귀가 검다는 거짓이다'라는 타당한 논증의 사례로 제시될 수 있다. 여기에서 '모든 까마귀는 검다'를 과학이론의 가설에 근거하여 연역적으로 '2030년 3월 1일 덕수궁에서 관찰할 까마귀는 검을 것이다'를 이끌어 내면, 그 명제는 예측명제가 된다. 하지만 우리가 예측일에 실제로 관찰한 까마귀가 검지 않았다면, 우리는 관찰한 결과 '2030년 3월 1일에 관찰한 까마귀는 검지 않았다, 가령 흰색이었다'고 기록할 것이고, 그것은 관찰명제이자 동시에 가설을 반박하는 명제가 될 것이다. 여기에서 볼 수 있듯이, 반증명제는 단칭명제로 구성되어 있다. 단칭명제는 특정한 시간과 공간, 그리고 관찰된 대상과 그 특징을 제시한 명제이다. 하나의 과학이론이 모든 까마귀는 검다는 가설을 전제로 하여 미래의 특정 시공간에 발생할 사건에서 그 까마귀는 검다고 예측했음에도 불구하고, 흰 까마귀의 존재로 인해 그 가설은 폐기처분 당할 수 있다. 왜냐하면 결론의 단칭명제가 그 과학이론에서 논리적으로 연역되었던 예측명제의 관찰 사실과 다르기 때문이다.

포퍼가 과학과 비과학의 기준으로 제시한 원리가 바로 반증 가능성이었고, 하나의 과학이론이 확인되거나 반증되는 것보다 더 중요한 것은 그 이론이 반증 가능한 잠재적 명제들을 그 체계 내에 갖고 있느냐 없느냐였다. 자칭 과학이라 표방하는 지식들 중에는 포퍼가 보기에 비과학의 영역에 속하는 사이비 과학들이 있다. 가령 형이상학은 비과학의 영역에 속하지만, 그것이 과학의 발전에 중요한 역할을 한다는 점을 부인할 수는 없다. 다만 형이상학을 잠재적 과학이라고 말할 수는 있다. 왜냐하면 어떤 형이상학에 반증 가능한 잠재적 명제들이 있다면 이제 그 형이상학은 과학의 지위를 가질 수 있기 때문이다.

하지만 자칭 과학이라고 하는 마르크스(Karl Marx)의 역사 이론이나 프로이트(Sigmund Freud)의 정신분석학은 반증 가능한 잠재적 명제들을 허용하지 않기 때문에 반증주의의 입장에서는 비과학이라고 말할 수 있다. 그들의 이론에서는 인간 사회의 모든 현상이나 인간의 모든 정신현상을 설명할 수 있다. 그래서 그들의 이론은 원천적으로 반증 자체가 불가능하다. 마르크스나 프로이트는 자신들의 이론을 과학으로 포장하고 사회현상이나 정신현상을 마치 과학적으로 설명할 수 있는 것처럼 주장한다. 하지만 과학은 모든 현상을 예측하고 설명할 수 없다. 하나의 이론이 과학이 되기 위해서는 자신의 이론 체계 내에서 예측하고 설명할 수 있는 것도 있지만, 동시에 그렇지 않은 것도 있어야 한다. 그래서 반증 가능한 잠재적 명제가 없는 마르크스나 프로이트의 이론은 비과학에 해당하며, 특히 사이비 과학이라 말할 수 있다는 것이 포퍼의 입장이었다.

4. 반증주의는 진리인가?: 과학혁명이라는 반론

과학 방법론에서 포퍼는 논리실증주의가 주장하는 검증주의의 맹점을 지적하면서 반증주의를 제창하였다. 그의 반증주의는 과학적 지식의 성장에 관한 혁명적이고 담대한 시도였다. 자연상태에서 동물들은 치열하게 경쟁하고, 경쟁에서 이긴 동물들은 생존하지만 그렇지 못한 동물들은 생태계에서 사라지게 된다. 이와 마찬가지로, 과학 분야에서도 자연현상을 설명하고 예측하는 치열한 경쟁에서 어떤 과학이론은 생존하고 또 다른 과학이론은 소멸해 버리거나 과거의 영광을 보여 주는 과학사의 유물로 전락해 버린다. 하지만 일견 설득력 있어 보이는 포퍼의 반증주의도 반대론자들에 의해 지속적인 공격을 받아 왔다. 그러한 비판들 중 가장 강력한 비판은 패러다임(paradigm)[9]에 근거한 토머스 쿤(Thomas Kuhn)의 비판이었다.

쿤은 『과학혁명의 구조』(1962)에서 과학적 지식이, 포퍼가 주장하는 것처럼 반증과 확인에 의해 점진적으로 성장하는 것이 아니라

---

9 쿤이 주장하는 '패러다임'은 특정 집단, 여기에서는 특정 과학자 집단이 함께 공유하면서 암묵적으로 받아들이는 신념 체계, 사고 체계 및 행동 양식의 총칭을 뜻한다. 아리스토텔레스의 천문학을 받아들이는 철학자·과학자 집단은 세계를 바라볼 때 해가 동쪽에서 떠서 서쪽으로 진다고 주장할 것이다. 반면 뉴턴 천문학을 받아들이는 과학자 집단은 지구의 자전과 공전으로 해의 일출과 일몰을 설명할 것이다. 반면 아인슈타인의 상대성이론을 받아들이는 과학자 집단은 중력장과 이로 인한 빛의 휘어짐의 정도인 곡률로 천문학의 현상들을 설명한다. 거시 세계보다 미시 세계의 미립자들로 자연현상을 설명하는 양자이론을 주장하는 과학자 집단은 아인슈타인과 달리 미립자들의 운동과 변화를 확률로 접근해서 관찰한다. 이처럼 특정 과학자 집단은 자신이 속한 과학적 패러다임에 근거해서 세계를 관찰한다는 것이 쿤의 핵심적 주장이라 할 수 있다.

과학혁명(scientific revolution)에 의해 혁명적으로 전환한다고 주장한다. 그는 이를 패러다임의 전환(paradigm shift)이라고 불렀다. 한 시대를 풍미한 특정 과학적 지식을 하나의 패러다임으로 볼 경우, 우리는 아리스토텔레스의 천문학, 뉴턴의 역학, 아인슈타인(Albert Einstein)의 상대성이론, 그리고 양자역학으로 이어지는 과학의 역사에서 과학적 지식의 변화가 점진적이라기보다는 혁명적으로 바뀌어 왔다는 사실을 익히 알고 있다. 과학적 지식은 하나의 과학이론에 근거한 관찰과 이에 따르는 반증·확인을 통해 평가받는 것이 아니다. 오히려 경쟁 관계에 있는 과학적 지식과의 경쟁에서, 발생한 문제들을 어느 과학이론이 더 잘 해결하느냐가 승패를 결정하고, 그러한 테스트들에서 밀리면 결국 사장되게 된다. 쿤의 패러다임 이론에 따르면 과학자들이 자연현상을 관찰할 때 그들의 관찰이나 관찰에 따라 기술한 명제들에 패러다임이 개입하지 않을 수 없게 된다. 과학자들은 패러다임에 의존해서 자연현상을 관찰하고 기술한다. 그럴 경우, 하나의 과학이론에서 연역적으로 따라 나온 예측명제와 관찰에 근거해 기술된 관찰명제를 동일한 것으로 간주할 수 없게 된다. 왜냐하면 관찰 자체가 패러다임으로부터 독립적이지 못하고 패러다임에 의존하기 때문이다. 달리 말해, 포퍼의 반증주의가 성립하려면 어느 과학적 지식에도 의존하지 않는 독립적인 관찰이 선행되어야 한다.

그런데 쿤이 생각하기에 과학의 역사는 포퍼가 주장하는 방식대로 반증과 확인을 거쳐 발전한 것과는 거리가 멀어 보였다. 오히려 관찰과 관찰을 기술한 명제는 과학자들이 어느 과학적 패러다임에 근거했느냐에 따라 그 결과가 달라지게 된다는 것이 더 설득력 있었다.

과거 뉴턴의 역학은 유클리드기하학을 전제로 해서 만들어진 과학이론이기 때문에 세계를 볼 때 유클리드적으로 본다. 반면 비유클리드기하학을 전제로 해서 만들어진 아인슈타인의 상대성이론에 근거해서 세계를 볼 때에는 비유클리드적으로 보게 된다. 과거 아인슈타인도 상대성이론을 강연할 때 유클리드기하학과 비유클리드기하학의 차이점을 통해 자신의 상대성이론을 일반 대중들에게 쉽게 전달하고자 하였다. 그는 자신의 앞에 있는 탁자의 모서리 두 부분을 두 점으로 생각하고 두 점을 연결하면, 그 선은 어떻게 보이느냐고 물었다. 당시의 일반 대중들은 유클리드기하학에 근거한 뉴턴역학에 익숙해 있었기 때문에 직선으로 보인다고 말했다. 하지만 아인슈타인은 직선이 아니라고 말한다. '두 점을 잇는 최단 거리'가 직선의 정의인데, 탁자 위의 두 점 사이는 무수히 많은 울퉁불퉁한 점으로 연결되어 있기 때문이다. 여기에서 일반 대중은 유클리드기하학에 근거해 관찰하고 그 결과가 직선이라고 주장하였다면, 아인슈타인은 비유클리드기하학에 근거해 관찰하고 그 결과가 직선이 아니라고 말하였던 것이다.

이를 좀더 쉽게 이해하기 위해서 그림을 통해 두 가지를 비교해 볼 필요가 있다. 2차원적 평면에 있는 삼각형과 3차원적 입체에 있는 삼각형을 시각적으로 검토하면 앞서 아인슈타인이 의도한 아이디어를 쉽게 이해할 수 있다. 그림 4를 보자. 왼쪽부터 첫 번째 도형은 유클리드기하학에 근거하여 그린 삼각형, 두 번째와 세 번째 도형은 각각 구면기하학, 말안장 모양의 쌍곡기하학에 근거하여 그린 삼각형으로 비유클리드기하학에 해당하는 도형이다. 가령, 삼각형의 꼭짓

점을 각각 서울, 베이징, 도쿄라고 가정해 보자. 유클리드기하학에 근거한 삼각형은 서울에서 베이징을 거쳐 도쿄까지 직선으로 이어져 있다. 앞서 말했듯이, 직선의 정의는 두 점 사이를 잇는 최단 거리이다. 유클리드기하학에 근거해 관찰한다면, 세 도시를 직선으로 연결해서 만들어진 삼각형의 내각의 합은 시각적으로 봐도 180°라고 말할 수 있다. 반면 비유클리드기하학에 근거한 삼각형에서는 세 도시를 연결한 직선이 시각적으로 봤을 때 살짝 볼록하거나 움푹 들어가면서 연결되어 있다. 이 경우 삼각형 내각의 합은 시각적으로도 180°보다 크거나 작게 관찰된다. 따라서 '세 도시를 연결한 삼각형의 내각의 합은 얼마인가?'와 같은 질문에 유클리드기하학에 근거할 경우 180°라고 주장할 것인 반면, 비유클리드기하학에 근거할 경우 180°보다 크거나 작다고 주장할 수 있다.

하나의 동일한 사실에 대해 왜 서로 다른 관찰 결과가 따라 나오는가? 그 이유는 우리의 관찰 경험이 패러다임에 의존해 있기 때문이다. 하나의 과학이론에서 연역적으로 도출된 명제(예: 세 도시를 연결한 삼각형의 내각의 합은 180°이다)의 참 혹은 거짓의 여부는 어느 패러

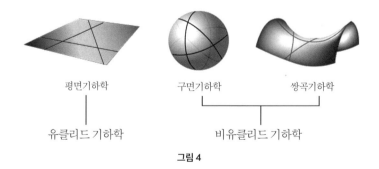

평면기하학   구면기하학   쌍곡기하학

유클리드 기하학   비유클리드 기하학

그림 4

다임(기하학)에 근거하여 관찰했느냐에 따라 달라진다는 것이다. 따라서 과학자들의 관찰이 하나의 패러다임에 의존해 있거나 그러한 패러다임에 의존하여 명제를 기술하는 한 포퍼가 주장하는 반증주의의 전략은 효과적으로 작동하지 않을 수 있다는 것이 쿤의 핵심 주장이었다.

5. 비판과 성장의 '열린 사회'

과학적 지식의 성장이 포퍼의 반증주의 전략에 따라 점진적으로 작동하는지, 아니면 쿤의 패러다임 이론에 따라 혁명적으로 전환하는지는 아직도 과학적 방법론의 주요 논쟁이기는 하다. 그럼에도 불구하고 과학에 대한 포퍼의 비판적 검토는 아직까지도 유효한 전략이라 할 수 있다. 왜냐하면 과학적 지식은 지속적인 반증을 견뎌 내면서 더욱 견고한 지식으로 성장할 수 있기 때문이다. 그래서 포퍼는 공공연하게 '소크라테스 이전 철학자들에게 돌아가라'고 주장하곤 하였다. 비판적 검토의 전통이 밀레토스학파의 탈레스(Thales)로부터 시작되었다고 믿었기 때문이었다. 서양철학의 아버지라 불리는 탈레스는 세계를 구성하는 원질이 무엇인가 하는 최초의 철학적 질문에 '만물은 물이다'라는 경험적 답변을 제시하였다. 신화적 사고에서 철학적 사고로의 전환은 이제 인간이 세계의 궁극적 본질을 찾고자 할 때 신들에게 의존하지 않고, 인간의 합리적 이성과 경험적 근거에 의지하고 있다는 점을 시사해 준다. 또한 탈레스를 시작으로 아낙시만드로스(Anaximandros)나 아낙시메네스(Anaximenes)로 이어지는 밀레토스학파는 스승의 입장을 무조건적으로 계승하기보다는 스승의 철학적 입장에서 문제점을 찾아내어 비판하고 새로운 해결책을 제시하는 전통을 낳았다. 그러한 점을 포퍼도 높게 평가하고 있었다.

밀레토스학파에서 시작하는 비판적인 전통은 서양철학이나 서양사상사에서 면면히 이어지고 있었고, 그 학파의 자연철학적 전통은 철학과 과학이 하나의 뿌리에서 태동하였다는 점을 보여 주고 있다. 그러한 생각은 포퍼에게 매우 중요하다. 왜냐하면 포퍼에게 있어서 철학적 사고나 과학적 사고는 모두 자연철학이라는 같은 뿌리에서 시작하였고, 둘 다 합리적 이성에 근거한 비판의 전통을 계승하고 있기 때문이었다. 포퍼의 철학이 '비판적 합리주의'(critical rationalism)라 불리는 것도 이런 연유에서이고, 그래서 그는 과학적 지식의 성장에 대한 방법론에 있어서도 비판을 중시하는 반증주의를 강조하였던 것이다.

포퍼의 철학을 특징 짓는 비판적 합리주의는 과학적 지식의 성장뿐만 아니라 인간의 사회에도 매우 중요하게 적용할 수 있다. 실제로 포퍼는 『열린 사회와 그 적들』(1945)에서 전체주의를 옹호하는 철학자로 플라톤(Platon), 헤겔(Georg Wilhelm Friedrich Hegel), 마르크스를 지목하고 신랄하게 비판하고 있다. 그는 자신이 강조하는 과학적 발견의 논리로서의 비판적 합리주의가 사회를 올바르게 재구성하는 데에도 중요하게 활용 가능하다고 확신한다. 어떤 사회가 바람직한 사회인가 하는 질문에 그는 '열린 사회'라고 주장한다. 열린 사회란 자유롭고 평등한 시민들이 서로 열린 마음(open mind)으로 토론하고 비판하면서 생산적 결과를 도출하고, 이를 사회나 국가의 정책에 반영하는 사회를 말한다. 포퍼가 주장하는 열린 사회에 가장 가까운 정치체제는 자유민주주의이다. 자유민주주의에서는 언론과 표현의 자유가 있다. 자유민주주의 체제는 설사 비판의 대상이 국가의 최고통치권자라 하더라도, 그를 비판하고 잘못을 개선하라고 요구할 수 있는 사회이다.

이에 대비되는 사회는 '닫힌 사회'인데, 그 사회는 국가가 시민생활의 모든 측면, 특히 사생활까지도 개입하여 규제하는 사회이다. 닫힌 사회에서는 시민들의 자유로운 토론과 비판이 불가능하다. 이 사회에서는 국가의 통제 때문에 시민들의 비판적 사고와 창의적 사고가 원천적으로 봉쇄되어 버린다. 닫힌 사회를 통상 전체주의로 규정할 수 있는데, 독재 사회가 대표적인 사례이다. 과거 히틀러의 나치즘, 무솔리니의 파시즘, 스탈린의 소련 공산주의 독재 및 일본 군국주의가 여기에 해당한다. 그 시대의 국민들은 자신의 의사와 상관없이 권력자들의 명령과 지시에 무조건적으로 따라야 했으며, 인간성에 비추어 도저히 해서는 안 될 야만적인 일들까지 자행해야만 했다. 나치의 유대인 학살이나 일본 731부대의 생체 실험은 인간이기를 포기한 야만과 광기의 행동이었다. 그러한 사회에서는 미래에 대한 희망이 있을 수 없고, 사람들의 삶의 질은 최악으로 치닫게 되어 버린다.

현재에도 포퍼가 규정한 닫힌 사회가 아직도 존재한다. 과거의 독재가 아날로그 독재였다면, 4차 산업혁명이 진행되고 있는 현재에는 독재자들이 디지털 독재를 통해 국민들을 감시하고 통제한다. 문명의 이기가 삶의 질을 향상하기 위해 사용되어야 함에도 불구하고,

독재자들은 그것을 자신의 권력 유지와 강화에 악용하고 있다. 가령, 인공지능을 통한 식별 기술을 범죄자 검거 등 사회체제의 질서 유지에 사용하지 않고, 오히려 반체제 인사들을 식별하는 기술로 악용하여 그들을 잡아내어 구금하고 탄압하고 있는 실정이다. 디지털 독재는 정보화 시대 이후 아날로그 독재가 과학기술에 의해 디지털화한 것에 불과할 뿐이다. 이 또한 닫힌 사회의 일면에 불과하다. 그래서 아날로그 독재처럼 디지털 독재에 사는 사람들에게 미래의 꿈과 희망이 있을 수 없다.

포퍼 자신도 닫힌 사회의 악행을 몸서리치게 경험한 시대의 피해자였다. 그래서 포퍼는 비판을 허용하지 않는 닫힌 사회의 위험성을 어느 누구보다도 잘 알고 있었다. 포퍼는 인류가 바람직한 사회로 가기 위해서는 닫힌 사회가 아닌 열린 사회를 지향해야 한다고 역설한다. 왜냐하면 합리적 비판이 허용되는 사회에서만 구성원들은 사회의 잘못된 방향을 지적하고 개선하도록 요구할 수 있으며, 그렇지 않을 경우 권력자를 권력에서 끌어내릴 수 있는 힘을 행사할 수 있기 때문이다. 모든 사람이 '예'라고 할 때 단 한 사람이 '아니오'라고 해도 이를 받아들이는 사회, '아니오'를 집단적으로 괴롭히지 않고 배려하면서 상대방의 말을 경청하는 사회, '아니오'의 생각이 합리적으로 수용 가능하다면 이를 반영하는 사회, 이렇듯 대화와 토론이 자유로운 사회가 열린 사회인 것이다.

그래서 포퍼의 비판적 합리주의는 오늘날과 같은 야만과 광기의 시대에 절실히 필요한 철학이라 말할 수 있다. 포퍼의 과학철학이 객관적 지식을 추구하는 과학에서도 오류의 가능성이 있다는 것을 전제하고 있듯이, 포퍼의 사회철학도 인간의 오류 가능성을 전제하고 있다. 인간은 신이 아니다. 그러나 근대의 철학자와 과학자들은 자신들이 마치 세계를 창조한 신처럼 세계와 우주를 마음껏 재단하고 구성하였다. 이와 마찬가지로, 어떤 권력자들은 자신들의 막강한 권력을 맘껏 휘둘러 사람들의 삶을 도탄에 빠뜨렸다. 이들은 자신들이 틀릴 수도 있다는 것을 배제한 채, 자신들의 말이 절대 진리라고 착각하여 상황을 악화시키는 잘못을 저질러 왔다. 과학이 시행착오의 과정을 겪으면서 점진적으로 성장하듯이, 사회도 그러한 시행착오를 겪을 수 있다. 하지만 그러한 착오의 과정을 거쳐 점진적으로 성장하기 위해서는 오류의 가능성을 받아들이고, 무엇인가 잘못되었을 때 그 잘못을 지적할 수 있는 비판이 허용되어야 할 것이다.

참고문헌

1차 문헌

포퍼, 칼, 『과학적 발견의 논리』, 박우석 옮김, 고려원, 1994.

_____ 외, 『포퍼』, 신일철 엮음, 고려대학교출판부, 1990.

_____ , 『포퍼 선집』, 데이비드 밀러 엮음, 이한구·정연교·이창환 옮김, 철학과현실사, 2018.

Popper, Karl, *The Logic of Scientific Discovery*, London and New York: Routledge, 2002.

_____ , *Popper Selections*, ed. David Miller, Princeton: Princeton University Press, 1985.

2차 문헌

매기, 브라이언, 『칼 포퍼: 그의 과학철학과 사회철학』, 이명현 옮김, 문학과지성사, 1982.

테오도어 W. 아도르노,
동일성 사유의 비판자 —곽영윤

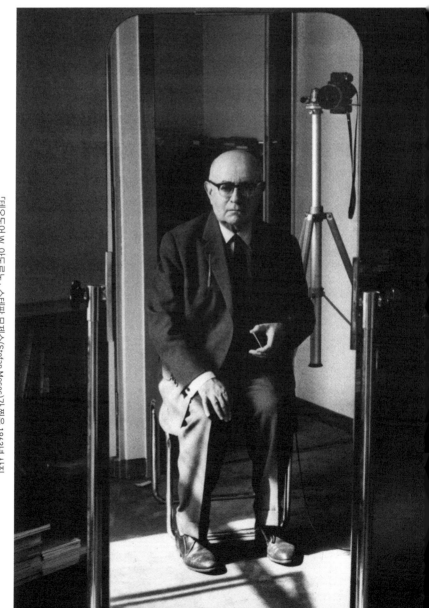

「테오도어 W. 아도르노」, 스테판 모제스(Stefan Moses)가 찍은 1963년 사진

1. 아도르노와 그의 시대

테오도어 W. 아도르노(Theodor W. Adorno)는 1903년 9월 11일 독일 프랑크푸르트에서 태어났다. 그의 원명은 테오도어 루트비히 비젠그룬트(Theodor Ludwig Wiesengrund)였다. 그의 아버지 오스카 알렉산더 비젠그룬트(Oscar Alexander Wiesengrund)는 개신교로 개종한 유대인이었고, 포도주 도매업을 운영한 상인이었다. 어머니 마리아 칼벨리-아도르노(Maria Calvelli-Adorno)는 코르시카섬 출신의 프랑스 장교의 딸이었고, 오페라 무대에서 활약한 성악가였다. 자신의 가문에 대해 자부심이 무척 강했던 어머니는 가톨릭교회에서 세례를 받은 아들의 이름 뒤에 자신의 성(姓)을 붙여 주었다.[1] 덕분에 그는 '테오도어 루트비히 비젠그룬트-아도르노'라는 긴 이름을 갖게 되었다. 그는 훗날 망명지인 미국 캘리포니아에서 시민권을 신청하면서 자신의 이름을 '시어도어 아도르노'(Theodore Adorno)라고 썼고,[2] 그 이후에는 아버지의 성인 '비젠그룬트'를 약자인 'W.'로 표기했다.

아도르노는 행복한 유년 시절을 보냈다. 외아들이었던 그는 프랑크푸르트에서 부모뿐 아니라 결혼하지 않은 이모와 함께 살았다. 어머니의 여동생인 아가테 칼벨리-아도르노(Agathe Calvelli-Adorno)는 성악가이자 피아노 반주 연주가였다. 아도르노는 그가 '둘째 어머

---

1 Stefan Müller-Doohm, *Adorno: Eine Biographie*, Frankfurt am Main: Suhrkamp, 2003, p.34 참조. 아도르노의 삶에 관한 내용은 슈테판 뮐러-돔의 이 책을 주로 참고했다.
2 아도르노는 1943년 12월 20일 부모에게 보낸 편지에서, 미국 시민권을 신청할 때 자신의 이름에 '루트비히'와 '비젠그룬트'를 넣지 못해서 애석하다고 썼다.

니'라고 부른 이모와 어머니 덕분에 일찌감치 음악에 눈뜰 수 있었다. 이모는 그에게 샤를 보들레르(Charles Baudelaire)의 시를 알려 주기도 했다. 아도르노는 마르셀 프루스트(Marcel Proust)가 그러했듯 예술적인 가정환경 속에서 어머니의 사랑을 듬뿍 받으며 자라났다. 이렇듯 기쁨으로 충만했던 어린 시절의 행복은 그에게 되찾아야 할 인생의 목표와 같은 것이었다.

아도르노는 학창 시절에 그의 멘토였던 지그프리트 크라카우어(Siegfried Kracauer)와 주기적으로 칸트(Immanuel Kant)의 『순수이성비판』(1781)을 읽으며 암호문과 같은 철학 텍스트를 경험하기 시작했다. 신문 문예란 편집자였던 크라카우어는 아도르노보다 열네 살이나 많았지만, 두 사람은 나이 차에도 불구하고 절친한 친구로 지냈다. 아도르노는 인문계 중고등학교인 김나지움에서 한 학년을 월반할 정도로 우수한 학업 능력을 발휘했다. 1921년 프랑크푸르트 대학교에 입학한 그는 철학, 심리학, 음악학을 공부하고, 1924년 한스 코르넬리우스(Hans Cornelius) 교수의 지도로 후설(Edmund Hussul)에 관한 논문을 써서 철학박사 학위를 받았다. 그는 대학에서 지도교수의 조교였던 막스 호르크하이머(Max Horkheimer)를 알게 되었고, 크라카우어의 소개로 자유 기고가였던 발터 벤야민(Walter Benjamin)을 만나 친분을 맺게 되었다. 아도르노가 대학 안팎에서 만난 이 두 사람은 그의 철학 사상이 형성되는 데 지대한 영향을 미쳤다.

아도르노는 1924년 여름에 프랑크푸르트에서 초연된 알반 베르크(Alban Berg)의 오페라 「보체크에서 발췌한 성악과 오케스트라를 위한 세 단편」을 본 후 베르크와 개인적으로 친분을 쌓게 되었다. 베르크는 아도르노에게 매우 호의적이었다. 덕분에 아도르노는 이듬해에 오스트리아 빈에 가서 베르크에게서 작곡을 배우고, 에두아르트 슈토이어만(Eduard Steuermann)에게서 피아노를 사사할 수 있었다. 당시 빈에서는 아방가르드 예술이 활발히 전개되고 있었다. 아도르노는 이러한 분위기 속에서 음악을 배우는 동시에 아널드 쇤베르크(Arnold Schönberg) 그룹의 작품들을 분석하는 글을 썼다. 하지만 쇤베르크는 아도르노의 작곡 능력을 인정하지 않았을 뿐만 아니라 아도르노의 철학적 비평 작업을 몹시 싫어했다.

빈에서의 1년 남짓한 체류를 마치고 프랑크푸르트로 돌아온 아도르노는 자신의 진로를 철학으로 굳혔다. 그는 1931년 쇠렌 키르케고르(Søren Kierkegaard)의 미학에 관한 연구로 교수 자격을 취득했다. 지도 교수는 기독교 신학자인 파울 틸리히(Paul Tillich)였다. 프랑크푸르트 대학교의 강사가 된 아도르노는 주로 미학 수업을 맡았는데, 그중에는 벤야민의 『독일 비애극의 원천』(1928)을 다룬 세미나도 있었다. 아도르노는 이 책에 나오는 알레고리 개념을 1932년 독일 칸트 학회 프랑크푸르트 지부에서 행한 강연인 「자연사의 이념」에서 인용했다.

1933년에 나치가 독일에서 권력을 장악하자 아도르노는 아버지가 유대인이라는 이유로 대학에서 일자리를 잃었다. 그는 외국에서 철학 연구 경력을 쌓기 위해 영국으로 갔다. 그러나 그는 옥스퍼드 머튼 칼리지에서 교수 자격은커녕 박사학위도 인정받지 못해 '상급 대학생'으로 등록해야 했다. 그는 자신보다 한참 어린 학생들과 학교에 다녔고, 무엇보다 영어로 철학을 연구하는 데 어려움을 겪었다. 그는 후설의 현상학 연구에 매진했는데, 그의 작업은 『인식론의 메타비판: 후설과 현상학적 이율배반에 관한 연구』(*Zur Metakritik der Erkenntnistheorie: Studien über Husserl und die phänomenologischen Antinomien*, 1956)의 토대가 되었다.

1938년에 아도르노는 프랑크푸르트 사회 연구소를 이끌던 호르크하이머의 주선으로 미국 뉴욕으로 이주했다. 그곳에서 그는 '프린스턴 라디오 연구 프로젝트'에 참여하고, 1941년에 캘리포니아로 건너가서 호르크하이머가 주도한 '편견 연구 프로젝트'에 참여했다. 아도르노의 미국 체험은 그의 사상에 큰 영향을 미쳤다. 그것은 무엇보다 현대사회의 병리적 현상과 대중매체, 그리고 사회 연구 방법론에 관한 그의 철학적·사회학적 고찰의 밑거름이 되었다. 1940년대에 아도르노는 로스앤젤레스에 살면서 그의 대표작들을 저술했다. 호르크하이머와 공동 집필한 『계몽의 변증법』(1947)을 비롯해서 『신음악의 철학』(1949)과 『미니마 모랄리아』(1951)가 이 시기에 탄생했다.

아도르노는 1949년에 프랑크푸르트로 돌아왔다. 이로써 그는 1933년에 나치에 의해 단절되었던 대학 경력을 재개할 수 있었다. 이때부터 그는 서독을 대표하는 지식인의 한 명으로서 철학·사회·문화·예술 등 다양한 분야에서 활발히 활동했다. 그는 다름슈타트에서 매년 개최되는 '국제 신음악 여름학교'에 참가해서 신음악에 대해 강연하고 참가자들과 열띤 토론을 벌였다.[3] 그는 1957년에 프랑크푸르

---

3 아도르노는 니체(Friedrich Nietzsche)가 그러했듯 작곡을 했던 철학자였다. 그는 비록 음악사에 남을 만한 작곡가가 되지는 못했지만, 음악을 전문적으로 배운 덕분에 20세기를 대표하

트 대학교 철학과 및 사회학과 정교수가 되었고, 1961년에는 칼 포퍼 (Karl Popper)와 이른바 '실증주의 논쟁'을 벌였다. 아도르노의 논쟁은 포퍼의 비판적 합리주의를 따르는 한스 알베르트(Hans Albert)와 아도르노의 연구 조교였던 위르겐 하버마스(Jürgen Habermas)의 지면 논쟁으로 번졌다.

1960년대에 아도르노는 현대의 사회·문화·예술에 대해 오랫동안 써 온 글들을 묶어서 책으로 내기 시작했다. 그중『프리즘』(1963)은 예술 비평가와 문화 비평가로서의 아도르노의 면모를 선명히 부각했다. 세 번에 걸쳐서 출간된『문학 노트』(*Noten zur Literatur*, 1958/1961/1965)에는 문학 비평뿐 아니라 게오르크 루카치(Georg Lukács)의 리얼리즘론과 장-폴 사르트르(Jean-Paul Sartre)의 참여문학론을 비판하는 중요한 글들이 실려 있다. 아도르노는 또한『말러: 음악적 인상학』(1960),『베르크: 가장 작은 전조의 대가』(*Berg: Der Meister des kleinsten Übergangs*, 1968) 같은 단행본을 비롯하여 여러 음악 관련 논문들을 책으로 엮어 출판했다. 그는 하이데거(Martin Heidegger)와 실존주의 철학을 비판하는『본래성의 은어: 독일 이데올로기에 관하여』(*Jargon der Eigentlichkeit: Zur deutschen Ideologie*, 1964)를 펴내고, 자신의 철학을 밀도 높은 문체로 서술한『부정 변증법』(1966)을 출간했다. 그는 미학 에세이를 모은『모범 없이: 작은 미학』(*Ohne Leitbild:*

는 음악 이론가가 되었다. 아도르노의 음악 비평은 논쟁적이었다. 그는 1954년에「신음악의 노화」라는 제목의 강연에서 새로운 아방가르드 음악이 쇤베르크의 무조음악 이전으로 퇴보했다고 비판해서 젊은 작곡가들의 반발을 사기도 했다.

Parva Aesthetica, 1967)을 펴낸 후, 자신의 미학을 집대성한『미학 이론』을 집필했지만 완성하지 못했다. 그의 갑작스러운 죽음 때문이었다.

1967년에 서독에서 학생운동이 시작되었다. 권위주의 타파, 나치에 협력한 기성세대 비판, 여성과 노동자 해방을 위한 학생운동은 과격하고 폭력적인 양상으로 전개되었다. 1968년 5월 아도르노의 박사 과정생이었던 한스-위르겐 크랄(Hans-Jürgen Krahl)이 학생들을 이끌고 프랑크푸르트 괴테 대학 건물을 점령한 후에 학교를 칼 마르크스(Karl Marx) 대학으로 개칭하는 사건이 일어났다. 「마르크스에서 자본주의 운동의 자연 법칙」이라는 제목으로 박사학위논문을 준비하고 있었던 크랄은 아도르노가 특히 아끼던 학생이었다. 아도르노는 학생들의 과격한 행동에 단호히 반대했고, 크랄은 그러한 스승을 맹렬히 공격했다.

1969년 1월 학생들이 아도르노가 소장으로 있던 사회 연구소를 점거했다. 아도르노는 학생들이 퇴거 요청에 불응하자 경찰을 불렀다. 공권력을 투입한 아도르노의 조치에 분노한 학생들이 그해 4월에 그의 강의를 제지하고, 여학생 세 명이 교단에 난입해서 가슴을 노출하고 그에게 성적 몸짓을 해 보였다. 1969년 7월 크랄은 치안 교란 혐의로 프랑크푸르트 법원에서 재판을 받았다. 아도르노는 법정에 증인으로 출석하고, 그해 8월에 아내와 함께 여름 휴가를 떠났다. 그는 스위스 발레주에 있는 휴양지에서 의사의 경고에도 불구하고 산꼭대기에 올라갔다가 심장 장애가 일어나서 근처 마을 병원에 입원했다. 아도르노는 자신이 갑자기 죽으리라고 예상하지 못했던 것 같다. 그는 이튿날인 8월 6일 오전에 병원에서 심장마비로 사망했다.

2. 계몽과 신화의 변증법

『계몽의 변증법』은 1940년대 초반에 미국에서 망명 생활을 하던 아
도르노와 호르크하이머가 공동으로 집필한 책이다. 두 사람은 책의
「서문」에서 "신화는 이미 계몽이고, 계몽은 신화로 후퇴한다"[4]라고
말한다. 신화, 즉 뮈토스(Mythos)란 무엇인가? 그것은 신들이 등장하
고 초자연적인 사건들이 벌어지는 이야기다. 신화는 이성적인 말인
로고스(Logos)와 대비된다. 세계를 합리적이고 논리적으로 설명하는
이성적인 말은 계몽의 언어다. 그렇다면 왜 신화가 이미 계몽이라는
것일까?

　　아도르노와 호르크하이머는 현대인에게 세계의 기원에 대한 공
상적 이야기쯤으로 여겨지는 신화가 고대에는 실질적 힘을 가졌었다
는 점을 지적한다. 신화는 주술사나 제사장에 의해 힘을 발휘하는 말
이었다. 영국의 철학자 프랜시스 베이컨(Francis Bacon)의 '지식과 힘
은 동의어'라는 유명한 격언은 계몽뿐 아니라 신화에도 적용된다. 베
이컨의 『신기관』(1620)에 나오는 이 격언은 인간이 자연을 지배하기
위해서는 지식을 획득해야 한다는 생각을 담고 있다. 지식 획득의 목
적은 자연 지배라는 것이다. 그런데 이미 신화에도 이러한 지식과 힘
이 들어 있었다. 신화가 자연에 있는 것을 "보고하고, 명명하고, 기원

4　Theodor W. Adorno and Max Horkheimer, *Dialektik der Aufklärung: Philosophische Fragmente*
　(=DA) ed. Rolf Tiedemann, *Gesammelte Schriften* (=GS), vol. 3, Frankfurt am Main: Suhrkamp,
　2003, p. 16.

을 말하는" 것은 그것을 "기술하고, 포착하고, 설명하기"[5] 위해서였기 때문이다. 신화는 원초적 형태의 과학이었던 셈이다. 그래서 "신화는 이미 계몽"이었다.

반면에 "계몽은 신화로 후퇴한다". 계몽의 목적은 경험과 이성을 통해 얻은 과학적 지식으로 주술과 마법에서 벗어나는 것이다. 우리는 이미 계몽된 시대를 살고 있다. 우리는 질병에 걸리는 이유가 귀신이 아니라 바이러스나 박테리아에 감염되었기 때문이라는 사실을, 그래서 질병을 치료하려면 주술 행위가 아니라 의료 행위가 필요하다는 것을 알고 있다. 그런데 이렇게 이성적이고 합리적인 세계가 왜 신화의 세계로 후퇴했다는 것인가? 심지어 아도르노와 호르크하이머는 20세기 전반에 "인류가 진정으로 인간적인 상태로 들어가는 대신에 새로운 종류의 야만에 빠졌다"[6]라고 말한다. 여기서 '새로운 종류의 야만'이 뜻하는 바는 분명하다. 그것은 아도르노와 호르크하이머가 『계몽의 변증법』을 쓰던 1940년대에 세계 전역에서 벌어졌던 국가적 차원의 폭력 사태다. 2차 세계대전과 유대인 대학살은 현대인들을 계몽이 추구했던 인도주의적 세계가 아니라, 살아 있는 인간을 희생 제물로 바쳤던 신화의 세계로 데려갔다. 그리고 파시즘과 스탈린주의 같은 전체주의는 개인들의 자유를 억압했다.

아도르노와 호르크하이머는 이러한 야만적 현실이 인간의 이성과 합리성이 충분히 발현되지 못해서가 아니라, 바로 그 이성과 합리

---

5 *Ibid.*, p.24.
6 *Ibid.*, p.11.

성에서 기인했다고 보았다. 이와 관련하여 그들은 『계몽의 변증법』의 「계몽 개념」 장에서 바뤼흐 스피노자(Baruch de Spinoza)의 『윤리학』(1677)에 나오는 '자기 보존' 개념을 인용했다. 아도르노와 호르크하이머에 따르면 인간의 이성은 인류가 자연 속에서 자기 자신을 보존하기 위해 꾸준히 발전시킨 능력이다. 인간은 이성 덕분에 자기 자신을 자연과 구분하게 되었다. 이러한 과정은 「반유대주의 요소들」을 다룬 장에서 설명된다.

태곳적 인간들은 곳곳에 위험이 도사리고 있는 자연 속에서 자신의 육체적 힘만으로는 생존하기 어려운 존재였다. 그래서 그들은 도구를 발명하고 집단생활을 했지만, 우연히 마주치는 맹수와 일대일로 싸워 이길 수는 없었다. 그런데 인간에게는 위급한 상황에서 자연환경에 동화되는 동물적 본능이 있다. 그것이 바로 '미메시스'(Mimesis) 능력이다. 인간은 위협적인 동물이 나타나면 온몸이 저절로 경직되어 마치 죽은 듯이 주변 환경의 일부가 된다. 선사시대 인간들은 이러한 조건반사적 미메시스 능력을 능동적이고 조직적으로 발전시켰다. 주술사가 춤을 추거나 선사인들이 동굴벽화를 그리는 행위는 발전된 형태의 미메시스다. 그러나 인류는 차츰 자연에 있는 대상을 직접적으로 흉내 내지 않고, 개념으로 지칭하는 사고 능력을 발전시켰다. 그리하여 인간들은 역사시대부터 몸짓이 아니라 개념적 언어를 사용해서 의사소통하도록 훈련되었다. 문명사회에서 사람은 누구나 교육을 통해 동물적 본능을 억제하고 개념적 사고를 익혀서 이성적으로 행동하는 인간이 되어야 했다. 자신을 통제할 수 있는 성인에게 손짓과 표정을 사용한 흉내 내기는 유치하고 저속하다고 여겨져서 금기시되었다.

아도르노와 호르크하이머는 나치의 반유대주의 정책이 독일 시민들에게 내면화된 미메시스 금지를 정치적으로 이용한 것이라고 보았다. 중세에 서유럽의 주류 사회에서 배척되었던 유대인들은 상업과 금융업 같은 제한된 분야에 종사했다. 그런데 계산에 철저한 유대인 상인에 대한 서유럽인들의 반감이 집단화하면서 유대인들은 간사하고 교활하다는 이미지가 생겨나 편견으로 굳어졌다. 셰익스피어의 희극 『베니스의 상인』(1596)에 나오는 악덕 고리대금업자 샤일록은 그러한 이미지를 대표한다. 상업이나 금융업에 종사하는 유대인들 특유의 제스처와 표정은 서유럽 기독교인들에게 심한 거부감을 불러일으켰다. 기독교인들이 억누르는 신체적 모방을 유대인들은 아무 거리낌도 없이 하기 때문이었다. 나치는 유대인들에 대한 기독교인들의 이러한 '병적 혐오'(Idiosynkrasie)를 조직화해서 인종차별의 수단으로 삼았다. 히틀러는 분노에 찬 연설로 시민들을 선동했다. 동유럽 곳곳에 집단수용소가 건설되었고, 유대인들에 대한 강제 노역과 대학살이 시작되었다. 이러한 만행은 1945년 2차 세계대전이 끝날 때까지 계속되었다.

어떻게 계몽된 세계에서 이토록 비인간적인 행위가, 그것도 너무나 체계적으로 이루어졌을까? 앞서 우리는 인간이 위협적인 자연 환경에서 자신을 보존하기 위해 태곳적부터 이성을 개발해 왔다는 사실을 살펴보았다. 개념을 사용하여 자연을 이해하고 인식하는 능력도 넓게 보면 인간이 자연을 모방하는 한 방식이다. 그런데 계몽주의 사상가들은 인간이 막강한 자연으로부터 자신을 지키는 데 그치지 않고, 자연을 지배하고 이용하여 더 나은 인간 사회를 건설할 것을 요구했다. 그리하여 자연은 인식 대상이자 지배 대상이 되었다. 아는 것이 곧 힘이었다. 인간은 자연환경을 지배하기 위해 자기 자신의 동물적이고 본능적인 측면도 지배해야 했다. 즉 외적 자연뿐 아니라 내적 자연도 지배 대상이 된 것이다. 인간 내부의 비이성적 측면인 감정과 충동은 열등하고 미성숙한 것으로 여겨져서 억눌리고 통제되었다.

그런데 아도르노와 호르크하이머는 근대 이후 심화된 인간의 자연 지배가 폭력적인 양상을 띠게 되었다고 보았다. 산업혁명의 결과로 생산력은 눈부시게 증가했지만, 그에 비례하여 자연환경이 훼손되고 생태계가 파괴되었다. 그와 동시에 인간 자신도 자연 지배에 희생되었다. 인간 내부에 억눌려 있던 무의식적 충동이 장애를 일으켜서 신경증을 유발했다. 제어되지 않은 충동은 폭력으로 돌변해서 자신의 인격을 파괴하거나 다른 사람들을 공격하기도 했다. 이러한 공격이 집단으로 조직되어 특정 인종, 성, 지역, 종교에 대한 차별과 혐오가 발생했다.

아도르노와 호르크하이머는 현대사회의 이러한 병리적 현상을 계몽과 신화의 변증법으로 설명했다. 계몽과 신화는 서로 반대된다. 신화적 세계관에서 인간은 주어진 운명을 바꿀 수 없는 무력한 존재지만, 계몽적 세계관에서 인간은 자기 의지로 운명을 개척하는 자유로운 주체다. 그런데 계몽은 이성을 지배의 도구로 만들어서 외적 자연과 내적 자연을 억압했다. 호르크하이머는 이러한 이성을 '도구적 이성'(instrumentelle Vernunft)이라고 불렀다. 그것은 자연을 정복해서 힘을 행사하는 것을 유일한 목표로 삼는 이성이다. 도구적 이성의 목표는 지배 그 자체다. 인류는 이성을 자연 지배의 도구로 사용하면서 전보다 자유로워진 것이 아니라 오히려 부자유에 빠졌다. 아도르노와 호르크하이머는 이것을 계몽과 신화의 변증법으로 정식화했다. 그들은 '문화산업'(Kulturindustrie)을 신화로 퇴행하는 계몽의 또 다른 예로 들었다.

아도르노는 1930년대 말에 뉴욕에서 '프린스턴 라디오 연구 프로젝트'에 참여하면서 라디오 음악의 청취에 대해 비판적인 글들을 썼다. 그는 또한 1940년대 초에 로스앤젤레스에 살면서 할리우드에서 활동하는 영화인들을 접할 수 있었다. 그는 그곳에서 오스트리아 출신의 영화감독 프리츠 랑(Fritz Lang)과 친분을 맺었고, 초대받은 저녁 모임에서 찰리 채플린(Charlie Chaplin)을 만나기도 했다. 이러한 개인적 경험과 연구 수행에서 생겨난 문제의식은 『계몽의 변증법』의 「문화산업: 대중 기만으로서의 계몽」에 관한 논의로 이어졌다. '문화산업'은 아도르노와 호르크하이머가 만든 용어다. 문화산업은 상반되는 두 단어가 결합한 개념이다.[7] 문화는 인간의 향유 대상이고, 산업은 재화나 서비스를 생산하는 인간의 활동이다. 산업 현장에서 일하는 현대인들은 힘든 직장 생활에서 벗어나 자신의 인생을 즐기고 싶어 한다. 일과 삶의 균형을 중시하는 풍조가 보편화될 정도로 현대인들은 삶에서 여가와 휴식을 중시한다.

그런데 노동은 왜 그렇게 괴로울까? 그것은 산업혁명 이후 노동

---

7 Gunnar Hindrichs, *Zur kritischen Theorie*, Berlin: Suhrkamp, 2020, p.121 참조.

이 분업화되고 시간당 보수를 받는 임금 노동이 되었기 때문이다. 노동자들은 그러한 노동 환경 속에서 자기실현을 하거나 자기 손으로 무언가를 만들어 내는 기쁨을 누릴 수 없다. 노동자들은 그렇게 자신의 노동에서 철저하게 소외되었다. 현대사회에서 인간의 활동은 돈과 직접적 관련을 맺는다. 공적이든 사적이든 인간관계 전반에서 계산이 작동한다. 인간들은 그들이 맡은 역할과 동일시된다. 직원이나 점원은 교체가 가능한 부품처럼 취급되기도 한다. 그 경우 개인의 고유성은 완전히 무시된다. 루카치는 『역사와 계급의식』(1923)에서 인간관계가 사물들의 관계로 변하는 현상을 '물화'(Verdinglichung)라고 불렀다. 한편 인간이 만든 물건은 시장에서 가격이 매겨져서 상품으로 팔린다. 소비자들은 그 상품을 누가 어떻게 만들었는지 모른다. 소비자들의 눈에는 상품의 겉모습과 가격만 보인다. 무인 점포에는 점원조차 없다. 물건들만 있는 밀폐된 공간에서 구매자는 인간 대신 상품과 만난다. 마르크스는 『자본론 1: 정치경제학 비판』(1867)에서 인간이 만든 상품이 자립적이고 주체적인 것으로 보이는 현상을 '상품 물신'(Warenfetisch)이라고 불렀다. 어떤 물건에 초자연적 힘이 깃들어 있다고 믿는 물신 숭배가 합리화되고 세속화된 현대사회에서 되살아난 것이다.

문화산업은 그러한 신화의 세계를 완성한다. 오늘날 과학의 시각에서 보면 미신에 불과한 마법이 상품이 되어 돌아왔다. 판타지 소설은 디지털 기술의 발전과 함께 영화, 게임, 가상 공간으로 진화하고 있다. 그런데 아도르노와 호르크하이머는 '대중문화'라는 단어 대신에 '문화산업'이라는 표현을 사용했다. 그들이 보기에 음반, 화보 잡지, 라디오, 텔레비전 같은 대중매체의 콘텐츠는 대중들이 주체가 되어 만든 것이 아니라 자본력을 갖춘 업체가 기획해서 제작한 것이다. 물론 이에 대해 '대중문화에는 대중들의 니즈(needs)가 반영되는 것 아닌가?'라고 반문할 수 있다. 아도르노와 호르크하이머는 그렇지 않다고 말한다. 그들은 대중들의 욕구 자체가 문화산업에 의해 만들어져서 사람들의 의식에 주입된다고 본다.[8]

많은 현대인은 고달픈 현실에서 벗어나 자유와 해방을 느끼고 싶어 한다. 그러나 현대인들은 현실의 대체물을 단지 소비할 뿐, 현실 그 자체를 바꾸려고 하지는 않는다. 사람들은 현실이 원래 고달픈 것이라고 여기기 때문이다. 문화산업은 그렇게 현실을 당연한 것으로 받아들이는 의식을 만드는 산업이다. 대중가요는 꿈과 희망을 노래하며 대중을 기만한다. 영화나 드라마는 배금주의가 만연하고 사회가 양극화하는 현실을 허구적으로 재현해서 현실이 원래 그런 것이라고 선전한다. 사람들은 낮에는 일하고, 밤에는 대중문화를 즐기며 현실에 적응한다. 문화산업의 산물들은 이러한 방식으로 대중들을 교육한다. 그래서 대중문화의 콘텐츠는 어려우면 안 된다. 그것을 보거나 듣는 즉시 이해할 수 있어야 한다. 따라서 그 내용과 형식은 상투적이고 도식적일 수밖에 없다. 대중매체에서는 매일같이 신곡과

---

8 아도르노의 문화산업론은 대중문화를 일방적이고 수동적인 것으로 여기는 점 때문에 비판의 대상이 되기도 한다. 예컨대 독일의 작가 한스 마그누스 엔첸스베르거(Hans Magnus Enzensberger)는 「매체 이론의 구성 요소」에서 뉴미디어를 사회가 대중을 통제하는 수단에 국한한 아도르노의 관점을 비판하고, 벤야민이 「기술 복제 시대의 예술 작품」에서 제시한 매체의 해방적 기능을 부각했다.

신작이 쏟아져 나오지만, 귀에 익은 선율과 어디서 본 듯한 장면이 반복된다. 자신의 운명 앞에서 체념하는 인간과 순환하는 계절처럼 같은 것이 되풀이되는 세계. 이것은 신화의 세계이며, 그래서 아도르노와 호르크하이머는 계몽이 신화로 후퇴했다고 보았다.

3. 비동일성의 철학

『계몽의 변증법』이 시대 진단과 문제 제기였다면, 『부정 변증법』은 그에 대한 아도르노의 철학적 답변이다. 이 책은 3부로 구성되어 있다. 아도르노는 「서론」에서 그의 철학 프로그램 전반을 제시한 후에 1부에서 하이데거의 존재론을 비판한다. 이어지는 2부 「부정 변증법: 개념과 범주들」은 이 책의 핵심 내용을 담고 있다. 마지막 3부 「모델들」에서는 각각 칸트의 실천철학, 헤겔(Georg Wilhelm Friedrich Hegel)의 역사철학, 그리고 근대 형이상학에 대한 성찰을 다루고 있다.

　　『부정 변증법』의 「서론」은 다음과 같이 시작한다. "한때 시대에 뒤떨어진 것처럼 보였던 철학은 그것이 실현되는 순간을 놓쳤기 때문에 생명을 부지하고 있다. 철학이 세계를 단지 해석하기만 했고, 현실을 체념함으로써 불구가 되었다는 총괄적 판단은 세계 변혁이 실패한 이후에 이성의 패배주의가 된다."[9] 철학이 실현되지 못해서 아

9　Theodor W. Adorno, *Negative Dialektik*(=ND), GS, vol. 6, Frankfurt am Main: Suhrkamp, 2003, p.15.

직 살아 있다는 말은 무슨 뜻일까? 아도르노는 여기서 마르크스의 철학을 염두에 두고 있다.

마르크스는 미발표 원고인 「포이어바흐 테제」에서 철학자들이 세계를 바꾸는 대신에 세계를 서로 다르게 해석했을 뿐이라고 썼다. 서양철학자들이 세계에 대한 이론에만 몰두하고 실천을 도외시했다는 것이다. 마르크스에게 철학의 임무는 세계의 모순을 실제로 해결하는 것이었다. 19세기 유럽의 부르주아 사회는 자유와 평등의 이념을 추구한 시민혁명으로 탄생했다. 하지만 그러한 이념은 경제적으로 자유롭지도 평등하지도 못한 노동자들의 현실과 모순되었다. 마르크스는 부르주아 사회의 모순을 해소하려면 프롤레타리아혁명이 필요하다고 보았다. 만일 혁명이 완수되어 지배계급의 억압과 착취가 사라지고 모두가 자유롭고 평등해진다면 철학은 더 이상 필요 없을 것이다. 그러나 아도르노가 보기에 자유와 평등의 이념은 프롤레타리아혁명이 일어난 20세기에도 실현되지 않았다. 서구와 동구를 막론하고 사람들은 여전히 사회적 불평등과 개인적 부자유에 시달리고 있었다. 사회변혁이 왜 실패했는지를 알기 위해서는 세계를 다시 해석해야 했다.

아도르노는 지배와 억압이 사회혁명으로 해결할 수 있는 문제가 아니라 철학적으로 반성해야 하는 문제라고 보았다. 그는 인간의 개념적 사유 자체에 문제가 있다고 생각했다. 앞서 우리는 개념적 사유가 인간이 자기 보존을 위해 개발한 능력이라는 점을 살펴보았다. 다시 말해 인간은 자연에서 생존하기 위해 몸 대신 머리를 발전시켰다. 그러자 문명화된 인간 사회 속에 위계가 생겼다. 정신은 육체보다 우월한 것이 되었고, 이성은 신체와 분리되어 절대적인 것이 되었으며, 주체는 객체의 우위에 놓였다. 아도르노가 볼 때 이제 철학의 임무는 신격화된 이성과 주체의 우위를 비판하는 일, 즉 신화가 된 이성을 계몽하는 일이다. 아도르노의 부정 변증법은 이러한 과업을 수행하기 위해 구상되었다.

그럼 아도르노가 「부정 변증법: 개념과 범주들」에서 어떤 주장을 하는지 살펴보자. 우선 '범주들'(Kategorien)이 무엇인지 알아보자. 범주들은 어떤 대상을 규정하는 최상위 개념들이다. 아리스토텔레스는 『범주론』에서 10개의 범주를 말했다. 범주들은 문장의 주어로 사용되는 '실체'의 범주 외에는 모두 술어로 사용된다. 예컨대 '꾀꼬리는 노랗다'라는 문장에 사용된 '성질'의 범주와 '꾀꼬리는 뻐꾸기보다 작다'라는 문장에 사용된 '관계'의 범주는 '꾀꼬리'라는 '실체'의 범주를 설명한다. 범주들은 이처럼 어떤 대상에 대해 말해 주는 가장 보편적이고 기본적인 개념들이다. 칸트는 『순수이성비판』에서 아리스토텔레스(Aristoteles)가 범주들을 분명한 원칙 없이 나열했다고 비판하고, 12개의 범주로 구성된 표를 제시했다. 칸트에게 범주들은 대상을 객관적으로 인식하기 위한 선험적 조건이다. 칸트는 12개의 범주에서 12개의 판단 형식을 도출했다.

칸트의 비판 철학은 '판단'(Urteil)에 관한 이론이다. 그는 『순수이성비판』, 『실천이성비판』(1788), 『판단력비판』(1790)에서 각각 인식 판단, 도덕 판단, 취미 판단에 관해 논했다. 판단은 'X는 Y이다'라는 문장 형식으로 표현된다. 경험 판단에서 X라는 구체적 대상은 Y라는 일반적 개념과 동일시된다. 예를 들어 내가 '저 사람은 젊다'라고 판단했을 때, 나는 내 앞에 보이는 '저 사람'을 '젊다'라는 개념과 동일 시한 것이다. 그런데 '젊다'라는 개념은 '저 사람'에 대해 단 하나의 사 실밖에 말해 주지 않는다. 따라서 '저 사람은 젊다'라는 판단만으로는 '저 사람'의 실체를 절대로 알 수 없다.

그래서 헤겔은 판단으로는 대상의 진리를 밝힐 수 없다고 보았 다. 우리가 마주하는 대상이 무엇인지 진정으로 알기 위해서는 그 대 상에 대한 무수히 많은 규정이 필요하다. 헤겔은 판단이 어떤 대상에 대한 참된 진술임에도 불구하고 그 대상의 진리를 말하지 못하는 모 순을 개념들의 '체계'(System)로 해결할 수 있다고 생각했다. 헤겔은 철학 체계를 구상하고 발전시켰다. 그의 철학 체계는 논리학·자연철 학·정신철학으로 이루어져 있고, 정신철학은 다시 주관정신·객관정 신·절대정신으로 구성된다. 헤겔은 절대정신이 예술·종교·철학으 로 나타난다고 보았다.

아도르노는 위에서 살펴본 범주, 판단, 체계로 어떤 대상을 파악 하는 것을 비판적으로 바라본다. 왜냐하면 그러한 사유 방식은 존재 하는 것을 개념들과 전적으로 동일시하기 때문이다. 아도르노는 그 것을 '동일성 사유'(Identitätsdenken)라고 불렀다. 아도르노가 보기에 개념의 기원은 대상의 모방이다. 개념은 대상을 지칭하지만 대상 그 자체가 될 수는 없다. 그럼에도 동일성 사유는 대상을 개념과 동일한 것으로 만든다. 아도르노의 부정 변증법은 이렇게 사유에 의해 서로 같은 것으로 간주되는 개념과 대상이 실제로는 서로 같지 않다는 의 식을 목표로 한다. 이러한 의식은 존재하는 것이 체계 속에서 개념적 인 것과 남김없이 일치하게 된다고 보는 헤겔의 변증법에 반대한다.

"전체는 허위다"[10]라는 아도르노의 유명한 경구는 개념들의 총체가 곧 진리라는 헤겔의 명제를 부정한 것이다.

헤겔과 달리, 아도르노의 변증법은 개념과 존재의 동일성이 아니라 비동일성의 의식을 지향한다. 그러나 아도르노는 절대로 개념의 포기나 폐기를 말하지 않는다. 대상을 개념 없이 직관적으로 파악할 수 있다고 믿는 것은 근거 없는 신비주의일 뿐이다. 따라서 개념에서 벗어나는 것이 아니라 "개념을 통해 개념을 넘어서려는 노력"[11]이 필요하다. 아도르노는 개념을 지배의 도구로 사용하는 방식을 극복하기 위해, 개념의 다른 사용 방식을 모색한다. '형세'(Konstellation)는 그중 한 방법이다. 원래 성좌(星座)를 의미하는 형세는 어떤 대상을 개념들로 규정해서 판단하는 대신, 그 대상에 대한 다수의 진술들을 배열하고 그 진술들의 관계가 이루는 전체 이미지를 통해 대상을 파악하는 방법이다. 그러한 형세에서는 몇 가지 개념으로 설명할 수 없는 대상의 복잡하고 다양한 면모가 하나의 형상으로 드러난다.

아도르노의 부정 변증법은 인간의 대상 인식의 측면에서 이성의 자연 지배를 비판하는 프로그램이라고 할 수 있다. 어떤 개체의 고유한 특성은 상위개념으로 규정될수록 사라진다. 예컨대 지구상에는 무수히 많은 나무가 있지만, 그것들은 '단단한 줄기와 가지가 있는 여러해살이식물'이라는 개념 속에서 모두 같은 것이 된다. 그러한 동일

---

10 Theodor W. Adorno, *Minima Moralia: Reflexionen aus dem beschädigten Leben*, GS, vol. 4, Frankfurt am Main: Suhrkamp, 2003, p.55.

11 Adorno, ND, p.27.

시는 현실에서 행해지는 자연 지배, 이를테면 경제적 교환과 상품화의 전제 조건이 된다. 우리가 가진 편견 역시 한 개인을 특정 인종, 성, 지역, 종교에 대한 상투적 관념들과 동일시함으로써 생겨난다.

그런데 세계에는 아무리 개념을 동원하더라도 규정할 수 없는 것도 존재한다. 그렇게 개념과 동일시할 수 없는 것을 아도르노는 '비동일자'(非同一者, das Nichtidentische)라고 부른다. 그것은 인간들이 개념들로 짠 그물 밖으로 빠져나가서 규정되지 않는 것을 가리킨다. 아도르노 철학의 목표는 동일성 사유가 지배하는 현실에서 그러한 비동일자를 의식하는 데 있다.

4. 자연미와 현대예술

아도르노가 완성을 목전에 두고 갑자기 세상을 떠나는 바람에 미완으로 남은 『미학 이론』은 1970년에 유고로 출판되었다. 아도르노의 미학을 집대성한 『미학 이론』은 칸트의 『판단력비판』과 헤겔의 『예술철학 강의』(1823)에 나오는 주장들에 대한 그의 답변이다. 칸트와 헤겔의 미학은 서로 대조되는 성격을 지닌다. 칸트는 자신의 미학에서 예술보다 자연의 미와 숭고를 우선시했다. 반면에 헤겔은 자연미가 아니라 예술미를 자신의 역사적·철학적 미학의 대상으로 삼았다. 아도르노는 『미학 이론』의 「초기 서문」에서 "오늘날 미학은 칸트와 헤겔 간의 논쟁을 종합해서 매끄럽게 만들지 않고, 그들 간의 논쟁에 관한 것이 되어야 한다"[12]라고 말한다.

아도르노는 우선 취미 판단에 관한 칸트의 이론을 비판한다. 칸트가 미적 경험에서 욕구의 계기를 제거해서 미와 예술을 순전한 향유의 대상으로 만들었기 때문이다. 이와 달리 아도르노는 숭고한 자연에 대한 칸트의 이론을 변형하여 받아들인다. 칸트에 따르면 인간은 태풍과 같이 위협적이고 파괴적인 자연을 보면서 두려움과 무력함을 느낀다. 이러한 부정적 감정은 인간이 자연보다 힘의 측면에서 열등한 존재일 뿐만 아니라, 자연재해로 한순간에 없어질 수 있는 유한한 존재라는 자기 성찰로 이어진다. 그런데 자연의 위력에 저항할 수 없는 인간의 무력함은 인간 내부의 보이지 않는 도덕성을 의식하게 만들고, 인간이 자연에서 독립한 존재인 동시에 다른 동물과 달리 이성을 지닌 존엄한 존재임을 깨닫게 만든다. 그리하여 신체적 무력함에서 비롯된 부정적 감정은 정신적 우월함이 주는 긍정적 감정으로 고양된다. 아도르노는 칸트의 이러한 숭고론이 전제하는 도덕적 주체의 우월성을 비판한다. 인간은 도덕적 주체가 되기 위해 자신의 내적 자연을 억압해야 하기 때문이다. 그러나 아도르노는 칸트의 숭고론에서 인간을 압도하는 자연이라는 모티브를 받아들인다.

아도르노가 생각하는 자연미는 자연의 위력과 객체의 우위에 대한 경험이다. 예컨대 우리는 어두운 숲속을 걷다가 갑자기 눈앞에 나타나는 바위를 곰과 같이 위험한 동물로 착각하고 순간적으로 공포에 질린다. 자연미의 경험은 그러한 전율의 경험이다. 칸트에게 자연

---

12 Theodor W. Adorno, *Ästhetische Theorie*(=ÄT), GS, vol. 7, Frankfurt am Main: Suhrkamp, 2003, p.528.

미는 화려한 새와 같이 형태와 색채가 보는 이의 눈을 즐겁게 해 주는 대상이지만, 아도르노에게 자연미는 그런 것이 아니다. 아도르노에게 자연미는 개념으로 규정할 수 없고, 손으로 붙잡을 수 없는 것이다. 그것은 갑자기 나타났다가 사라지는 현상이다. 그러한 자연미 앞에서 인간의 언어는 무력하다. 우리는 자연 속에서 우리를 압도하는 어떤 대상이나 현상을 발견하지만, 그것이 무엇인지 말로 설명하지 못한다. 그래서 아도르노는 자연미를 자연이 우리 의식에 남긴 "비동일자의 흔적"[13]이라고 말한다.

자연미는 우리가 이해할 수 없는 언어다. 나뭇잎들이 바람에 흔들리며 내는 소리는 우리에게 뭔가를 말하는 듯하다. 그것은 마치 수수께끼와 같다. 아도르노는 자연미의 이러한 특징이 바로 현대예술의 특징이라고 말한다. 전위예술이 등장한 이후로 음악뿐 아니라 미술과 문학도 대상을 사실적으로 재현하지 않는다. 그러한 작품에는 의미가 암호처럼 숨겨져 있다. 그렇게 감추어진 의미를 해독하는 것이 바로 예술 작품의 감상이며 비평이다. 자연미는 그러한 점에서 현대예술의 모델 역할을 한다.

아도르노는 헤겔 미학도 비판적으로 수용한다. 헤겔은 자신의 베를린 대학교 미학 강의에서 자연미를 배제했다. 예술미와 달리 자연미는 정신의 산물이 아니기 때문이다. 아도르노는 헤겔 미학이 전제하는 자연미에 대한 예술미의 우위에 반대한다. 아도르노가 보기

---

13 *Ibid.*, p.114.

에 예술미는 본질적 측면에서 자연미와 다르지 않다. 자연미의 본질인 비규정성과 찰나성을 모방한 것이 바로 예술이기 때문이다. 그런데 아도르노는 헤겔 미학에서 칸트 미학에 없는 중요한 계기, 즉 진리의 계기를 발견한다. 아도르노는 비록 진리를 이념과 존재의 완벽한 일치로 보는 헤겔의 진리관에 반대하지만, 예술이 향유의 대상이 아니라 진리의 표현이라는 헤겔 미학의 핵심 주장을 받아들인다.

아도르노에 따르면 진정한 예술 작품 속에는 진리 내용이 들어 있다. 이때 진리는 절대적인 것이 아니라 그 작품이 만들어질 당시의 사회와 역사에 대한 진리다. 예컨대 루트비히 폰 베토벤(Ludwig van Beethoven)의 작품들에는 당시 시민계급의 이념이 반영되어 있다. 그것은 인간을 자유롭고 평등한 존재로 여기는 인간성의 이념이다. 그런데 그 이념은 베토벤의 작품 속에 한갓 희망으로, 현재에 존재하지 않는 가상으로 표현되어 있다. 만일 베토벤의 작품 속에 인간성의 이념이 실현된 것으로 표현되었더라면, 작품은 진리 내용이 아니라 허위 내용을 담고 있을 것이다. 모든 사람이 자유롭고 평등하게 살아가며 인류애를 발휘하는 세계는 실현되지 않았기 때문이다.

이렇게 칸트와 헤겔의 미학을 비판적으로 수용한 아도르노의 『미학 이론』은 다음과 같은 문장으로 시작한다. "예술에 관한 어떤 것도 예술 내에서, 예술과 전체의 관계에서, 심지어 예술의 존재 이유도, 더는 자명하지 않다는 것이 자명해졌다."[14] 아도르노는 여기서 예

---

14 *Ibid.*, p.9.

술이 자명성을 상실했다고 말한다. 이러한 상황의 배경에는 부르주아 사회의 예술을 공격한 현대의 아방가르드 예술이 있다. 20세기 초에 유럽에서 등장한 표현주의와 다다 예술가들은 기존 예술의 전통과 관습에 도전했다. 20세기 중반에는 미국에서도 아방가르드 예술가들이 출현해서 예술의 암묵적 전제를 파괴했다. 작품의 지속성을 부인하는 앨런 캐프로(Allan Kaprow)의 해프닝과 음을 연주하지 않는 존 케이지(John Cage)의 「4분 33초」는 미술이 무엇인지, 음악이 무엇인지 묻게 만든다. 아도르노의 『미학 이론』은 이렇게 자명성을 상실한 현대예술의 성격과 기본 원리에 대한 탐구라고 할 수 있다.

아도르노에 따르면 예술은 "자율적이면서 사회적 사실이라는 이중적 성격"[15]을 갖는다. '자율적'(autonom)이라는 것은 주체가 자신의 원칙에 따라 스스로 판단하고 행동하는 것을 말한다. 예술이 자율적이라는 것은 예술가가 사회적 규범의 지배를 받지 않고, 스스로 마련한 미적 규범을 따르는 것을 의미한다. 이 원칙에 따르면 하나의 예술 작품은 자신의 구성 원리를 예술 밖의 영역에서는 물론이고 다른 작품에서도 가져오지 않는다. '사회적 사실'(fait social)은 프랑스 사회학자 에밀 뒤르켐(Émile Durkheim)이 『사회학 방법의 규칙들』(1895)에서 제시한 개념이다. 그것은 개인에게 강제력을 행사하는 사회의 모든 행위 양식을 의미한다. 예컨대 자살은 개인의 자발적 선택으로 보이지만 사실은 사회적 압박에서 비롯된 것이 대부분이다. 뒤르켐

---

15 *Ibid.*, p.16.

은 이러한 사회현상을 마치 사물처럼 다룰 것을 제안했다. 아도르노는 뒤르켐의 이 개념을 받아들여 예술의 자율성 명제와 결합했다.

그럼 어떻게 예술이 자율적인 동시에 사회적 사실이 될 수 있을까? 파블로 피카소(Pablo Picasso)의 「게르니카」를 보자. 가로 길이가 7.5미터가 넘는 거대한 화면 위에 미노타우로스와 날뛰는 말, 죽은 사람과 울부짖는 사람, 번쩍이는 전등불과 불타는 건물 등이 무채색으로 그려져 있다. 피카소는 이렇게 독자적인 방식으로 1937년 4월 26일에 독일군의 폭격으로 희생된 무고한 시민들의 비극을 표현하고 있다. 이는 피카소가 사회의 다른 규범뿐 아니라 기존 회화의 미적 규범도 따르지 않고, 오직 이 작품만을 위해 자율적으로 구상한 형식을 사용하고 있음을 말해 준다. 동시에 피카소의 이 작품은 사회적 사실이다. 만일 나치의 게르니카 폭격이 없었더라면 이 작품은 절대로 탄생하지 않았을 것이다.

피카소의 「게르니카」는 아도르노 예술철학의 또 다른 핵심 명제를 보여 준다. 그것은 '미메시스와 합리성의 변증법'이다. 미메시스는 신체를 가지고 대상을 흉내 내는 인간의 능력이고, 합리성은 그러한 신체적 모방 능력을 억제하며 발전시킨 인간의 사고 능력이다. 따라서 미메시스와 합리성은 서로 대립하는 인간의 능력들이다. 예술 작품은 이 두 능력의 변증법적 관계로 이루어진다. 즉 예술 작품에서 두 힘은 표현적 요소와 구성적 요소로 작용한다. 예술 작품의 표현적 요소는 예술가의 마음속에 억눌려 있다가 밖으로 표출되는 감정과 충동이며, 구성적 요소는 무정형의 감정과 충동을 하나의 작품으로 조직하는 것들이다. 피카소의 「게르니카」는 분노와 절규 같은 표현적

그림 1 파블로 피카소, 「게르니카」(Guernica), 1937년, 마드리드 국립 소피아 왕비 예술센터

요소가 삼각형 구도와 선명한 명암 대비 같은 구성적 요소를 통해 형상화된 작품이다.

　프란츠 카프카(Franz Kafka), 사뮈엘 베케트(Samuel Beckett), 파울 첼란(Paul Celan)의 문학작품들 역시 그들이 현대사회에서 느낀 불안, 공포, 절망 등을 그들이 창안한 예술적 형식으로 구성한 것이다. 그들은 현실을 사실적으로 재현하지 않고, 그들이 느낀 것들을 비유와 암시를 통해 전달한다. 그들은 작품에서 현실이 이러저러하다고 판단을 내리지 않는다. 카프카는 권위주의와 관료주의에 대해, 베케트는 물건이 된 인간들에 대해, 첼란은 대학살에서 살아남은 자의 고통에 대해 직접적으로 언급하지 않는다. 그렇지만 표현적 계기들의 판단 없는 종합인 그들의 작품은 사회 현실을 고발하는 리얼리즘 계열의 작품들보다 더 생생하게 사회의 모순을 느끼게 만든다. 그들의 작품 속에 담긴 사회적이고 역사적인 진리 내용은 철저히 부정적이다. 아도르노는 현실을 긍정하지 않는 완전한 부정성만이 역설적인 방식으로 희망을 보여 줄 수 있다고 생각했다.

5. 아도르노 철학의 비판적 계승

아도르노 철학의 영향력은 무엇보다 프랑크푸르트학파에서 가장 분명하게 찾을 수 있다. 1950년 후반에 하버마스는 프랑크푸르트 대학교에서 호르크하이머와 아도르노의 연구 조교로 활동했다. 그러나 하버마스와 이들의 관계는 그리 순탄치 않았다. 하버마스는 프랑크푸르트가 아니라 마르부르크에서 교수 자격을 취득해야 했다. 그는 1960년대 중반에 프랑크푸르트로 돌아와서 호르크하이머의 후임으로 철학과와 사회학과 교수가 되었다. 하버마스는 비판 이론을 비판적으로 계승했다. 『계몽의 변증법』의 핵심 주제인 도구적 합리성 비판은 하버마스 철학의 근간이 되었다. 그러나 하버마스는 『계몽의 변증법』의 저자들이 사회문제의 해결을 위한 어떠한 '현실적' 해결책도 내놓지 않았다는 사실을 비판했다. 하버마스는 자신의 『의사소통행위이론』(1981)을 아도르노와 호르크하이머의 한계를 극복하는 작업으로 생각했다. 하버마스가 1980년 아도르노 상(Adorno-Preis) 수상식에서 연설한 「모던: 미완의 기획」에는 신화로 퇴행했던 계몽의 기획을 다시 추진하고자 하는 그의 의지가 잘 드러난다.

알브레히트 벨머(Albrecht Wellmer)는 1960년대 후반에 하버마스의 조교로 근무했다. 벨머는 『모던과 포스트모던의 변증법: 아도르노의 이성 비판』(*Zur Dialektik von Moderne und Postmoderne*, 1985)에서 아도르노의 동일성 사유 비판이 포스트모던 철학자인 장-프랑수아 리오타르(Jean-François Lyotard)의 재현 비판과 상통한다는 점에 주목했다. 프랑크푸르트학파 3세대를 대표하는 악셀 호네트(Axel Honneth)

는『권력 비판: 비판적 사회 이론의 반성 단계들』(*Kritik der Macht : Reflexionsstufen einer kritischen Gesellschaftstheorie*, 1985)에서 아도르노와 호르크하이머의『계몽의 변증법』에 나오는 자연 지배 이론을 미셸 푸코(Michel Foucault)의 권력 이론과 관련지었다. 이 책에서 호네트는 아도르노가 총체적 자연 지배 모델로 사회현상 전반을 분석해서 사회적 행위의 특성을 보지 못하고, 해방과 화해의 가능성을 오로지 예술과 미적 경험에서만 찾았다고 비판했다.

독일의 문예 이론가 페터 뷔르거(Peter Bürger)는『아방가르드 이론』(1974)에서 아도르노 미학의 핵심 명제인 예술의 자율성 명제를 쟁점화했다. 뷔르거는 아도르노와 달리, 자율적 예술과 아방가르드 예술을 서로 구분했다. 뷔르거가 보기에 자율적 예술가들은 예술을 사회의 다른 영역과 분리했지만, 아방가르드 예술가들은 반대로 예술과 일상의 경계를 없애려고 했다. 벨머의 제자인 크리스토프 멩케(Christoph Menke)는『예술의 주권성: 아도르노와 데리다의 미적 경험』(*Die Souveränität der Kunst: Ästhetische Erfahrung nach Adorno u. Derrida*, 1988)에서 아도르노의 미학을 자크 데리다(Jacques Derrida)의 해체주의 미학과 비교했다. 이 책에서 멩케는 예술이 절대적인 것을 현시하기 때문에 다른 분야를 능가한다고 보는 주권성 명제와 예술이 다른 분야와 구별되는 독자적 영역이라고 보는 자율성 명제를 예술의 이율배반으로 규정하고, 그 두 명제의 변증법적 관계를 탐구했다.

미국의 철학자 주디스 버틀러(Judith Butler)는 2002년 프랑크푸르트 사회 연구소에서『윤리적 폭력 비판』을 주제로 강연했다. 여기서 버틀러는 아도르노의 1963년 강의인『도덕철학의 문제』를 인용하면서 과거에 생겨난 에토스가 보편화와 추상화를 거쳐 현재에 폭력으로 작용할 수 있다는 점을 지적했다. 버틀러는 이렇게 보편적 사회 규범이 개인에게 폭력이 될 수 있다는 아도르노의 통찰을 계승한다.

참고문헌

1차 문헌

Adorno, Theodor W., *Minima Moralia: Reflexionen aus dem beschädigten Leben*, ed. Rolf Tiedemann, *Gesammelte Schriften*(=GS), vol. 4, Frankfurt am Main: Suhrkamp, 2003. [『미니마 모랄리아』, 김유동 옮김, 길, 2005.]

_____ , *Negative Dialektik*(=ND), GS, vol. 6, Frankfurt am Main: Suhrkamp, 2003. [『부정변증법』, 홍승용 옮김, 한길사, 1999.]

_____ , *Ästhetische Theorie*(=ÄT), GS, vol. 7, Frankfurt am Main: Suhrkamp, 2003. [『미학 이론』, 홍승용 옮김, 문학과지성사, 1997.]

Adorno, Theodor W. and Horkheimer, Max, *Dialektik der Aufklärung: Philosophische Fragmente*(=DA), GS, vol. 3, Frankfurt am Main: Suhrkamp, 2003. [『계몽의 변증법』, 김유동 옮김, 문학과지성사, 2001.]

2차 문헌

슈베펜호이저, 게르하르트, 『아도르노, 사유의 모티브들』, 한상원 옮김, 에디투스, 2020.

이하준, 『부정과 유토피아: 아도르노의 사회인식론』, 세창출판사, 2019.

Hindrichs, Gunnar, *Zur kritischen Theorie*, Berlin: Suhrkamp, 2020.

Müller-Doohm, Stefan, *Adorno: Eine Biographie*, Frankfurt am Main: Suhrkamp, 2003.

Wiggershaus, Rolf, *Theodor W. Adorno*. München: C. H. Beck, 1987.

한나 아렌트,
전체주의와 대결하는 철학자 ── 이하준

1. 아렌트의 시대 경험과 정치철학적 사유

한 사람이 있었다. 사적 정보는 다음과 같다. 국적: 독일인, 인종 분류: 유대인, 출신 계급: 중산층, 문화적 정체성: 독일 지성사적 전통 소유, 성별: 여성, 주요 경험: 나치 시대를 온몸과 마음 그리고 머리로 경험한 사람, 그 자신도 구금, 탈출에 성공하지 못했다면 나치의 희생양이 되어 생을 마감했을 수도 있었던 사람, 1950년 미국 국적을 취득하기 전까지 무려 13년이란 오랜 시간을 무국적자의 삶을 산 사람, 전범인 아이히만 문제를 보는 시각차로 인해 동료 유대인들로부터 비판을 받았던 사람. 이 사람이 누구인가? 바로 한나 아렌트(Hannah Arendt)이다. 그가 철학자로서 평생 탐구한 주제는 '어떻게 인간이 인간으로서 살아갈 수 있는가'였다. 그는 '반인륜 범죄인 나치 전체주의의 기원과 미래의 새로운 형식의 전체주의를 어떻게 막을 것인가'에 대한 질문에 그 답이 있다고 믿었다.

아렌트는 1906년 독일 하노버시 인근의 린덴(Linden)에서 태어났으나 러시아계 유대인들이 많이 거주하던 쾨니히스베르크에서 성장했다. 그곳에는 많은 시온주의자들이 있었다. 아렌트의 아버지 바울 아렌트(Paul Arendt)와 어머니 마르타 아렌트(Martha Arendt)는 시온주의와 거리를 둔 사회주의자였다. 아렌트는 집안에서 유대인이라는 단어를 결코 들어 본 적이 없으며 자신이 유대인임을 의식하지 못했다고 말했다. 일곱 살이 되었을 때 그의 아버지 바울 아렌트는 결혼 전 발병한 매독의 후유증으로 고생하다 생을 마감한다. 아렌트에게 시와 동화를 들려 주고 일요일마다 산책하며 시간을 함께한 할아버지가 하늘로 떠난 뒤 맞은 아버지의 죽음이었다. 아렌트가 열세 살이 되었을 때 그의 어머니는 재혼을 하게 되었다. 그는 두 명의 이복 언니들 틈에서 함께 자랐다. 1924년 마르부르크 대학에서 공부를 시작한 아렌트는 향후 50년간 자신의 삶과 철학에 결정적인 영향을 준 마르틴 하이데거(Martin Heidegger)와 사랑에 빠진다. 아렌트는 공산주의자이자 하이데거의 제자였던 귄터 슈테른(Guenter Stern)과 첫 결혼을 한다. 그 후 아렌트는 독일을 탈출해 파리에 잠시 체류하는 동안 알게 된 하인리히 블뤼허(Heinrich Blücher)와 재혼했다. 흥미로운 점은 아렌트가 두 유대인 남편과 결혼했으나, 나치즘이 등장한 이후 하이데거의 친나치 행적을 알면서도 하이데거 철학에 매료되었다는 점이다. 아렌트와 하이데거의 관계는 복잡 미묘하다. '기다리고 기다리는 비대칭적 애착 관계', 정신적이며 철학적 우상인 하이데거의 친나치 행적에 대한 아렌트의 애매와 옹호의 태도, 미국에 하이데거 철학을 알리려는 아렌트의 노력 등은 흥미로운 애정사가 아니라 남녀·사상·인종·역사·정치의 상호 얽힘 관계에 대한 많은 생각의 단서를 제공한다.

아렌트의 사유를 구성하는 사회문화 경험적 토대는 독일적 정신의 소유, 강요된 유대인 경험, 나치의 반인륜적 폭력의 직접적 경험이다. 아렌트 자신은 유대인 의식을 갖지 않았었고 시온주의자도 아니었다. 첫째 남편이었던 귄터 슈테른과 결혼 후 아렌트는 시온주의자들과 직간접적으로 교류했다. 1933년 나치의 반유대주의 조치가 현실화하자 아렌트는 시온주의 운동가의 의뢰로 반유대주의 관련 자료를 수집했고 자신의 집을 반(反)나치 운동가들의 도피처로 제공했다. 아렌트가 나치라는 거대한 시대의 불행을 뚫고 시대의 철학자가 될 수 있었던 것은 그의 생에 몇 번의 행운이 있었기 때문이다. 베를린 나치 당국에 체포되었으나 8일 후 풀려난 사건, 베를린에서 탈출한 후 파리에 체류할 때 시온주의 저널에서 일했던 것, 1939년 프랑스에 내려진 독일인 감금 프로그램으로 인해 프랑스 남부 귀르(Gurs) 소재의 수용소에 감금되었다가 풀려난 사건, 리스본을 거친 미국 입국 성공, 지인 그룹의 도움에 따른 미국에서의 비교적 성공적인 정착과 활동은 발터 벤야민(Walter Benjamin)과 비교된다. 독일을 탈출해 파리에서 체류하며 아렌트와 교류했던 벤야민이 미국에 입국조차 하지 못하고 자살로 생을 마감한 것을 생각하면, 아렌트는 필요한 때마다 수호천사의 도움을 받았는지도 모른다.

아렌트는 자신의 시대 경험을 단순히 개인의 아픔의 차원에서 소화하지 않고 그것을 철학적·실천적 차원에서 조명하고 대결하였다. 그 결과 그는 반(反)전체주의 철학자이자 인간을 인간으로 살아가게 하는 좋은 사회를 위한 정치철학적 사유를 주조해 냈다. 그의 주요 저작인 『전체주의의 기원』(1951), 『인간의 조건』(1958), 『예루살렘의 아이히만』(1963)은 인간-정치-좋은 사회의 관계 지형도와 내용을 밀도 있게 보여 준다. 우리가 아렌트의 손을 잡고 그의 철학의 정원을 들여다 보면, 시대의 특수성을 어떤 철학보다 잘 드러내 보이면서도 '인간됨'의 가능조건에 대한 보편 가치를 보여 주려 애쓰고 있음을 발견하게 될 것이다.

2. 철학함의 주제로서 전체주의: 왜, 무슨 일이?

아렌트는 비판적 지식인이라면 시대의 문제를 풀기 위해 지속적으로 검토하고, 더 나은 인간성과 인간 삶의 가능조건을 탐색해야 한다고 믿었다. 여기에 덧붙여 아렌트는 단지 유대인이라는 이유로 테러와 박해를 당한다면, 유대인은 자신을 스스로 방어해야만 한다고 생각했다. 이것이 『전체주의의 기원』의 저작 목적이다. 이 책은 새로운 정치철학자의 탄생을 세상에 알렸다. 이 책은 그가 전 생애에서 수행했던 철학함의 궁극적인 목적과 전체적 방향성을 잡아 주는 역할을 했다. 히틀러(Adolf Hitler)가 정권을 잡은 1933년부터 1945년까지 홀로코스트 희생자는 대략 1100만 명이다. 이 중 유대인이 600만 명에 이른다. 나치가 국가자원을 동원해 조직적으로 운영한 8개의 수용소에서 유럽에 거주하던 900만 유대인의 삼 분의 이가 희생되었다. 히틀러는 1933년 4월 1일 유대인 기업 불매운동과 함께 언론·의료·법률 직업을 가진 유대인의 자격 박탈과 농장 소유 금지 등을 추진했고 1935년에는 뉘른베르크 법을 제정해 유대인의 시민권을 박탈했다. 홀로코스트의 본격적인 시작을 알리는 총성은 최종해결책(Final Solution)이라고 명명된 1939년 1월의 공개 연설이다. 유대인을 인종으로 인정하되 결코 인간이라고 생각하지 않았던 히틀러는 '유럽에서 유대인들은 몰살'해야 한다고 선언했다. 1942년에 본격화된 절멸 수용소는 나치의 패망에 이르러서야 막을 내린다.

아렌트가 말하는 전체주의는 좁은 의미에서 나치즘을 가리키며 넓은 의미에서 시민의 자유를 전면적으로 폐지하고 다른 생각과 행

그림 1 나치즘에 충성을 맹세하기 위해 1935년 11월 8일 뮌헨의 용장기념관 앞에 집결한 신병들의 모습을 담은 사진이다. 나치즘을 상징하는 철십자 깃발을 향해 서 있는 수천의 철모 모습은 전체주의의 획일적 사고틀과 익명화된 맹목적 폭력성을 잘 보여 주는 역사적 기록물이라 할 만하다. (출처: https://crimereads.com/the-power-of-totalitarian-noir)

위 가능성을 제거하는 모든 정치체제 일반을 말한다. 이러한 이유로 그는 전체주의를 조직적인 악, 절대악이 지배하는 '괴물' 정치체제로 규정했다. 전체주의는 사적 영역조차 없이 체제에 의해 완전히 복속되는 새로운 인간 유형의 '대중'을 만드는 것을 목표로 하는 정치체제이다. 여기서 대중은 자극에 단순 반응하는 '생각 없는 반응기계'를 의미한다. 전체주의는 시민을 '파블로프의 개'처럼 무용지물과 같은 존재로 만들어 버리는 시도를 한다.

그렇다면 인간의 자유를 어떻게 완전히 빼앗고 파블로프의 개처럼 만들 수 있을까? 이데올로기적 세뇌와 테러가 그 방법이다. 이데올로기는 정치·사회 및 경제적 사건, 상황, 사태, 사회의 모순을 은폐·왜곡·호도하는 기능을 한다. 달콤하고 그럴듯한 언술, 상징조작과 같은 은밀하고 부드러운 방식으로 눈과 귀를 가린다. 동시에 잔혹하고 가차 없는 테러를 동원해 공포심을 야기하고 굴종의 생존전략을 선택하게 만든다. 기존의 폭압 정치가 정적 등 개인이나 소수 그룹에 한정되어 있었다면, 전체주의에서 테러는 전면적이고 무차별적이라는 차이가 있다. 우리가 주목해야 하는 것은 전체주의의 원인에 대한 그의 독특한 설명 방식이다. 아렌트는 흔히 생각할 수 있는 대(大)실업으로 인한 총체적 경제 위기, 극심한 정치적 혼란의 정도와 같은 실증 분석에 별다른 가치를 두지 않는다. 그는 '나는 사상가이다'라는 면모를 보여 주려는 듯이 인간학적·사회심리학적·철학적 설명 도식을 결합시키면서 전체주의의 발흥 원인을 제시한다. 놀랍게도 아렌트는 '대중의 필요에 의해 전체주의가 발흥했다'고 주장한다. 과연 대중의 필요 때문일까? 아렌트는 어떠한 인간적인 방식으로도 정치적, 사회적, 경제적 고통을 극복하거나 완화시킬 수 없다고 사람들이 믿게 될 때 전체주의에 대한 강한 유혹에 빠지게 된다고 본다. 대중이 뿔뿔이 흩어져 있고 심리적 공황과 무기력 그리고 절망감에 빠진 경우에 대중은 증오의 감정을 갖게 될 수 있다. 이러한 상태의 대중은 자신의 절망과 증오의 감정을 대신 폭발시키고 해결해 줄 '지도자'가 나타나기를 고대한다. 그와 같은 심리 상태의 대중들에게 새로운 지도자는 곧 자기 '삶의 구원자'로 인식된다. 이러한 대중이야말로 전체주의 체제가 원하고 필요로 하는 대중이다. 왜냐하면 그들은 "사실과 허구(경험의 현실)의 차이와 참과 거짓(사유의 기준)의 차이를 더 이상 보지 못하는 사람들"[1]이기 때문이다. 이러한 대중에게 나치는 유

---

1 한나 아렌트, 『전체주의의 기원 2』, 이진우·박미애 옮김, 한길사, 2019, 276쪽.

대인이 세계를 지배하고 있다는 '유대인 세계 음모론'을 확산시켰다. 이에 대응하기 위해서는 절대적 평등주의에 입각한 민족 공동체로 하나가 되어야 한다는 선동·선전을 한다. 이러한 선동과 선전에 세뇌되고 눈이 먼 대중은 구원자로서 총통의 무오류성, 즉 '지도자는 항상 옳았고, 옳을 것이다'라는 맹목적 믿음을 갖게 된다. 총통에 대한 믿음과 복종은 대중에게 제일의 가치이자 의무로 인식된다.

아렌트는 반유대주의가 히틀러 치하에서 갑자기 등장한 것이 아님을 주장하면서 나치즘 이전의 반유대주의와 나치 전체주의 체제 하에서의 반유대주의를 검토한다. 반유대주의의 발생 조건과 관련해 아렌트가 보여 주는 새로운 시각은 크게 두 가지다. 첫째, 중부와 서부유럽의 유대인 역사에서 확인할 수 있듯 당대 사람들은 유대교와 기독교 사이의 차이를 종교적 차이로 인식하지 않고, 인종적 차이의 문제로 간주했다는 것이다. 이 시각이 유대인에 대한 인종차별과 인종 혐오의 동인으로 작용했다. 둘째, 반유대주의의 득세와 조직적 폭력의 원인으로 제시되는 소위 '정치 집단화' 논제이다. 아렌트는 반유대주의가 득세하고 현실화하는 데 큰 어려움이 없었던 이유를 정치적 집단화의 실패에서 찾는다. 대중들이 각기 흩어져 개별적으로 존재할 뿐만 아니라, 정치적 목소리를 낼 수 있는 조직화·집단화에 실패한 것이 반유대주의의 창궐과 확산을 막지 못하는 결과를 낳았다는 것이다.

아우슈비츠와 같이 절멸을 목적으로 하는 집단학살수용소는 인간을 무젤만(muselman) 즉, 걸어 다니는 산송장으로 만드는 참혹한 임상 실험실이다. 절멸수용소는 '총체적 지배'의 현장이다. 인간이 상상할 수 없는 참상이 일상화된 절멸수용소로 끌려가고 죽어 간 지인들의 소식을 나치가 패망한 이후에 확인하면서 아렌트는 과연 어떤 생각을 했을까? 지인들의 사망 소식에 대한 말로 할 수 없는 비감과 나치 패망 후 드러난 절멸수용소의 실체를, 아렌트는 과연 어떠한 철학적 문제의식을 갖고 바라보았을까? 집단적 광기에 의해 인간이 상상한 지옥의 환상을 조직적이고 체계적으로 수행하는 나치 전체주의의 단초가 어디서 온 것인지, 그것을 애초에 발생하지 않게 하는 그무엇은 없었는지. 아렌트는 철학자로서 '그것'에 대해서 생각했다. 역사의 증인으로서, 철학자로서 묻게 된 질문은 결국 '왜 상상조차 할수 없는 그런 일이 발생했고, 어떻게 하면 다시는 그와 같은 일이 일어나지 않을 수 있는가'이다. 아렌트는 분노와 무기력에서 벗어나 나치 전체주의를 이해할 수 있는 시간이 되었음을 인지하고, 1949년이 되어 물었던 것이다. "무슨 일이 일어났는가? 왜 일어났는가? 어떻게 그런 일이 일어났는가?"[2]

3. 전체주의를 넘어서는 인간의 조건에 대한 탐구

아렌트가 인간성의 총체적 말살을 실행했다고 규정한 나치즘식 전체주의를 탐구하는 목적은 크게 두 가지이다. 첫째는 그것의 객관적 원

---

2 한나 아렌트, 『전체주의의 기원 1』, 이진우·박미애 옮김, 한길사, 2006, 58쪽.

인과 사회심리적 원인 분석이다. 둘째는 나치즘식 전체주의만이 아니라 새로운 전체주의의 완전한 재발 방지이다. '전체주의는 완전히 사라지지 않으며 언제든 다양한 모습으로 다시 등장할 수 있다'는 아렌트의 생각은 나치 패망 이후 구소련이나 동유럽, 중국의 전체주의화에서 실제로 확인되었다.

전체주의의 유혹을 단호히 거부하거나, 재발을 막을 뿐만 아니라 애초에 그와 같은 씨앗이 싹트지 않게 하는 방법은 정말 없을까? 아렌트는 그 단서와 가능성을 '공적 영역'의 복원과 '정치의 활성화'에서 찾는다. 오해를 사지 않기 위해 재차 확인해야 하는 것은 아렌트가 말하는 정치가 힘, 세력, 권모술수가 난무하는 현실정치(Realpolitik)의 활성화, 마키아벨리식의 정치 행위를 의미하지 않는다는 것이다. 아렌트가 정치를 말할 때 항상 염두에 두는 것은 정치 기회의 평등, 참여 민주주의, 직접민주주의, 토의(숙의) 민주주의 원리가 작동하는 이상적인 정치 모델로서 아테네 모델이다. 아렌트는 아테네 모델이 보여 주듯 공적 영역을 확보하고 정치를 활성화하는 것이 '인간의 조건'을 확보하는 것이며, 그럴 때에만 인간이 비로소 인간이 될 수 있다고 믿었다.

아렌트의 이러한 생각은 그가 인간과 동물의 결정적 차이를 '사회적인 것'에서가 아니라 정치적 삶의 유무에서 찾는 데서도 확인된다. 그는 정치적 동물(zoon politikon)을 사회적 동물(animal socialis)로 번역한 세네카(Lucius Annaeus Seneca)를 언급하며 '정치적'의 의미를 확실히 한다. 그는 공동생활에서의 모든 활동을 정치적인 것으로 보지 않는다. 정치는 "힘과 폭력이 아닌 말과 설득을 통하여 모든 것을 결정한다는 것"[3]이다. 아렌트는 말과 행위를 인간이 세계에 참여하는 최적의 방법이자 수단이라고 생각했다. 왜냐하면 말과 행위는 사회적 상호작용의 기본 요소로서 자신의 성격, 인격, 정체성을 가장 구체적이며 객관적으로 드러내는 수단이기 때문이다. 아렌트에게 말과 행위의 자유로운 표출이 관철되는 공적 영역의 유무, 그리고 그 활성화 정도는 인간을 인간이게 하는 정치의 가능성, 곧 전체주의 위험에 노출되느냐 마느냐의 문제이다.

아렌트는 인간-인간화-정치-나치 전체주의와의 상호관계를 생각하면서 '인간의 조건'에 대한 좀 더 근원적인 성찰의 필요성을 인식하고 탐구했다. 그는 인간의 삶을 정신적 삶과 이에 대비되는 활동적 삶(vita activa)으로 나눴다. 활동적 삶을 구성하는 범주가 노동, 작업, 행위이다. 노동(labor)은 생물학적 필요성과 관련된 활동이다. 작업(work)은 도구, 기계, 문명과 같이 인간의 목적에 따라 세계를 구성하는 모든 활동으로 지칭한다. 아렌트에게 인간의 조건 중 제일 중요한 것은 바로 행위(action)이다. 쉽게 생각할 수 있듯이 행위는 노동이나 작업과 달리 인간과 인간 사이에 발생하는 활동 전체를 통칭한다. 행위를 정치적 삶의 '필요조건'이자 '가능조건'으로 매우 중요하게 생각한다는 점이다. 행위는 '인간 사이'에 일어나기 때문에 인간 존재의 복수성과 다원성을 전제로 한다. 복수성은 말 그대로 수많은 인간 존재를 의미한다. 다원성은 그들이 가지고 있는 고유한 인격성과 개성

---

3 한나 아렌트, 『인간의 조건』, 이진우·태정호 옮김, 한길사, 2007, 78쪽.

을 가리킨다. 세 가지 조건에서 행위가 중요한 또 다른 이유는 행위가 인간의 '탄생'과 관련이 있기 때문이다. 아렌트가 '탄생'이라는 개념을 말할 때는 '어느 시대에 누구 집의 아들과 딸로 태어난 것', 곧 생물학적 출생을 말하는 것이 아니다. 한 사람이 행위를 한다는 것이 곧한 사람의 진정한 탄생을 의미한다. 행위 없이 탄생이 없다는 주장인 것이다. 아렌트가 말하는 '행위'는 침대에 누워 혼자 음악을 들으며 즐거워하는 것과 같은 사적 영역(공간)에서의 행위가 아니라 공적 영역에서의 행위이다. 공적 영역에서 행위는 '정치적 성격'을 갖는다. 여기서 정치적 성격의 행위는 단순히 시위, 스트라이크 등 다양한 방식의 평화적 또는 폭력적 시민 불복 운동만을 의미하는 것이 아니다. '사적인 것이 아닌 모든 행위'가 공적 행위이며 그 점에서 '정치적 성격'을 내포한다는 것이다. 정치는 오직 공적 영역에서만 가능하다. 정치 행위의 가능 공간인 공적 영역의 존재 유무, 활성화 유무는 전체주의의 씨앗이 싹트는 조건을 결정한다.

아렌트가 강조한 '인간의 조건'의 실현 공간인 공적 영역의 축소가 가져온 결과는 무엇일까? 그 결과의 마지막 단계로 공적 영역은 독재자, 소수 엘리트 집단의 차지가 되었고 정치 기술자, 정치 낭인들의 싸움터이자 놀이터로 전락했다. 그렇다면 공적 영역을 축소시켰던 결정적인 원인은 어디에 있을까? 아렌트는 근대에 시작된 '사회적인 것'의 전면화와 그로 인한 '사적 영역의 확대'에서 그 답을 찾는다. 그에게 '사회적인 것'이란 자본주의적 경제활동 전반을 의미한다. 근대적 자본주의가 발전함에 따라 공적 영역은 소수 권력자의 수중으로 넘어가고, 시민 대부분은 '재산의 소유와 소유권 인정과 관리'에 몰두하게 되었다. 재산권, 사적 이해의 충돌과 관리가 사회의 중심 문제로 부상하면서 사회의 공적 의제들은 관심 밖의 사안이 되었다. 아렌트는 이와 더불어 나타나는 현상에 주목했다. 그것은 '고양이, 탁자, 꽃병과 같은 매우 사소한 것에 몰입'하고 사적 행복의 기술에 취한 대중의 모습이다. 아렌트는 이러한 문화적 행태가 공적 영역의 축소를 더욱 가속화했다고 믿었다.

문제는 정치의 실종과 사회적인 것의 지배 상황에서 탈출구가 없어 보이는 사회 위기가 닥쳤을 때, 사람들은 유일한 위기 탈출구로 전체주의의 유혹에 쉽게 빠진다는 점이다. 이 상황에서 공포의 기술과 결합된 전체주의의 이데올로기적 작업이 효과를 발휘하게 된다면, 개인들은 더 이상 사회와 체제의 정당성을 묻지 않고 체제와 지도자에 대한 충성과 복종의 미덕을 내면화한다. 그러한 인물의 전형이 오토 아돌프 아이히만(Otto Adolf Eichmann)이다. 아렌트에게 아이히만은 단지 '그' 전범만을 의미하지 않는다. 전대미문의 잔혹한 전체주의를 불러내고 자신도 모르게 협력한 사람들, 그것에 대해 침묵했던 사람들, 협력자들 모두가 아이히만이다. 이러한 점에서 아이히만을 탐구하는 것은 단순히 전범에 대한 재판 기록을 의미하는 것이 아니라 '악의 평범성'에 대한 탐구이자 보고인 것이다. 이제 아렌트가 밝혀낸 아이히만의 모습을 살펴보자. 아이히만에 대한 탐구의 궁극적 목적은 '아이히만 안 되기' 프로젝트이자 나치 패망 이후에도 다양한 형태로 존재하고 존재할 수 있는 전체주의를 막아 내기 위함이다.

4. 아이히만 탐구 1: 성실한, 착한, 동네 어디서나 볼 수 있는 사람

나치 전체주의가 안착하고 작동하기까지는 아이히만 같은 수많은 성실한 협력자들이 있었다. 그는 열차를 이용해 유대인을 절멸수용소로 수송시키는 친위대 소속의 총괄 실무 책임자였다. 아이히만은 나치 패망과 함께 미국 포로수용소에 수감되었으나 도주에 성공해 아르헨티나 부에노스아이레스에서 리카르도 클레멘트(Ricardo Klement)라는 가명으로 15년의 긴 도피 생활을 했다. 그 와중에도 그는 현지의 나치 추종자 모임에 관여했다. 그러던 중 이스라엘 정보기관인 모사드(mossad)에 납치되어 예루살렘에서 전범(戰犯)재판을 받았

그림 2 1961년 4월 11일부터 시작된 아이히만 재판의 한 장면. 「예루살렘의 아이히만」은 이 재판의 이론적 보고서이면서 철학적 개념화라 할 수 있다. (출처: https://israeled.org/adolf-eichmann-trial-begins-jerusalem)

다. 그는 수많은 전범 중에서 유일하게 이스라엘 법정에서 재판을 받은 인물이며, 재판 결과 1962년 5월 31일 교수형에 처해졌다. 눈에 띄는 것은 아이히만의 친척 중에 유대인과 결혼한 사람도 있었다는 것이다. 또 그의 장남인 클라우스 아이히만(Klaus Eichmann)도 실비아 헤르만(Sylvia Hermann)이라는 유대인 여성과 사귀었다. 일설에 의하면 클라우스가 헤르만에게 아이히만이 한 일을 말한 것이 그를 체포할 수 있는 단서가 됐다고 한다.

아이히만 재판은 총 121회에 걸쳐 진행되었으며 62차례에 걸쳐 100명이 증언을 했다. 세기의 재판이었던 만큼 전체 재판은 녹화중계되었다. 그가 교수형을 받게 된 것은 여러 차례의 심문 과정에서 자신이 500만 명의 유대인을 이송시켜 죽이게 만들었다고 인정했기 때문이다. 이 자백 내용이 15개 항목의 기소 내용 중 첫 번째에 올랐다.[4] 아이히만은 죽는 순간까지도 자신은 배달부, 하수인에 불과하며, 전쟁규칙과 상급자의 명령에 성실히 따랐을 뿐이라고 주장했다. 크리스 웨이츠(Chris Weitz) 감독의 영화 「오퍼레이션 피날레」는 아이히만을 생포하는 과정을 다루고 있다. 그의 재판을 다룬 영화로는 「아이히만

---

4 아이히만에 대한 15개 기소 항목은 다음과 같다. 1.수백만의 유대인 살상, 2. 그들을 살상으로 이끈 상황을 만든 일, 3. 유대인들에게 심각한 육체적·정신적 손상을 끼친 일, 4. 테레지엔슈타트에서 유대인 여성의 출산을 금지하고 임신을 방해한 행위, 5. 히틀러의 1941년의 명령 이전에 행한 유대인 살상, 6. 인종적·종교적·정치적 이유에 따른 유대인 처형, 7. 유대인의 살인과 연관된 그들의 재산 약탈 행위, 8. 이런 일들이 전쟁범죄로 수행된 점, 9. 수십만 명의 폴란드인 추방, 10. 슬로베니아인 1만4000여명의 유고슬라비아로부터의 추방, 11. 수천 명의 집시를 아우슈비츠로 이송한 일, 12. 하이드리히(Reinhard Heydrich) 암살 사건에 따른 리디체 주민 학살 이후 그들의 자녀 93명의 이송에 대한 책임, 13~15. 전후에 있었던 뉘른베르크 재판에서 범죄적 조직으로 분류된 집단에 아이히만이 소속되어 있었다는 사실.

쇼」가 있다. 영화 「한나 아렌트」는 아렌트의 생애사만이 아니라 아이히만 재판을 참관하고 아이히만에 대한 자신의 입장을 이론화하는 과정들도 생생하게 묘사되어 있다.

아이히만의 체포가 세계 전역에 큰 뉴스가 되었을 때 아렌트는 주간 저널 『뉴요커』(The New Yorker)의 기고가로 활동하고 있었다. 그는 아이히만 재판의 취재기자 역할을 자청했고 재판을 참관했다. 아렌트는 재판 참관 보고서를 5회에 걸쳐 저널에 연재했으며 그것을 수정·보완해 『예루살렘의 아이히만 ── 악의 평범성에 대한 보고서』란 이름으로 출간했다. 이 책은 유대인들 사이에서 끊임없는 논란의 대상이었다. 논란의 쟁점은 '아렌트가 아이히만을 면책하는 논리를 제공했고 홀로코스트 비극의 책임 일부를 유대인들에게 돌린 것은 아닌가?'였다. 게다가 시온주의 단체를 포함, 많은 유대인 조직에서 활발히 활동했던 아렌트가, 『전체주의의 기원』을 썼던 아렌트가 그와 같은 일을 한다는 것이야말로 나치 희생자들에게는 민족에 대한 배반으로 받아들여졌다. 아렌트는 배반자라는, 아이히만의 연기에 농락당했다는 비판을 받으면서도 '지극히 평범하고 어디서나 흔히 볼 수 있는 사람이 정상적인 사고로는 도저히 상상할 수조차 없는, 인류 역사의 모든 악을 합쳐도 찾아 낼 수 없는 끔찍한 일을 어떻게 벌일 수 있는가?'에 대해 대답을 찾았다고 믿었다.

아렌트는 자신의 눈에 비친 아이히만을 다음과 같이 묘사했다. 그는 "이아고도 멕베스도 아니었고, 또한 리처드 3세처럼 악인임을 입증하기로 결심하는 것은 그의 마음과는 전혀 동떨어져 있는 일이었다. 자신의 개인적인 발전을 도모하는데 각별히 근면한 것을 제외하고는 그는 어떠한 동기도 갖고 있지 않았다".[5] 또 아렌트는 아이히만을 동네 어디서나 볼 수 있는, 특별할 것 없는 아저씨 정도로 파악한다. 그에게 아이히만은 일상적이며 평범했고 특이한 악의적 동기도 찾아보기 어려운 인물이었다. 아이히만의 또 다른 특징은 남다른 직업적 양심과 책임감을 가졌다는 점이다. 유대인 관련 업무를 보면서도 유대인 연구를 전혀 하지 않는 동료들과 달리 아이히만은 '직업적 책임감'에 충실한 사람이다. 자신의 아버지가 죽어야 할 이유가 있고 죽이라는 명령을 국가로부터 받게 된다면 그 명령을 실행할 것이라는 아이히만의 말을 듣고 아렌트는 생각했다. 그야말로 자신의 의무와 책임, 국가에 대한 충성심을 양심적으로 실천하는 것을 자신의 삶의 좌표로 삼는 사람이라고.

이와 함께 아렌트는 아이히만에 대한 정신과 의사의 심리검사 결과도 보고한다. 그에 따르면 6명의 정신과 의사들은 아이히만이 사이코패스, 소시오패스도 아닐 뿐만 아니라 지극히 정상이라고 판정했다. 그중 한 의사는 아이히만이 오히려 자신보다도 더 정상적인 심리상태를 가지고 있다고 탄식했다고 한다. 또 다른 의사는 아버지, 남편, 친구, 동료들에 대한 아이히만의 태도와 관계하는 방식이 정상을 넘어 모범적이기까지 하다고 판정했다. 아이히만이 항소를 제기한 이후 그를 정기적으로 방문한 성직자는 아이히만을 매우 긍정적인 성격의 소유자라고 평가했다. 아렌트, 그리고 의사와 성직자에 의해

---

5 한나 아렌트, 『예루살렘의 아이히만』, 김선욱 옮김, 한길사, 2015, 390쪽.

파악된 아이히만의 특성을 요약하면 성실한 사람, 의무에 충실한 사람, 좋은 동료, 좋은 아버지, 좋은 아빠이다. 그런데, 도대체 왜?

5. 아이히만 탐구 2: 생각하지 못하는 무능력과 악의 평범성

아렌트가 아이히만 재판을 관찰하고 보고하면서 가장 밝히고 싶었던 것은 과연 무엇인가? 그것은 '아무 거리낌 없이, 의문 없는 성실함을 갖고 그와 같은 끔찍한 일을 수행한 아이히만이 어떻게 만들어졌는가'의 문제이다. 동시에 그것은 아렌트 사유를 관통하는 과제인 '나치 전체주의하에서 반유대주의는 어떻게 출현하고 작동했는가'에 대한 답안이기도 하다. 결론부터 말하면 아렌트는 크고 작은 아이히만이 도처에 있었기 때문에 나치 전체주의, 전체주의적 반유대주의가 가능했다고 믿었다. 아렌트가 찾아낸 대답은 놀라움 그 자체이다. 그는 아이히만이 특별한 인간도 아니고 특별히 악하지도 않다고 보았다. 그는 아이히만이 우리가 아는 전범이 될 수 있었던 결정적인 근거를 '생각하지 못하는 무능력'에서 찾았고, 이로부터 '악의 평범성'(the Banality of Evil)이라는 독특한 개념을 도출해 냈다.[6]

---

6 '악의 평범성'으로 대변되는 아렌트의 아이히만 발생학은 유대인 사회에서 많은 논란이 제기되었다. 랍비였던 게르하르트 숄렘(Gerhard Scholem)의 아렌트 비판이 많은 유대인들로부터 공감을 받았다. 그의 논점은 아렌트가 만들어 낸 악의 평범성이란 자기 민족의 운명에 대한 통탄도 없고, 홀로코스트로 인해 죽어 간 사람들에 대한 감수성 없는 가벼움과 비정함이 서려 있는 개념일 뿐이라는 것이다. 한마디로 아렌트의 시각과 개념은 홀로코스트 범죄에

'생각하는 능력이 없는 상태'란 자신의 믿음과 신념체계, 그리고 자신의 행위와 그 행위로부터 예상되는 결과에 대한 자각이 결여된 상태를 말한다. 아렌트가 특히 주목한 것은 아이히만의 언어 습관과 사고 활동의 관계이다. 아이히만은 나치의 선전 문구, 행정과 관청 용어를 상투적으로 사용했다. 거기에 덧붙여 그는 자기 스스로 만든 상투어를 습관적으로 사용했다. 그의 언어는 그것이 전부였다. 아이히만은 확신에 찬 목소리로 '관청 용어만이 나의 언어이다'라고 주장했다. 특히 그는 상투어를 나열하며 자신의 행위에 대해 의기양양한 태도를 취했다. '나는 내 무덤에 웃으며 뛰어들 것이다', '지상의 모든 반유대주의자들에 대한 경고로 기쁘게 공개적으로 교수형을 당할 것이다'와 같은 것이 그것이다. 그는 상투어 속에 숨는 '익명적 언어'를 사용했다. 아이히만의 일관된 상투어 사용은 자기 확신을 위한 것이면서 상황 대처용 주문의 성격, 자신의 전범 행위에 대한 방어수단, 그리고 자기 위로의 성격이 들어 있다.[7]

눈여겨 봐야 하는 것은 아렌트가 아이히만의 경우를 '자기 언어의 빈곤'이 아닌 '완전한 결여'로 본다는 점이다. 그리고 이 완전한 결

대한 왜곡이자 변호라는 것이다. 마르틴 부버(Martin Buber)는 아이히만 재판 자체가 독일의 많은 젊은이들이 느끼는 죄책감을 약화시키는 데 기여하며, 아렌트의 논리는 아이히만을 위한 변호 논리로 기능한다고 비판했다.

7 아이히만의 또 다른 성격적 특성은 허풍이다. 운영 시스템의 설계자라든가, 마다가스카르로의 유대인 이민 정책을 개발했다든가 하는, 사실과 무관한 허풍을 떨었다는 점이다. 아렌트는 아이히만의 나치당 가입 과정을 통해 그의 즉흥성을 보고한다. 아이히만은 나치당의 정강정책이나 그들의 정경과 같았던 히틀러의 『나의 투쟁』도 읽은 바 없었고, 칼텐부르너(Ernst kaltenbrunner)의 나치당 가입 제안에 '그래 가입하지 뭐'로 답하며 선뜻 응했다. 이 시기에 아이히만은 프리메이슨에 가입할 생각을 하고 있던 차였다.

여와 잔혹한 전쟁범죄 행위에 대한 자각의 결여를 다음과 같이 연결시킨다는 점이다. 자기 언어의 완전한 결여란 자신 자신의 고유성이 가득 배어 있는 언어를 가지고 있지 않다는 것, 즉 자신만의 고유한 색과 무늬로 말할 수 있는 능력이 없다는 것을 뜻한다. 그렇다면 말하기의 무능력은 어디서 오고 그것이 의미하는 바는 무엇인가? 아렌트의 대답은 간명하다. 생각하는 능력이 없는 데서 말하기의 무능력이 나온다는 것이다. 생각하는 능력의 부족으로 생각이라는 활동을 하지 못하는 것은 그저 개인의 행불행이나 성취를 결정하는 요인 중의 하나로만 이해될 수 없다. 아렌트는 아이히만의 생각하지 못하는 무능력, 생각의 활동을 하지 않은 것이 전범 아이히만을 만들었다고 확신했다.

아이히만을 지배하는 '생각하지 않음'은 다른 사람의 처지에 대해 생각하지 못하는 무능력을 뜻한다. 아렌트에게 아이히만은 자신의 엄청난 전쟁범죄와 절멸수용소로 향하는 유대인들의 고통에 대해 한 번도 생각하지 않고 의문을 제기하지 않는 모든 자들을 부르는 이름이다. 다르게 생각하면, 만약 아이히만이 자신의 말과 행동에 대해, 유대인에 가하는 법적·신체적·심리적 폭력에 대해, 그들의 처지와 운명에 대해 한 번이라도 깊게 '생각했다면' 아이히만은 결코 우리가 아는 전범 아이히만이 되지 않았을 것이다. 도대체 생각한다는 것이 무엇이고 그것이 우리에게 어떤 작용을 하기에, 우리는 아이히만과 같은 '살인 기계'가 되지 않을 수 있을까? 사실 아이히만은 자기방어 논리를 잘 구성할 수 있을 정도로 똑똑했다. 심지어 아렌트를 비판하는 사람들이 말하는 바와 같이 아렌트를 충분히 속이고 비웃을 정도의 인물이었다. 이것은 아이히만의 생각할 수 있는 능력이 누구보다도 충분했음을 보여 준다. 그런데 그의 생각은 '어떻게 하면 더 많은 유대인을 효과적으로 수송할 수 있는가?', '어떤 방식으로 유대인 대표들을 나치에 도움이 되게 활용할까?'와 같이 기술 이성을 사용한 사고였다. 기술 이성은 무반성적 사고를 작동시키는 이성, 즉 목적 없이 효용만을 극대화하는 논리를 지향하는 이성을 말한다.

이미 짐작하고 있겠지만, 아렌트가 아이히만의 '생각하지 못하는 무능력'을 비판할 때 '생각'의 의미는 일반적이고 단순한 의미가 아니다. 아렌트에게 생각한다는 것은 '생활세계의 모든 것, 말하기와 생각, 행동에 대해 스스로 자각하고 비판적으로 검토하는 사고 활동' 일체를 가리킨다. 생각한다는 것은 자신의 생각과 행동의 가치와 의미, 타자와 사회에 미치는 영향 관계, 행위 정당성 등을 스스로 따져 보고 그것에 대해 자기 비판적 태도를 견지하는 정신활동을 말하는 셈이다. 이 문맥에서 아렌트가 말하는 '생각한다는 것'은 철학자들이 말하는 전통적인 의미의 '비판적 사고'와 같은 의미이다.

친절한 아렌트는 생각한다는 것의 의미를 좀 더 쉽게 전달하기 위해 예시를 든다. 지나가다가 길에서 어떤 사건을 본 경우나 자기가 포함된 어떤 사건이 발생한 경우, 자신에게 무슨 일이 일어났는지 다방면으로 깊게 생각해 보고 자기에게 이야기하듯이 털어 놓거나, 나중에 다른 사람들과 그것에 대해 이야기를 나누는 것을 머릿속에 그려 볼 수 있다. 아렌트는 이것이 바로 생각하는 것, 생각하는 활동이라고 말한다. 즉 생각한다는 것은 조각을 만지는 것이 아니라 전체를 보는 것, 작은 것이나 사건을 각론에 가두지 않고 그것의 관계를 총체적인 관점에서 이해하려는 정신활동을 의미한다. 또한 생각한다는 것의 의미는 '판단'과 '판단에 대한 판단'을 하는 행위이기도 하다. 이 점에서 보면 생각한다는 것은 판단하는 것이며 동시에 판단의 정당성을 묻는 활동이다. 또한 생각한다는 것은 자기와 자기 자신과의 대화, 자기와 타자와의 '내적 대화'의 성격을 내포하는 것이다.

악은 그렇게 대단하지 않은 데서, 오히려 뻔한 데서, 시시한 수준에서, 전혀 그렇게 전개될 것이라고 생각하기조차 할 수 없는 보잘 것 없는 경우에서 비롯될 수 있다. 결국 아렌트가 아이히만 재판을 보고 하면서 우리에게 알려 주고 싶었던 것은 생각하지 못하는 무능력으로부터 벗어나는 것의 사회정치적 의미와 그 중요성이다.

6. 아렌트의 사유와 지금의 우리

아렌트의 전체주의 논의를 들추어 보면서 "그건 이미 한참 과거의 것이잖아요?", "우리는 민주주의 국가에 살고 있고 다시 그와 같은 체제로 회귀하거나 퇴행할 일도 없잖아요?"라고 말하는 사람이 있다. 그러면서도 지금의 민주주의보다 '더 나은 민주주의'를 제도와 생활의 측면에서 어떻게 실현할 것인가를 고민해야 한다고 말한다. 이런 생각을 가진 사람은 반쪽의 아렌트만 보는 사람이다. 왜냐하면 전체주의의 잠재성에 대한 분석에 이미 더 나은 민주주의를 위한 실천적 전략이 내재해있기 때문이다.

아렌트가 심층적으로 연구하면서 평생의 철학적 주제로 삼은 전체주의는 자신이 몸과 정신으로 경험한 전체주의이면서 동시에 역사적 사건으로서의 전체주의, 그리고 언제든 다시 등장할 수 있는 미래의 전체주의이다. 그는 한국의 군사정권과 김일성, 김정일의 전체주의를 구체적으로 언급하지는 않았지만, 전후의 구소련과 중국 그리고 동유럽형의 전체주의적 정치체제에 대해 비판적이었다. 다양성과 복수성을 인정하지 않은 모든 정치체제는 전체주의적이다. 인종이나 종교 등 특정 가치와 기준을 모든 사회에 예외 없이 적용하고 운영의 원리로 삼는 체제가 전체주의인 것이다. 이런 전체주의 사회에서 사회 구성원들은 마치 한사람처럼 움직이게 된다. 또 그들은 대체 불가능하다고 믿는 권력에 순종하며 그 권력의 보호에서 안녕을 찾는다.

그렇다면 전체주의의 기원과 전개, 그것을 극복하기 위한 아렌트의 사유가 우리 사회와 우리에게 주는 메시지는 무엇인가? 아렌트와 함께 생각을 나누면서 우리가 고민해야 하는 지점이 바로 이것이다. 우리의 첫 질문은 "과연 우리 사회에는 전체주의 문화가 없는가? 있다면 공적 영역과 정치의 활성화를 과연 우리 상황과 현실에 맞게 어떻게 실천할 것인가?"가 되어야 한다. 그리고 눈으로 보이지 않지만 은밀히 작동하는 우리 사회의 전체주의적 원리에 대한 예민성을 키워 나가야 한다. 만약 우리 사회가 형식적 민주주의를 넘어서 참여 및 숙의 민주주의가 작동되는 사회라고 믿는다면, 그것의 잠재적 위험요소와 퇴행의 가능성을 막는 직간접적·장단기적 전략, 실천적인 과제와 프로그램의 지속적인 운영이 필요할 것이다.

우리의 두 번째 질문은 '한국 민주주의는 잘 작동하고 있는가'이다. 공적 영역에서 정치 활성화를 강조한 아렌트를 염두에 둔다면, 어느 사회보다 정치 담론이 과잉 생산되는 우리 사회에 정말 '정치'가 있는지 물어야 한다. 우리 사회가 아직 권위주의적 사회 분위기를 일소하지 못했고 자유와 개성을 실현할 수 있는 공적 영역과 대화를 통한 문제해결 문화를 여전히 마련하지 못했다면, 또 토의 민주주의 질서가 완전히 정착되지 못했다면, 팬덤 정치가 횡행하고 있다면, 우리 사회는 아직 성숙한 민주주의 사회가 아니며 아렌트적 의미에서 '정치가 빈곤한 사회'이다. 아렌트에게 진정한 의미의 정치란 시민 각자의 상호 주체성을 전제로 말과 행위를 통해 그 사회의 문제 해결에 참여하는 일련의 활동이다. 인간은 그러한 정치 행위를 통해 자신의 개성과 자아를 실현할 기회를 갖기도 한다. 위에서 언급한 우리사회에서 발견되는 정치 빈곤 현상은 공격적이고 파괴적인 논리와 현상을 수반해 왔다. 정치의 빈곤과 정치의 종말이 현실화된다면 '인간의 조건'을 붕괴시키는 데서 멈추지 않고 전체주의의 씨앗이 될 수도 있다는 것이 아렌트의 사유가 우리에게 주는 교훈이다. 우리 사회가 존속하는 한, 지속 가능한 존속을 위해서 우리는 위에서 언급한 두 질문을 중단 없이 던져야 한다.

참고문헌

1차 문헌

아렌트, 한나, 『인간의 조건』, 이진우·태정호 옮김, 한길사, 2007.

_____, 『예루살렘의 아이히만』, 김선욱 옮김, 한길사, 2006.

_____, 「정치에서의 거짓말」, 『공화국의 위기』, 김선욱 옮김, 한길사, 2011.

_____, 『전체주의의 기원 1』, 이진우·박미애 옮김, 한길사, 2006.

_____, 『전체주의의 기원 2』, 이진우·박미애 옮김, 한길사, 2019.

Arendt, Hannah, *The Human Condition*, Chicago and London: the university of Chicago Press, 1958.

_____, *The Origins of Totalitarianism*, Cleveland: meridian book, 1958.

_____, *Eichmann in Jerusalem, A Report on the banaliity of evil*, New York: Penguin Books, 1963.

2차 문헌

영-브루엘, 엘리자베스, 『한나 아렌트 전기』, 홍원표 옮김, 인간사랑, 2007.

이하준, 「아렌트의 시민개념과 대학의 민주시민교육」, 『동서철학연구』, 101권, 2021.

존 롤스,
정치철학으로 가는 길 — 박성진

1. 정치철학으로의 귀환

'20세기 영미 철학계 최고의 슈퍼스타가 누구냐?'라는 질문을 받는다면 대부분의 학자들은 주저 없이 롤스(Jonh Rawls)를 선택할 것이다. 그만큼 현대 영미 정치철학은 롤스에서부터 새로운 전기를 맞이하였으며, 롤스를 극복하거나 비판하면서 발전했다. 롤스가 분석철학과 논리학 위주로 전개되어 왔던 영미철학에 새로운 시각을 제시하며, 다양한 분야에 영감을 주었다는 것은 부정할 수 없는 사실이다. 롤스가 이처럼 현대 정치철학의 슈퍼스타로 군림할 수 있었던 이유는 그가 '자유'와 '평등'이라는, 서로 양립할 수 없을 것만 같았던 두 이념을 조화시켰다는 데에 있다. 롤스는 자유주의적 전통의 연장선에서 사회주의에 대한 대안적 이론으로서의 수정 자유주의를 자유주의적 평등주의(liberal egalitarianism)로 재해석하며, 자본주의 사회에서 평등의 지향이 가능하다는 발견을 해 낸 인물이다.[1] 그리고 그는 윤리나 도덕이 단순히 감정의 표현이나 개인적 주장에 불과하다는 정서주의(emotivism)가 만연한 영미 철학계에 합리적 의사 결정 과정, 즉 공정한 절차를 통한 새로운 정의관을 제시함으로써 분석철학에 밀려 숨죽이고 있던 도덕철학과 정치철학을 새롭게 부활시켰다.

1921년 미국 볼티모어에서 태어난 존 롤스는 1950년 프린스턴 대학교에서 철학박사 학위를 취득했다. 그리고 코넬 대학과 매사추

---

1 황경식, 「J. 롤즈의 자유주의적 평등주의」, 『哲學』 22집, 1984, 44쪽.

세츠 공과대학(MIT)을 거쳐 1962년부터 하버드 대학교 철학과에서 강의했다. 1958년 롤스는 「공정으로서의 정의」라는 논문을 발표한 이후 줄곧 '정의'의 문제에 천착해 왔다. 그리고 마침내 그는 1971년 『정의론』을 발표함으로써 일약 철학계의 스타로 급부상한다. 정의론은 당시 사회에 큰 반향을 일으켰으며, 이 책은 정치철학을 공부하는 사람이라면 누구나 읽어야 할 저서로 간주되고 있다. 정의론은 영어권 국가에서만 40만 권 이상 판매되었고 전세계 28개의 언어로 번역되었다. 롤스의 정의론은 "사회적 제도는 어떻게 정의로울 수 있으며, 인간의 삶을 가치 있게 만들 수 있는가?"라는 질문에 대한 답변으로 현대 자본주의 사회에 가장 의미 있는 응답 중 하나라 할 수 있다.[2] 2차 세계대전과 1960년대 베트남전쟁을 경험한 롤스는 한 사회와 국가가 어떻게 정의로울 수 있는가를 개인의 윤리적 차원이 아닌 제도적 차원에서 고민하였으며, 이러한 제도가 인간에게 어떤 도움을 줄 수 있는지 고민했다. 롤스는 정치철학을 다시 철학의 한가운데로 위치시킴으로써 현대인들이 '정의'에 대해 사유할 수 있게 하였다.

2. 공정으로서의 정의: 공리주의와의 비교

롤스는 사상 체계의 제1의 덕목이 진리인 것처럼 정의는 사회제도의

---

2 Tomas Pogge, *John Rawls: His Life and Theory of Justice*, Oxford: Oxford University Press, 2007, pp.3~4.

제1의 덕목이라고 말한다.[3] 법이나 제도가 아무리 효율적으로 잘 형성되어 있다고 하더라도, 그것이 정의에 부합하지 않는다면 폐기되거나 개선되어야 한다는 것이다. 이처럼 롤스가 정의를 사회제도의 가장 우선하는 덕목으로 설정한 이유는 사람들이 모두 독자적으로 살아가는 것보다 사회 협동체(social cooperation)를 통해 더 나은 삶을 살 수 있다는 것을 전제하기 때문이다. 따라서 롤스는 재화의 분배에 있어 갈등이 발생할 수밖에 없는 사회에서 규칙이나 제도는 모두가 인정할 수 있는 정의에 부합해야 하며, 정의는 이러한 갈등의 상황에서 사람들로 하여금 수긍하고 인정하게 하는 역할을 하기에 질서정연한 사회(well-ordered society)를 위해 반드시 필요한 덕목이라고 말한다. 사회적 분배의 문제에 있어 정의의 역할을 강조한 것은 자본주의 사회에서 큰 의미가 있다. 자본은 항상 불평등을 생산하고 늘 더 많이 가진 사람이 더 많은 수익을 창출하는 구조를 고착화시키기 때문이다. 그렇다면 롤스가 제시하는 정의는 과연 무엇인가? 롤스는 효율성을 강조하는 고전적 공리주의[4]와 자신의 정의관을 비교함으로써 새로운 정의관의 정당성을 구성해 나아간다.

　지금도 그렇지만 당시 한 사회를 구성하는 일반적인 정의관은

3　Jonh Rawls, *A Theory of Justice: Revised Edition*(=TJ), Cambridge: Belknap Press, 1999, p.3.

4　여기서 롤스가 비판하는 '고전적 공리주의'는 시즈위크(Henry Sidwick)가 *The Methods of Ethics*(1907)에서 말하는 고전적 공리주의이다. 그리고 롤스는 공리주의의 시작을 샤프츠베리(Th. E. of Shaftesbury)의 *An Inquiry Concerning Virtue and Merit*(1711)과 허치슨(Francis Hutcheson)의 *An Inquiry Concerning Moral Good and Evil*(1725)에서 시작된다고 보고 있다(Rawls, TJ, p.20 참조).

공리주의(utilitarianism)였다. 보통 '최대 다수의 최대 행복'이라는 말로 알려진 공리주의는 사람들에게 직관적으로 가장 설득력 있는 정의관이다. 한 사람은 적어도 다른 사람에게 피해나 심각한 영향을 끼치지 않는 범위 안에서 최대의 이익과 쾌락을 추구한다. 그리고 이것은 매우 자명한 것으로 받아들여진다. 그리고 공리주의는 한 사람에게 자신의 웰빙이 가장 중요한 가치인 것처럼 한 사회의 웰빙도 그 공동체가 지향해야 할 가장 중요한 가치라고 설명한다. 하지만 롤스는 이러한 공리주의가 좋음(the good)과 옳음(the right)의 관계를 단순하게 보고 있다고 판단한다. 공리주의는 두 가지 서로 다른 개념을 혼용하여 사용하거나 '옳음'보다 '좋음'에 우선성을 부여하고 있다. 그리고 롤스가 보기에 공리주의는 한 사회의 협동 체계에 가장 적합한 조건의 기준을 합리적인 욕구들에 대한 만족의 최대 총량을 달성하는 것으로 설정한다. 따라서 공리주의는 소수가 불편하더라도 타인이 큰 이익의 총량을 누린다면 정당하다고 말할 것인데, 롤스는 타인이 누릴 보다 큰 이익의 총량에 의해 소수의 불편이 정당화되기는 힘들다고 말한다.[5] 또한 공리주의는 만족의 최대 총량이 개인들에게 어떻게 분배되는지에 대해 간접적으로만 관심을 가진다. 따라서 분배정의에 대한 상식적인 이야기나 자유와 권리의 보호에 관한 문제도 모두 부차적인 문제가 된다.[6]

　　그리고 공리주의는 또 하나의 문제점을 가지고 있다. 공리주의

5　장동익, 「롤즈 『정의론』」, 『철학사상』, 별책 5권 14호, 2005, 61쪽.

6　Rawls, TJ, p.23.

는 한 사람이 자신이 가진 욕구 체계를 극대화하는 것이 합리적이라는 것을 전제한다. 모든 사람들이 — 예외 없이 — 모두 자신의 이익에 따라서 움직이고 그것을 위해 행동한다고 보는 것이다. 공리주의는 인간을 이익에 따라서 움직이는 존재로 설정한다. 하지만 롤스는 이러한 것을 개인들 사이의 차이를 고려하지 않는 것으로, 마치 공평한 관망자가 타인의 욕구와 자신의 욕구를 동일시하고 있다고 생각한다. 그리고 이것은 사회 전체에 적용된다. 롤스가 보기에 공리주의는 한 국가나 공동체 시스템, 그리고 구성원들을 기업의 경영이나 상품의 소비자처럼 취급한다. 공리주의에서 한 사람의 실존적 해방을 위한 권리나 고민 그리고 사회의 복지 제도와 사회적 약자들을 위한 정책은 모두 효율성과 최대 이익이라는 가치에 매몰되고, 사람들의 차이와 개성은 무시되며, 모두 이익을 추구하는 존재로 인식된다.

롤스는 공리주의와 달리 자신이 제시하는 정의관은 이러한 한계를 넘어서 있다고 생각한다. 롤스가 제시하는 '공정으로서의 정의'는 우선 '정의의 우선성'(the priority of justice)에 기반한다. 공리주의가 상식적인 정의관이나 자연권적 관념들을 효율성의 후순위에 놓는 것과 달리 롤스의 정의관은 '정의'를 가장 우선시한다. 또한 롤스의 공정으로서의 정의는 의무론(deontology)에 기반한다. 따라서 롤스의 정의론은 평등한 자유의 원칙을 받아들이며, 각 개인들에게는 침해할 수 없는 기본적 자유들(basic liberties)이 있다고 전제한다. 또한 공정으로서의 정의에서는 '옳음'이 '좋음'에 선행한다. 롤스는 이것을 '좋음에 대한 옳음의 우선성'(the priority of the right over the good)으로 표현하는데, 의무론적으로 '옳은' 것이 효율성이나 이익보다 우선시된다는 것이다. 도덕적으로 옳은 행위와 이익 사이에 충돌이 있을 때, 예를 들어 한 사람을 무고하게 희생시킬 경우 국가의 부가 기하급수적으로 증가한다고 했을 때, 혹은 한 사람을 무고하게 희생시켜 더 많은 사람을 살릴 수 있다고 했을 때, 공리주의는 무고한 사람의 희생을 선택하겠지만 롤스의 정의론은 이익보다 '무고한 사람을 희생시켜서는 안된다'는 원리를 더 우선하여 이를 허락하지 않는다. 그리고 롤스의 정의관은 정의의 원칙을 합의의 대상으로 간주한다. 롤스는 사회계약론에 근거해서, 공정으로서의 정의가 선택의 원칙, 즉 공정한 과정을 통해 정의감을 가지고 있는 사회 구성원들에 의한 합의의 대상이라고 생각한다. 정의는 옳음에 대한 개념을 가지고 그것을 우선시하는 사회 구성원들의 공정한 합의 과정을 통해 도출된다. 그렇다면 이러한 공정한 합의의 과정이란 무엇인가? 과연 어떤 조건에서 도출된 합의가 정당성을 획득할 수 있는지 살펴보자.

3. 정의의 도출을 위한 조건: 원초적 입장과 무지의 베일

롤스는 사회의 구성원들이 정의를 합의하는 최초의 상황을 철학적으로 설정하는데 이것을 원초적 입장(the original position)이라고 부른다. 롤스는 사회적 정의가 합의되고, 그것이 구성원들에게 동의를 얻어 사회의 주류적 정의관으로 받아들여지는 가설적 상황을 설정한다.[7] 이 원초적 입장은 우리가 마땅히 따를 수 있는 정의관이 연역될 수 있는 상황으로서 정의의 원칙을 도출하기 위한 개념 장치라 할 수 있다. 따라서 롤스는 정의가 도출되기 위한 사회적 환경, 즉 배경 조건을 설정하고 그것을 '정의의 여건'(circumstances of justice)이라고 부르는데, 이 여건은 객관적인 여건과 주관적인 여건으로 구분된다. 그렇다면, 사회적 정의가 연역될 수 있는 합당한 합의의 조건이 무엇인지, 즉 누구나 수긍하고 동의할 수 있는 합당한 정의 도출의 여건이 무엇인지 살펴보도록 하자.

우선 객관적인 여건에는 많은 개인들이 일정한 지리적 영역 내에 함께 거주하고 있음이 전제된다. 즉, 롤스는 정의의 환경을 한 국가나 지역공동체 정도로 가정하고 있다. 또한 이 지역에서는 천연자원이나 다른 자원이 협동 체제가 필요 없을 정도로 풍족한 것도 아니고 심각하게 궁핍한 것도 아니다.[8] 롤스는 이렇게 정의가 합의를 이룰 수 있는 배경적 조건을 비상의 상황이 아닌 일상적 상황으로 가정한다. 그리고 주관적인 여건으로는 협동하는 사람들의 조건을 가정하는데 위에서 제시한 지역에 거주하는 사람들은 대체로 서로에게 유의한 협동이 가능하며, 자신만의 인생 계획을 가지고 있다는 것이 전제된다. 즉, 서로 다른 목적과 목표를 갖게 되며, 이용 가능한 천연자원이나 사회적 자원에 대해서도 서로 다른 요구를 하게 된다. 이처럼 롤스는 사회적 정의의 도출 여건으로, 비상 상황이 아니며 한정된 재화로 인해서 합리적 개인들 사이에 갈등이 발생할 여지가 있는 사회를 전제한다.

---

7 Rawls, TJ, p.104.

8 Ibid., p.104.

그렇다면 여기서 어떻게 합의하는 것이 바람직한 것인가가 문제가 되는데 롤스는 합의의 공정한 조건으로 합의의 당사자들이 '무지의 베일'(the veil of ignorance) 속에 있어야 한다고 가정한다.[9] 여기서 말하는 '무지'(ignorance)는 합의의 결과가 자신에게 어떤 영향을 미칠지 모른다는 것을 의미한다. 다시 말해, 합의로 정해진 규칙이나 법칙으로 파생되는 것이 자신에게 이익이 될지 아니면 손해가 될지 모르는 상태를 의미하는 것이 바로 '무지의 베일'이다.

예를 들어, 한 학과에서 장학금을 분배하는 방식을 학생들이 결정해야 한다고 가정해 보자. 그리고 이 방식을 정하는 회의 구성원들이 모두 성적 우수자라고 가정했을 경우, 우리는 그 회의가 공정하다고 생각하지 않을 것이다. 왜냐하면 참석자들이 자신의 이익을 염두에 두고 성적에 따라 장학금을 지급해야 한다고 결정할 것이 자명하게 예측되기 때문이다. 이처럼 사회의 기준을 정하는 중요한 자리에 있는 사람들은 결정된 사항의 결과에 따른 자신의 이익과 손해의 정도를 알아서는 안 된다. 이익의 당사자들이 결정한 정책이나 기준은 설득력이 없으며 공정하지도 못하다.

무지의 베일 속에 놓인 사람들은 회의의 결과에 따라 자신에게 어떤 이익이나 손해가 돌아올지 전혀 모른다. 이는 순수한 절차적 정의로서 사람들이 자신의 이익을 위해 사회적·제도적·법적·자연적 여건을 악용하지 못하도록 하는 것이다. 하지만 이들은 합리성을 가

---

9 *Ibid.*, p.118.

지고 있으며, 인간 사회에 대한 일반적인 사실들은 인지하고 있다고 가정된다. 다시 말해, 사회의 정치 현상이나 경제적 이론들과 원칙들을 이해하고 있으며, 사회조직의 기초와 인간 심리의 법칙들도 알고 있다고 가정된다.[10] 왜냐하면 이들은 자신에게 무엇이 이득이 되는지 모르지만, 사회에 필요한 '정의관'을 도출할 수 있는 지식을 가지고 있어야 하기 때문이다. 따라서 이들은 사회의 기본 구조나 그 사회에 속한 사람들의 정서를 인지하고 기본적인 법칙이나 이론들을 알고 있는 것이다.

'정의'를 도출하기 위해 고안된 하나의 사고실험이자 개념 장치인 원초적 입장의 '무지의 베일'은 하나의 가상적 개념에 불과하며 현실에서는 실재할 수 없다. 따라서 원초적 입장의 당사자들 역시 현실에 존재할 수 있는 개인이 아니라 이론적인 개인이라고 할 수 있다. 하지만 여기서 롤스가 강조하는 것은 원초적 입장이 단지 우리가 언제든지 취할 수 있는 관점이라는 것이다. 다시 말해, 이것은 우리가 당위적으로 공정한 과정을 이루기 위해 지향해야 할 입장이다. 롤스가 이처럼 무지의 베일이라는 가상적 상황을 설정한 것은 우리가 공정성 및 정의를 추구하기 위해 필요한 현실적 조건의 이상적 모습을 제시하기 위해서였다.

---

10 *Ibid.*, p.119.

4. 정의의 두 원칙

롤스는 무지의 베일이라는 이상적 상황에서 조건에 부합하는 당사자들이 채택할 수 있는, 즉 사회적 협동과 연대가 가능하고 수많은 갈등이 발생할 것이 자명하게 예측되는 공동체 안에서 기준이 될 수 있는 정의의 원칙 두 가지를 제시한다. 정의의 원칙에 대한 형식적인 진술이 『정의론』에서 제시하는 것과 『공정으로서의 정의』(1973)에서 제시하는 것 사이에 차이가 있지만, 이 두 가지 버전은 큰 틀에서 보면 동일하다고 할 수 있다. 다만 롤스가 『공정으로서의 정의』에서 제시하는 정의의 두 원칙이 더 구체적이다.[11] 다음은 정의 원칙의 두 버전을 정리한 것이다.

제1원칙: 각자는 다른 사람들의 유사한 자유의 체계와 양립할 수 있는 평등한 기본적 자유의 가장 광범위한 체계에 대하여 평등한 권리를 가져야 한다.

제2원칙: 사회적·경제적 불평등은 다음과 같은 두 조건을 만족시키도록, 즉 (a) 모든 사람들의 이익이 되리라는 것이 합당하게

---

11 롤스가 1971년 판본과 달리 더 구체적으로 표현하고자 했던 것은 '기본적 자유'의 목록이다. 정의론 초판에는 이것이 '기본적 자유'라는 단수로 표현된다. 하지만 이후 롤스는 이것을 '기본적 자유들'이라고 복수로 수정한다. 롤스는 추상적이었던 기본적 자유의 목록들을 보다 구체적으로 표현하기 위해 복수로 수정한 것이다. 그리고 이 기본적 자유들은 사상과 양심의 자유, 신체의 자유와 신체의 완전성(integrity) 및 정치적 자유(투표권과 참정권)와 결사의 자유 그리고 법치(the rule of law)에 의해 포괄되는 권리들을 포함한다(존 롤스, 『공정으로서의 정의』, 김주휘 옮김, 이학사, 2020, 91쪽 참조).

기대되고, (b) 모든 사람들에게 개방된 직위와 직책이 결부되게끔 편성되어야 한다.[12]

↓

제1원칙: 각자는 평등한 기본적 자유들의 충분히 적절한 체계에 대해 동일한 불가침의 권리를 가지며, 이 체제는 모두가 동일한 자유들의 체제를 갖는 것과 양립한다.

제2원칙: 사회적·경제적 불평등은 다음과 같은 두 조건을 충족시켜야 한다. (a) 그것은 공정한 기회균등의 조건하에 모두에게 열려 있는 직책과 지위에 결부되는 것이어야 한다. (b) 그것은 사회의 최소 수혜자(the least-advantaged members)의 최대 이익에 부합해야 한다.[13]

1) 제1원칙

위에서 롤스가 제시하는 정의의 두 원칙은 사회를 구성하는 기본 구조에 적용되는 것이다. 여기서 중요한 것은 제1원칙이 제2원칙에 우선한다는 점이다. 롤스가 제1원칙을 우선시하는 이유, 즉 평등한 기본적 자유를 우선시하는 이유는 기본적 자유의 목록들에 대한 불가침성을 천명하기 위해서였다. 모든 사람이 향유하는 전체적인 자유

---

12 존 롤스, 『정의론』, 황경식 옮김, 이학사, 2012, 105쪽.
13 롤스, 『공정으로서의 정의』, 88~89쪽.

체계를 강화하기 위한 경우를 제외하고는 기본적 자유는 보장된다.[14] 다시 말해, 롤스는 전체적인 복지나 다른 이유 등으로 인해서 침해할 수 없는 권리를 보호하기 위해 제1원칙에 우선성을 부여한 것이다. 이러한 기본적 자유는 정치적 자유 및 언론과 결사의 자유 그리고 사상과 양심의 자유 등이다. 또한 사유재산을 소유할 수 있는 자유와 이유 없는 체포와 구금으로부터의 자유를 포함한다. 제1원칙이 우선하기에 위에서 제시된 자유와 권리들은 다른 기본적 자유들과 상충할 경우에만 제한되거나 조정될 수 있다. 하지만 여기서 중요하게 보아야 할 것은 롤스가 생산수단(means of production)에 대한 소유의 권리나 계약의 자유 등을 이러한 기본적 자유의 목록에 포함시키지 않는다는 점이다. 롤스가 이렇게 기본적 자유의 목록을 세밀하게 규정하는 이유는, 기본적 자유의 목록은 침해받을 수도 없지만 교환될 수도 없다는 것을 나타내기 위해서였다.

2) 제2원칙

롤스가 제시하는 제2원칙은 소위 '차등의 원칙' 또는 '최소 극대화의 원칙'[15]이라고 불리는 것으로, 사회에 발생할 수 있는 불평등이나 차

---

14 장동익, 「롤즈 『정의론』」, 142쪽.
15 많은 학자들이 롤스의 제2원칙을 '차등의 원칙'이나 '최소 극대화의 원칙'이라고 부르고 있다. 하지만 롤스는 '차등의 원칙'이라는 개념과 '최소 극대화의 원칙'이라는 개념 간에는 큰 차이가 있다고 말하며 자신의 제2원칙을 '차등의 원칙'으로만 부른다. 그가 '최소 극대화의 원칙'을 인정하지 않는 이유는 원초적 입장의 당사자들이 "숙고를 체계화할 때 최소 극대화 규칙에 따라 조심스럽게 진행한다면, 혹은 마치 그들이 불확실성을 유독 혐오하는 것처럼 보인다면, 이것은 그들이 불확실성을 유독 혐오하게 만드는 특수 심리에 의해 추동되기 때

별이 정당화될 수 있는 경우를 설명하고 제한하기 위한 규정이다. 다시 말해, 롤스는 불평등이 정당하게 인정될 수 있는 조건을 규정하고 있는데, 이는 크게 두 가지로 구분된다. 첫째, 불평등으로 인해 사회 구성원 모두에게 이익이 될 경우 용인될 수 있다. 예를 들어, 재벌 등 엄청난 재력을 가진 사람이 자신의 자식에게 증여를 시도하거나 상속을 할 경우, 국가는 증여나 상속을 받는 당사자에게 엄청난 액수의 증여세나 상속세를 부여할 수 있다.[16] 왜냐하면 이러한 불평등 정책, 곧 더 많이 받는 사람에게 더 많은 세금을 부과하는 것이 부의 재분배를 간접적으로 작동시킴으로써 불평등의 문제를 개선하며, 사회 구성원 모두에게 이익이 될 수 있기 때문이다. 이처럼 정당한 불평등의 정책을 규정하는 것이 바로 롤스의 제2원칙이다. 둘째, 최소수혜자에게 최대의 이익이 돌아갈 경우 용인될 수 있다고 말한다. 이는 가장 열악한 처지에 있는 약자들에게 이익이 돌아갈 경우 사회의 불평등이 허용될 수 있다는 뜻이다. 위에서 제시한 상속의 문제를 예로 들어 보자. 어느 날 성인이 된 5남매의 아버지가 불의의 사고로 사망했다고 가정해 보자. 그리고 아버지는 이 5남매에게 갚아야 할 빚 1억 원을 남겼다. 만약 상속 포기 절차를 진행하지 않고 이 5남매가 빚을 갚

문이 아니라" 오히려 기본적 권리들과 자유들을 보장하고자 하는 것이기 때문이다. 따라서 롤스는 제2원칙을 '최소 극대화의 원칙'이 아닌 '차등의 원칙'으로 부르는 것이 옳다고 생각한다(롤스, 『공정으로서의 정의』, 194쪽 참조).

16 상속세는 피상속인의 사망으로 상속인에게 재산이 무상으로 이전되는 경우 발생하는 세금이고, 증여세는 타인으로부터 재산을 무상으로 받는 경우 증여받는 사람에게 과세하는 경우를 의미한다.

기로 했다면, 이 빚은 어떻게 분배되어야 할까? 다음 사례를 보고 생각해 보자.[17]

아버지가 빚을 1억 원 남기고 사망하였다. 5남매는 상속 포기 절차 없이 이 빚을 나눠서 갚기로 하였다. 5남매의 성별, 나이 및 직업 그리고 월수입은 다음과 같다.

첫째: 여성, 52세, 소아과 전문의, 월수입은 약 3000만 원

둘째: 남성, 48세, 대기업 임원, 월수입은 약 2500만 원

셋째: 남성, 47세, 무직, 월수입은 0원 (채무로 인해 실제 수익은 −50만 원)

넷째: 여성, 41세, 학원 강사, 월수입은 약 500만 원

다섯째: 남성, 37세, 공무원, 월수입은 약 400만 원

아버지가 남긴 1억 원의 채무를 이들은 어떻게 나눠 갚아야 하는가?

위의 내용을 보면, 사람들은 두 가지 중 하나를 선택하게 될 것이다. 우선 5남매가 모두 똑같이 2000만 원씩 부담하여야 한다는 사람이 있을 것이다. 아버지가 남긴 빚은 자식들의 월수입이나 직장에 상관없이 동등하게 분배하는 것이 공정하다고 생각할 경우, 이런 판단

---

17 차등의 원칙에 대한 사례는 'EBS 다큐프라임 ── 법과 정의 2부'에 나온 내용을 각색한 것이다. https://www.youtube.com/watch?v=4qrccAtbhME (2022. 09. 28) 참조.

을 하게 된다. 하지만 대다수의 사람들은 사정에 따라 차등하게 빚을 분배해야 한다고 생각하면서 가장 열악한 환경에 있는 셋째가 가장 적은 비용을 부담해야 한다고 판단할 것이며, 그것이 공정하다고 생각할 것이다. 물론 셋째에게 가장 적은 비용을 부담하게 하는 것은 명백한 불평등이다. 하지만 많은 사람들은 형편을 고려하여 가장 어려운 사람에게 가장 적은 부담을 주는 것이 공정한 것이라고 생각한다.

롤스가 이러한 불평등의 발생을 정의라고 규정하는 이유는 만약 무지의 베일 속에서 위와 같은 빚의 분배를 합의해야 할 경우, 대다수의 사람들이 셋째에게 가장 적은 부담을 지우는 것을 선택하게 될 것이라는 사실이 자명하게 예측되기 때문이다. 왜냐하면 무지의 베일 속에서 만약 5명의 사람들이 빚의 분배를 합의해야 할 경우, 이들은 무지의 베일 속에 있기 때문에 자신이 가장 형편이 좋은 첫째의 처지가 될지 아니면 가장 열악한 셋째의 처지가 될지 알 수 없다. 따라서 이들은 운이 좋아 첫째의 처지가 될 수도 있지만, 자신이 가장 열악한 셋째의 처지가 될 수도 있음을 인식하게 된다. 그리고 빚을 모두 똑같이 분배하기로 하였을 경우, 만약 셋째의 처지가 된다면 기본적인 자유는 물론 제대로 된 생활을 영위할 수 없게 될 것이다. 첫째가 2000만 원의 빚을 부담하는 것은 아무것도 아닐 수 있지만, 셋째의 사정에서 2000만 원을 부담하는 것은 완전히 다른 이야기이기 때문이다.

물론 이것은 최악의 경우를 가정하고 이에 대해 대처해야 한다는, 최소 극대화의 원칙에 따른 합리성에 기초한 것으로 해석될 수도 있다. 다시 말해, 무지의 베일 속에 있는 원초적 입장의 당사자들은 기본적인 생활 수준을 포기할 위험을 감수하면서 큰 이익을 추구하는 도박과 같은 선택을 감행하지 않을 것이라는 사실을 전제로, 최소 극대화의 원칙에 따라 최소수혜자에게 가장 큰 이득을 주는 제도를 선택할 것이라고 해석할 수도 있다. 하지만 이들은 셋째의 기본적 자유와 권리를 보장하기 위해서 최소수혜자에게 최대의 혜택이 가는 선택을 할 것이다. 이처럼 아버지가 남긴 채무 분배의 경우처럼, 롤스는 무지의 베일 속의 사람들이 가장 열악한 환경에 있는 사람에게 최대의 이익이 돌아가게 선택할 것이 합당하게 예측된다고 보았다. 때문에 공정한 과정 속에서 합의된 제2법칙, 곧 '차등의 원칙'이 정의의 원칙이 될 수 있다는 것이다.

    롤스가 제시하고 있는 무지의 베일이라는 조건은 현실에서 가능하지 않은 가상적 개념 장치에 불과하지만, 롤스는 우리가 지향해야 할 지점, 합의에 있어 고려해야 할 사항을 비롯해 한 사회가 가져야 할 지향점을 제시함으로써 수많은 갈등이 점철된 현대 자본주의 사회를 살아가는 우리에게 많은 시사점을 주고 있다. 하지만 롤스는 이후 수많은 비판에 직면하게 되고, 그 자신도 『정의론』이 가진 모호성을 인식하기 시작하면서 좀 더 현실적인 정치철학을 구상하게 된다. 합당하지만 양립 불가능한 교리들로 이루어지는 다원성의 현실(the fact reasonable pluralism)에서 롤스는 정의론의 한계를 직시하고 질서 정연한 사회를 위해 『정치적 자유주의』(1996)로 나아간다.

5. 정치적 전환으로서의 정치적 자유주의

1980년대 미국 사회에서는 다양한 가치관들이 첨예하게 대립하고 있었다. 다양한 종교와 문화들이 각축을 벌이며 서로 갈등했던 것이다. 따라서 롤스도 이러한 다원주의 사회에서 발생하는 갈등, 즉 자유롭고 평등하지만 심각한 교리적 갈등으로 분열되어 있는 시민들 사이에 사회적 협력을 가능하게 하는 공정한 조건이 무엇인지에 대해서 새롭게 고민하기 시작한다. 롤스는 질서정연한 사회의 안정성을 위해 형이상학적 문제를 넘어 '정치적 전환'으로 표현되는 정치적 자유주의로 나아간다.[18] 그리고 롤스는 자신의 정의관이 보편적 진리, 인간의 본질적 특성, 자기 동일성에 대한 주장과 다르기 때문에 '형이상학적'인 것이 아니라 '정치적'인 것이라고 주장하며, 다원주의 사회에서 정의로운 사회의 안정성을 확보할 수 있는 방안을 제시한다.[19]

1) 합당한 다원주의 사회

롤스가 현대사회를 정의할 때, 가장 많이 쓰는 단어가 바로 '합당한 다원주의 사회'라는 말이다. 수많은 포괄적 교리들이 경쟁하는 공간에서 협동을 위한 사회적 연대를 가능케 하는 조건이 바로 '합당한 다원주의'이다. 이 말은 다양한 교리나 가치관들이 다원주의로 인정되

---

18 Paul Weithman, *Why Political Liberalism?: On John Rawls's Political Turn*, Oxford: Oxford University Press, 2010, p.3.

19 John Rawls, "Justice as Fairness: Political not Metaphysical", *Philosophy&Public Affairs*, vol. 14, no. 3, 1985, p.223.

고 있기는 하지만 이 중에 합당한 교리나 가치관만이 자유주의 사회에서 용인될 수 있다는 것을 의미한다. 다시 말해, 협력 체계 자체의 필요성을 거부하거나 다른 가치관이나 종교를 가진 집단과는 교류해서는 안 된다는 교리를 가진 경우, 이는 자유주의 사회의 합당한 가치관으로 인정받을 수 없다. 따라서 롤스는 합당한 것(the reasonable)과 합리적인 것(the rational)을 구분하면서 자유주의 사회에서의 '합당성'을 강조한다.[20]

롤스에게 '합당한 것'은 공정한 협력 체계를 가진 사회 개념의 한 요소로, 합당한 개인들은 자유롭고 평등한 이들이 모두가 받아들일 수 있는 조건에서 서로 협력할 수 있는 사람들이다.[21] 그리고 이들은 자신들의 이익과 다른 사람들의 이익을 고려하는 상호성을 전제로 한다. 즉 이들은 자신들의 행동이 다른 사람들의 복지에 영향을 미칠 것을 알고 행위의 결과에 대해 고려하는 사람들이며, 이들의 행동은 도덕적으로 행동하고자 하는 성향과 관련이 있기 때문에 이기주의와 양립하지 않는다. 또한 이들은 자신과 유사한 동기를 지닌 다른 사람들이 합당하게 거절할 수 없는 기준이나 원칙을 발견하고자 하는 욕구를 가지고 있으며, 이를 근거로 다원주의 사회의 원칙과 기준을 설정하고 설득하려고 하는 사람들이다. 이와 달리 '합리적'인 사람들은

---

20 롤스는 합당한 것과 합리적인 것의 차이가 칸트(Immanuel Kant)로부터 기원한다고 보고 있다. 칸트가 제시하는 정언명법(the categorical imperative)과 가언명법(the hypothetical imperative)의 차이가 합당한 것과 합리적인 것의 차이와 유사하다는 것이다(롤스, 『정치적 자유주의』, 61쪽 참조).
21 존 롤스, 『정치적 자유주의』, 장동진 옮김, 동명사, 2009, 223쪽.

자신의 이익과 목적을 달성하기 위해 숙고할 수 있는 사람들을 의미한다. 하지만 이들은 공정한 협력 그 자체에 참여하거나 동등한 인격체인 다른 사람들이 인정하는 조건과 기준에 협력하고자 하는 도덕감정(moral sensibility)이 부족한 사람들이다.

롤스는 현대 민주주의 사회를 양립하기 어려운 다양한 포괄적 교리들이 모인 다원주의 사회로 정의한다. 하지만 이들이 공존하기 위한 조건, 즉 같은 영역에서 함께 살아가고 사회의 안정성을 확보할 수 있는 조건을 바로 '합당성'으로 본다. 자신들의 교리만이 옳다고 주장하며 협력 체계에 참여하기를 거부하는 것은 합리성을 가질 수는 있어도 합당성을 가질 수는 없다. 하지만 이러한 합당성을 가지고 있다고 해서 정치적 정의관을 바로 구성할 수 있는 것은 아니다. 왜냐하면 합의를 통한 과정이 남아 있기 때문이다. 그렇다면 포괄적 교리들로 구성된 합당한 다원주의 사회에서 합의의 과정은 어떻게 이루어지는가?

2) 중첩적 합의

합당한 다원주의 사회에서 사회적 통합과 안정성을 확보하는 합의의 방법으로 롤스는 '중첩적 합의'(overlapping consensus)의 개념을 제시한다. 다양한 가치관들이 경쟁하는 공간에서의 합의는 안정적이어야 하며, 이 합의가 지속될 수 있다는 믿음이 있어야 한다. 따라서 롤스는 임의적 합의인 '잠정적 타협'(modus vivendi)과는 다른 안정성이 확보되는 중첩적 합의라는 개념을 제시한 것이다. 중첩적 합의는 서로의 이익을 위해 잠정적으로 합의를 하는 것과 달리 합의의 대상 그 자체, 즉 정치적 정의를 다루기에 도덕적 가치를 다룬다는 특징이 있다. 이 합의는 도덕적 견해를 대상으로 삼기 때문에 상황과 이익 그리고 환경의 변화에 따라 합의가 파기될 위험이 없다. 다시 말해, 상이한 각 교리들 사이에서 중첩된 도덕관을 바탕으로 합의를 이루는 것이기 때문에 이익이나 상황의 변화에 따라 합의가 파기되지 않는 안정성과 지속성을 갖는다. 예를 들어, 서로 통약 불가능한 것처럼 보이는 기독교적 가치관을 가진 사람들과 힌두교적 가치관을 가진 사람들이 어떤 사안에 대해 합의를 해야 한다고 가정해 보자. 유일신을 믿는 집단과 다신교를 인정하는 집단 사이에서 합의점을 찾기는 어려워 보인다. 하지만 중첩적 합의는 이러한 상황에서 기독교와 힌두교의 공통된 지점, 즉 두 종교가 가진 '관용'이나 '이타심' 등의 공통된 가치관을 통해 합의를 도출하기에 매우 안정적이라 할 수 있다. 또한 두 종교가 가진 도덕적 학설의 논리적 귀결로서 정치적 정의관을 도출할 수도 있으며, 두 종교를 믿는 사람들 모두 민주주의 체계 안에서 공존을 위한 상호성의 중요성을 동시에 인식하고 있다면, 정치적 가치의 우월성을 근거로 합의를 도출할 수도 있다.

6. 정치철학의 목적

롤스의 철학은 '자유주의와 공동체주의 논쟁'[22]에서 알 수 있듯이 많은 비판을 받았던 것이 사실이다. 롤스가 제시하는 자아관은 어느 곳에도 소속되지 않는 유령 같은 '무연고적 자아'(the unencumbered self)라고 비판받기도 하였다. 또한 롤스가 주장하는 '정치적 자유주의'는 이미 마르크스주의의 치열함과 함께 사라져 버린 계몽주의적 거대담론인지도 모른다. 무엇보다 그의 이론은 자본과 억압으로부터의 해방을 포기하고 단지 서로 양립 불가능한 가치관을 가진 타인들과의 삶을 살아내는 하나의 방편에 불과하며 다원주의 사회에서 독재와 같은 최악의 경우를 예방하고자 하는 '공포의 자유주의'[23]인지도 모른다.[24] 롤스의 이론이 기후위기 및 팬데믹, 4차 산업혁명으로 인한 인간의 잉여화 등과 같은 인류의 총체적 위기에 아직도 유효한 것인지도

---

22 자유주의 공동체주의 논쟁은 1980년대 초 매킨타이어(Alasdair MacIntyre), 샌델(Michael Sandel), 테일러(Charles Taylor), 왈저(Michael Walzer) 등과 같은 공동체주의자들이 롤스의 정의론을 중심으로 자유주의를 비판하면서 시작되었다. 이들은 롤스의 이론이 인간의 본성에 대한 잘못된 가정에서 출발하여 개인의 자유와 특권을 위해 공동체와 공동선의 중요성을 격하시켰다고 비판한다.

23 '공포의 자유주의'(The Liberalism of Fear)는 주디스 슈클라(Judith Shklar)의 에세이에 등장하는 개념이다. 이 자유주의는 다원주의 사회에서 모든 정치 행위자가 추구해야 할 최고선을 제시하지 않으며 다만 사회적 최고악에 집중한다. 즉, 공포의 자유주의는 잔혹함에 적극적으로 맞서 그 잔혹함이 초래할 많은 문제와 엄청난 피해를 최소화하는 것을 최고의 목표로 삼는다(설한, 「주디스 슈클라의 정치적 자유주의: '공포의 자유주의'를 중심으로」, 『21세기정치학회보』 27집 1호, 2017, 45쪽. 보다 자세한 내용은 Shklar, "The Liberalism of Fear", *Liberalism and the Moral Life*, ed. Nancy Rosenblum, Cambridge: Harvard University Press, 1989, pp.21~38 참조).

24 박정순, 「정치적 자유주의의 철학적 기초」, 『哲學硏究』 Vol. 42, 1998, 300~301쪽 참조.

매우 의심스럽다.

롤스의 이론이 공간적으로는 미국이라는 사회를 중심에 두고 있으며, 시간적으로는 20세기의 끝자락에 머물러 있기 때문에 21세기 대한민국에 살아가는 우리와 거리가 있는 것은 확실하다. 하지만 그렇다고 해서 롤스가 이루어 낸 업적을 쉽게 무시할 수는 없다. 분석철학 및 논리실증주의로 점철된 20세기 철학에서 정치철학을 새롭게 부활시킨 철학자가 롤스라는 사실은 부정할 수 없기 때문이다. 영미 정치철학은 롤스에 의해서 다시 논의되기 시작했으며, 롤스를 비판하고 넘어서고자 하는 시도를 통해 발전해 왔다.

롤스는 윤리학이나 논리학과 달리 강제력 혹은 폭력을 전제하고 있는 정치 권력에 대한 고찰을 철학의 핵심 주제로 다시 불러들인 인물이다. 롤스의 말대로, 정치 권력은 강제력이고, 공적인 권력이며, 집합체로서의 자유롭고 평등한 시민들에 의한 권력이다.[25] 따라서 이러한 권력이 어떻게 구성되어야 하며 어떤 사유를 근거로 정당성을 구축해야 하는지는 공동체를 살아가는 사람들에게 가장 중요한 문제이다. 더군다나 정치 권력은 폭력을 함의하고 있기 때문에 무엇보다 세밀한 성찰과 공정한 합의가 필요하다. 롤스는 우리에게 이러한 성찰의 필요성을 다시 강조하며 정치 공동체의 질서를 추구하였고 정치철학을 다시 철학의 한가운데로 가져다 놓았다.

1980년에 발표한 논문에서 롤스는 정치철학의 목적은 "민주주

---

25 롤스, 『정치적 자유주의』, 169쪽.

의 사회의 공적 문화에서 이미 상식에 잠재되어 있다고 생각되는 공유된 개념과 원칙을 명확히 하며, 상식이 주저하고 불확실하며 무엇을 생각해야 할지 모를 때 상식에 가장 본질적인 신념과 역사적 전통에 부합하는 개념과 원칙을 제안하는 것"이라고 말한다.[26] 롤스는 지금 다양한 위기에 직면하여 무엇을 고민해야 하고 어떻게 생각해야 할지 모르는 우리에게 정치철학의 중요성을 강조하고 있으며, 정치철학을 통해 대안을 찾으라고 말하고 있다. 미래사회의 위기는 롤스의 이론으로는 감당할 수 없을 정도로 복합적일 것이며, 다양한 방면에서 다양한 방식으로 다가올 것이다. 하지만 우리가 미래사회에 대응할 수 있는 새로운 정치철학을 구성하고 그것에 합의할 수 있다면 그 뿌리는 모두 롤스에 있다. 롤스가 제시한 '정치철학의 목적'은 우리로 하여금 새로운 시대를 준비하게 한다.

---

26 John Rawls, "Kantian Constructivism in Moral Theory", *The Journal of Philosophy* Vol. 77, No. 9, 1980, p.518.

참고문헌

1차 문헌

롤스, 존, 『공정으로서의 정의』, 김주휘 옮김, 이학사, 2020.

_____, 『정치적 자유주의』, 장동진 옮김, 동명사, 2009.

_____, 『정의론』, 황경식 옮김, 이학사, 2012.

Rawls, John, *A Theory of Justice: Revised Edition*(=TJ), Cambridge: Belknap Press, 1999.

_____, "Kantian Constructivism in Moral Theory", *The Journal of Philosophy*, vol. 77, no. 9, 1980.

_____, *Political Liberalism*, New York: Columbia University Press, 1996.

_____, "Justice as Fairness: Political Not Metaphysical", *Philosophy&Public Affairs*, vol. 14, no. 3, 1985.

2차 문헌

박정순, 「정치적 자유주의의 철학적 기초」, 『哲學研究』 Vol. 42, 1998.

설한, 「주디스 슈클라(Judith Shklar)의 정치적 자유주의: '공포의 자유주의'를 중심으로」, 『21세기정치학회보』 27집 1호, 2017.

장동익, 「롤즈 『정의론』」, 『철학사상』 별책 5권 14호, 2005.

주동률, 「롤즈와 평등주의: 경제적 혜택의 분배에 관한 철학적 논의의 한 사례」, 『인문연구』 53집, 2005.

황경식, 「J. 롤즈의 자유주의적 평등주의」, 『哲學』 22집, 1984.

Pogge, Tomas, *John Rawls: His Life and Theory of Justice*, Oxford: Oxford University Press, 2007.

Shklar, Judith, "The Liberalism of Fear", *Liberalism and the Moral Life*, ed. Nancy Rosenblum, Cambridge: Harvard University Press, 1989.

Weithman, Paul, *Why Political Liberalism?: On John Rawls's Political Turn*, Oxford: Oxford University Press, 2010.

장-프랑수아 리오타르, 분쟁과 숭고의 철학자 — 곽영윤

「장-프랑수아 리오타르」, 브라차 예틴거(Bracha Ettinger)가 찍은 1995년 사진

1. 리오타르와 그의 시대

장-프랑수아 리오타르(Jean-François Lyotard)는 1924년 8월 10일 프랑스 베르사유에서 태어났다. 그의 아버지 장-피에르 리오타르(Jean-Pierre Lyotard)는 직물 회사 외판원이었다. 극빈한 농민 가정에서 태어난 장-피에르는 어릴 때 뛰어난 학습 능력을 보여서 예수회에서 운영하는 작은 신학교에 입학할 수 있었다. 그는 그곳에서 고전 교육을 받으며 고대 그리스어와 라틴어를 배웠다. 장-피에르는 1차 세계대전에 참전했다가 다리에 부상을 입고 제대한 후에 마들렌 카발리(Madeleine Cavalli)와 결혼하여 중산층 가정을 이뤘다. 장-피에르는 자신이 실현하지 못한 학문적 가능성을 아들 장-프랑수아에게서 발견했다.[1]

장-프랑수아 리오타르는 십 대 초반이었을 때 장차 도미니크회 수도사가 될 건지, 화가가 될 건지, 역사가가 될 건지 진지하게 고민했다. 그는 십 대 중반이 되자 문학에 빠져서 시, 수필, 단편소설을 창작했다. 나중에는 장편소설도 썼는데, 자신은 진정한 작가가 될 수 없다고 판단해서 창작을 포기했다. 리오타르는 1948년에 유대계 여성인 앙드레 메이(Andrée May)와 결혼했다. 덕분에 그는 일찌감치 애아버지가 되었고, 아직 아들 역할에 머물러도 될 나이에 자신의 가족을 부양해야 했다. 그래서 그는 수도사와는 정반대의 길을 가야 했고, 그

---

1 Kiff Bamford, *Jean-François Lyotard: Critical Lives*, London: Reaktion Books, 2017, pp.16~19 참조. 리오타르의 삶에 관한 내용은 키프 뱀포드의 이 책을 주로 참고했다.

렇다고 화가가 되기에는 예술적 재능이 없었고, 역사가가 되기에는 기억력이 부족하다고 생각해서 결국 철학 교사가 되었다.[2]

　리오타르는 인문계 고등학교를 졸업하고 철학을 본격적으로 공부하기 위해 파리 고등사범학교의 입학시험을 치렀지만 두 번 낙방하고, 그 대신 소르본 대학교에 입학했다. 그는 소르본 대학교에서 질 들뢰즈(Gilles Deleuze)를 만나서 친구가 되었다. 리오타르는 1950년에 교사 자격을 취득한 후 프랑스령 알제리의 콩스탕틴에 가서 1952년까지 인문계 고등학교의 철학 교사로 근무했다. 1830년에 프랑스 식민지가 된 알제리는 20세기 중반에도 여전히 프랑스 영토였고, '피에누아'(Pied noir)라고 불리는 유럽계 주민들이 이슬람계 주민들을 제도적으로 지배하고 있었다. 한 국가 안에 두 개의 이질적 집단이 존재하는 이러한 상황은 분쟁에 관한 리오타르의 철학적 문제의식을 형성했다. 그는 노동조합운동에 가담하여 피에르 수이리(Pierre Souyri)를 알게 되었는데, 수이리는 스무 살이 되기도 전에 프랑스 공산당에 가입했다가 탈퇴한 전력이 있는 인물이었다.

　리오타르는 1952년에 프랑스로 돌아가서 라 플레슈에 있는 프리타네 군사학교의 철학 교사가 되었다. 그는 그곳에서 그의 첫 번째 저서인 『현상학』(La Phénoménologie, 1954)을 썼다. 그는 이 책에서 후설(Edmund Husserl)의 현상학을 주요 개념 위주로 소개하고, 현상학의 의의를 심리학·사회학·역사학과 관련지어 고찰했다. 1954년에

2　Jean-François Lyotard, *Peregrinations: Law, Form, Event*, New York: Columbia University Press, 1988, p.1.

그는 수이리의 소개로 급진적 사회주의 단체인 '사회주의냐 야만이냐'에 가입했다. 이 그룹은 코르넬리우스 카스토리아디스(Cornelius Castoriadis)와 클로드 르포르(Claude Lefort)가 1948년에 만든 조직이었다.

1954년에 알제리 전쟁이 일어났다. 리오타르는 알제리 독립운동에 직간접적으로 관여했다. 그는 콩스탕틴에서 교사 생활을 할 때 이미 해방운동 조직과 접촉했었다. 알제리를 떠난 후에는 '사회주의냐 야만이냐'가 발행하는 동명의 기관지 편집에 참여하면서 「북아프리카의 상황」(1956)을 시작으로 '알제리 문제'에 관한 일련의 글을 기고했다. 1964년, 리오타르와 수이리는 카스토리아디스에 반대하여 분파인 '노동자의 힘'을 만들었다. 리오타르는 1966년에 의원직을 사퇴할 때까지 '노동자의 힘'에서 기관지 편집을 맡고 평의원으로 활동했다.

1959년에 리오타르는 파리 소르본 대학교의 강사가 되어 학생들을 가르쳤다. 그의 1964년 철학 입문 강의는 2012년에 『왜 철학을 하는가?』라는 제목으로 출간되었다. 이 강의에서 그는 우리가 철학을 하는 이유가 욕망·부재·소외·상실과 같은 결핍에 있다고 말했다. 리오타르는 1966년에 파리 낭테르 대학교(현재 파리 10대학)의 전임 강사가 되었다. 그곳은 68혁명의 진원지였다. 베트남전쟁, 권위주의, 자본주의에 반대하는 낭테르 대학교 학생들이 1968년 3월 22일에 본부 건물을 점령했다. 리오타르는 학생들의 행동에 동참했다. 프랑스 68혁명은 그렇게 학생들의 시위에서 시작해서 노동자의 총파업으로 이어진 거대한 사회 혁명이었다.

1970년에 리오타르는 68혁명의 결과로 신설된 뱅센 실험대학

(현재 파리 8대학)의 교수로 부임해서 1987년에 은퇴할 때까지 그곳에서 철학을 연구하고 가르쳤다. 그는 1971년에 미켈 뒤프렌(Mikel Dufrenne) 교수의 지도를 받아 작성한 『담론, 형상』(*Discours, figure*)으로 국가박사학위를 받았다. 리오타르의 초기 대표작인 『담론, 형상』은 개념적 재현인 담론(discours)과 개념으로 환원할 수 없는 형상(figure)의 대립을 다룬다. 문자로 구성된 담론은 의미를 지니지만, 현대 회화와 같은 형상은 의미를 확정할 수 없다. 그런데 리오타르가 보기에 형상에는 눈에 보이지 않는 욕망의 차원도 있다. 리오타르는 프로이트(Sigmund Freud)의 정신분석학을 통해 가시적 형상의 비가시적 욕망을 탐구하려고 시도했다.

이러한 시도는 『마르크스와 프로이트로부터 이탈해서 표류하기』(*Dérive à partir de Marx et de Freud*, 1973)와 『리비도 경제』(*Économie libidinale*, 1974)로 이어진다. 리오타르는 『리비도 경제』에서 사람 몸 안을 순환하는 에너지를 뜻하는 프로이트의 리비도(Libido) 개념을 정치경제학으로 확장했다. 리오타르는 이 책에서 정치·경제·이론·예술 같은 사회제도가 보이지 않는 에너지의 흐름으로 이루어진다고 보았다. 그에 따르면 욕망은 사회제도 속에서 가시적으로 드러나지 않으며, 일종의 위장된 형태로 나타난다. 리오타르는 자본주의 경제 체제뿐 아니라 자본주의를 비판하는 마르크스주의 이론도 욕망의 위장된 형태로 여겨서 마르크스주의자들의 반발을 샀다.

리오타르를 세계적으로 유명하게 만든 『포스트모던의 조건』은 1979년에 출간되었다. 이 책은 원래 그의 저서가 아니라 그가 캐나다 퀘벡주 정부의 대학 협의회로부터 의뢰를 받아 작성한 「선진 산업사회에서 지식의 문제」라는 보고서였다. 이후 리오타르는 철학에서 포스트모더니즘을 대표하게 되었고, 푸코(Michel Foucault)와 데리다(Jacques Derrida), 보드리야르(Jean Baudrillard)까지 종종 같은 범주에 묶여서 논의되었다. 그러나 자신의 철학을 포스트모던 철학으로 이해한 사람은 리오타르가 유일했다. 그는 『아이들을 위한 포스트모던 해설: 1982~1985년 편지들』(Le postmodernisme expliqué aux enfants: Correspondance 1982~1985, 1986)에 수록된 글들에서 포스트모던에 대한 오해와 공격에 맞서고 자신의 논지를 분명히 했다.

리오타르 자신이 생각한 그의 대표작은 『포스트모던의 조건』이 아니라 『분쟁』(1983, 국역본: 『쟁론』)이다. 그는 9년 동안 작업한 이 책에서 정의의 문제를 언어 철학의 차원에서 고찰했다. 1986년에 그는 칸트의 역사 철학에 대한 그의 생각을 발전시킨 『열광: 칸트의 역사 비판』(L'Enthousiasme : la critique kantienne de l'histoire)을 펴내고, 1988년에 현대의 비인간에 대한 문제를 다룬 『비인간: 시간에 대한 담화』(L'inhumain : Causerie sur le temps)와 나치에 협력한 하이데거(Martin Heidegger)의 전력을 유대인의 문제와 함께 다룬 『하이데거와 '유대인들'』(Heidegger et "les juifs")을 출간했다.

1980년대부터 리오타르는 숭고의 미학을 발전시켰다. 그는 1983년 베를린 예술대학 강연문인 「숭고와 아방가르드」를 비롯하여 숭고를 주제로 여러 편의 글을 썼다. 그는 또한 상당히 많은 미술 비평문을 썼다. 그는 마르셀 뒤샹(Marcel Duchamp), 바넷 뉴먼(Barnett Newman), 다니엘 뷔렌(Daniel Buren)과 같은 현대미술가들의 작업에 주목하고 그 의의를 모색했다. 리오타르는 파리 퐁피두 센터의 의뢰를 받아 현대미술 전시회의 기획에 참여하기도 했다. 1985년에 「비물질」(Les Immatériaux)이라는 제목으로 개최된 그 전시회에서 리오타르는 새로운 과학기술이 예술과 인간의 삶에 미친 영향을 보여 주고자 했다. 「비물질」 전은 비록 대중적인 성공을 거두지는 못했지만, 그의 포스트모던 철학을 공간에 실제로 구현했다는 점에서 중요한 미술사적 가치를 갖는다.

리오타르는 파리 8대학에서 은퇴한 후 1990년대부터 미국과 프랑스를 오가며 살았다. 그는 1995년부터 1998년까지 미국 에머리 대학교의 철학 및 프랑스어 교수로 재직했다. 이 시기에 그는 소설가이자 정치가였던 앙드레 말로(André Malraux)의 생애와 미학을 다룬『말로』(1996), 『무향실: 말로의 반미학』(*Chambre sourde : l'antiesthétique de Malraux*, 1998)을 써서 펴냈다. 『말로』는 리오타르가 허구적 상상력을 동원해서 재구성한 말로의 전기다. 리오타르는 이 책을 쓸 때에 백혈병을 앓고 있었다. 그는 말년에 병의 악화로 글을 쓰는 데 큰 어려움을 겪었다. 그는 1998년에 그의 마지막 작품인 『아우구스티누스의 고백록』(*La confession d'Augustin*)을 쓰다가 완성하지 못하고 4월 21일에 사망했다.

2. 포스트모던의 조건

리오타르의『포스트모던의 조건』은 그가 퀘벡주 정부의 대학 협의회에 제출한 보고서를 책으로 펴낸 것이다. 따라서 이 책의 본래 취지는 선진사회에서 대학 교육의 역할과 성격을 파악하는 것이다. 그런데 대학 교육이 포스트모던 사상과 무슨 관계가 있을까? 대학이 무엇을 하는 곳인지 생각해 보자. 대학은 고등교육기관이자 새로운 지식을 산출하는 연구기관이다. 그럼 대학은 어떤 지식을 생산하는 곳일까? 리오타르의 물음은 여기서 시작된다.

그는 현대가 후기 산업사회라는 사실을 전제한다. 소위 굴뚝 산업이라고 불리는 제조업과 중공업 위주의 산업이 정보와 지식을 중시하는 산업으로 바뀌었다는 것이다. 1950년대 말부터 시작된 서구 사회의 산업구조 변화는 지식의 성격을 바꾸어 놓았다. 지식은 참된 앎 그 자체를 목표로 하는 것이 아니라 "교환되기 위해 생산되고 소비되는 것"[3]이 되었다. 그리하여 지식은 교환가치를 갖는 정보가 되었고, 대학은 지식이라는 상품을 만드는 곳이 되었다. 그렇다면 진리와 정의를 추구하고 교양과 인격을 함양하는 대학의 이상은 어디로 갔는가? 리오타르는 그런 것들이 지나간 시대의 이야기라고 말한다.

전통적으로 대학에서 학생들에게 요구하는 '교양'의 의미는 독일어 단어 '빌둥'(Bildung)에서 비롯됐다. '빌둥'은 자기 자신을 '형성'한다는 뜻이다. 개개인의 자기 형성을 목표로 하는 대학은 단순히 전문지식과 기술을 전수하는 곳이 아니라 학생들이 자신의 잠재력을 발견해 계발하도록 돕는 곳이다. 독일의 언어학자 빌헬름 훔볼트(Wilhelm Humboldt)는 1810년에 베를린 대학교를 설립해서 이러한 교육 이념

---

3 장-프랑수아 리오타르, 『포스트모던적 조건: 정보 사회에서의 지식의 위상』, 이현복 옮김, 서광사, 1992, 21쪽.

을 실현했다. 대학은 청년들이 정신적이고 도덕적인 가치를 체득하는 곳이었다. 훔볼트가 세운 베를린 대학은 19세기에 미국을 비롯한 여러 신흥 국가들이 고등교육 제도를 수립하는 데 모델이 되었다.

1818년에 베를린 대학의 교수로 취임해서 1829년에 총장을 역임한 헤겔(Georg Wilhelm Friedrich Hegel)은 『철학적 학문들의 백과전서』(*Enzyklopädie der philoso-phischen Wissenschaften im Grundrisse*, 1830)를 집필했다. 헤겔의 백과전서는 개별 학문들의 철학 체계다. 백과전서의 기획은 원래 18세기 프랑스 계몽주의자들에 의해 시작되었다. 그들은 지식 체계가 인류를 자유와 진보로 이끌 것이라 믿었다. 드니 디드로(Denis Diderot)와 달랑베르(D'Alembert) 같은 계몽주의 사상가들은 다양한 지식을 모아서 방대한 분량의 『백과전서 혹은 과학, 예술, 기술에 관한 체계적 사전』(*Encyclopédie, ou Dictionnaire raisonné des sciences, des arts et des métiers*)을 편찬했다. 하지만 그들의 백과사전은 잡다한 항목들을 나열하는 데 그쳤다. 독일의 철학자 요한 고틀리프 피히테(Johann Gottlieb Fichte)는 지식에 엄격한 철학 체계를 부여했다. 피히테의 후임으로 베를린 대학교에 부임한 헤겔은 절대정신이 꼭대기를 차지하는 철학 체계를 수립했다. 헤겔은 세계사를 정신이 실현되는 과정으로 보았다.

1960년대 말에 서유럽의 대학들은 해방운동의 본거지가 되었다. 서독의 학생운동은 노동자들과 연합하는 데 실패하여 극단적인 양상으로 전개되었다. 이들의 과격한 행동 뒤에는 권위주의와 자본주의를 비판하는 프랑크푸르트학파의 이론이 있었다. 호르크하이머(Max Horkheimer)는 「전통 이론과 비판 이론」(1937)에서 지식의 실천적 성격을 강조했다. 호르크하이머가 보기에 앎은 사회 변화를 위한 사유여야 했다. 호르크하이머의 후임으로 프랑크푸르트 대학교의 철학과 및 사회학과 교수가 된 하버마스(Jürgen Habermas)는 1965년에 「인식과 관심」이라는 제목의 강연에서 인식은 자연과학과 정신과학뿐 아니라 사회과학의 과제라고 말했다. 하버마스가 보기에 사회 인식은 모든 형태의 억압과 지배에서 벗어나기를 바라는 해방적 관심에서 비롯된다.

　『포스트모던의 조건』에서 리오타르는 계몽주의자들의 자유의 서사, 관념론자들의 정신의 서사, 유물론자들의 해방의 서사를 '메타서사'(métarécit)라고 부른다. 리오타르는 이렇게 각 시대의 지식의 성격을 결정한 '거대서사'(grand récit)를 이제는 신뢰할 수 없다고 말한다. '서사'(récit)란 무엇인가? 그것은 이야기다. 서사의 가장 오래된 형태는 설화다. 설화는 신화, 전설, 민담과 같이 오랜 세월을 거치면서 전승되는 이야기다. 설화도 지식의 한 형태다. 설화를 이야기하는 사람은 윗세대에서 아랫세대로 이야기를 전하는 역할을 한다. 설화의 전달자는 오래된 이야기 자체가 권위를 지니므로 자신이 하는 이야기의 타당성을 입증할 필요가 없다. 이와 달리 자유, 정신, 해방 같은 거대서사들은 말로 전하는 옛날이야기가 아니다. 그것들은 체계적으로 조직된 지식이다.

　리오타르는 지식이 언어로 형성된다는 사실에 주목한다. 그가 보기에 언어는 그것이 사용되는 방식과 맥락에 따라 의미가 결정된다. 다시 말해 언어의 의미는 말하는 사람과 듣는 사람이 어떤 관계와 상황 속에 있는지에 따라 정해진다. 이러한 언어관은 화용론

(pragmatique)에 바탕을 둔 것이다. 화용론은 문장의 의미가 화자, 청자, 시간, 장소에 따라 어떻게 바뀌는지를 연구하는 현대 언어학의 한 분야다. 리오타르는 또한 비트겐슈타인(Ludwig Wittgenstein)의 '언어게임' 개념을 가져온다. 비트겐슈타인은 『철학적 탐구』(1953)에서 우리가 언어를 사용하는 방식을 게임에 비유했다. 이 게임과 저 게임의 규칙은 서로 비슷할 수는 있어도 서로 같지는 않다. 다양한 게임의 규칙을 총괄하는 보편적 규칙은 존재하지 않는다. 언어 행위도 이러한 게임과 같다. 리오타르는 언어의 이런 속성 때문에 모든 이야기를 포괄하는 거대한 이야기는 타당성을 확보할 수 없다고 생각한다.

리오타르는 비트겐슈타인이 말한 '언어게임'의 의미를 확장한다. 그리하여 그는 언어게임을 대화자들이 벌이는 '경쟁'(agon)으로 이해한다. 리오타르에게 언어게임은 말 그대로 승부를 겨루는 시합이다. 언어 사용은 체스 경기의 수(手, coup)와 같다. 물론 문학 언어와 같이 다른 사람을 이기기 위한 것이 아니라 창안의 기쁨을 누리기 위한 것도 있다. 그러나 그러한 언어게임도 기존의 언어와 싸워서 이겼다는 성취감을 준다는 점에서 다른 언어게임과 다를 바 없다. 여기서 리오타르는 언어 행위를 경쟁으로 보는 소피스트들과 니체의 관점을 따른다. 리오타르는 인간들 사이의 사회적 유대가 언어게임 그 자체라고 본다.

그럼 이제 리오타르의 처음 질문으로 되돌아가자. 대학은 어떤 지식을 생산하는 곳일까? 그는 후기 산업사회에서 대학은 자체의 목적을 추구하는 곳이 아니라고 본다. 대학은 더 이상 정신과 해방의 서사를 위한 지식의 산실이 아니다. 1970년대 이후 대학은 수행성으로 정당화된다. '수행'(performance)은 영국 철학자 존 랭쇼 오스틴(John Langshaw Austin)이 언어 행위를 설명하기 위해 사용한 개념이다. 『포스트모던의 조건』에서 리오타르는 수행성을 투입과 산출의 관계에서 측정 가능한 효율성이라는 의미로 쓴다. 그러한 수행성은 참과 거짓, 옳고 그름의 기준으로 판단될 수 없고, 오로지 경제적 효과의 측면에서만 판단된다. 대학이 수행성으로 정당화된다는 말은 곧 대학이 국가와 기업의 경제적 목적을 위해 지식을 생산하는 곳임을 뜻한다. 대학은 과학 지식을 통해 사회 체계의 수행성을 극대화하는 역할을 한다. 그렇게 서구의 대학은 해방적 관심을 가진 지식인을 키우는 곳이 아니라 이윤과 효율성을 추구하는 기술자와 경영자를 양성하는 곳이 되었다.

리오타르는 과학 지식이 대학에서 상품화되고 있지만, 과학 지식 그 자체는 수행성으로 정당화되지 않는다고 말한다. 수행성은 예측할 수 있는 안정된 체계를 전제하지만, 현대 물리학과 수학은 대상을 정확하게 측정하는 것이 가능한지에 대해 의문을 제기하고 체계의 수정을 요구하기 때문이다. 예컨대 베르너 하이젠베르크(Werner Heisenberg)는 입자의 위치와 운동량의 측정에 관한 문제를 통해, 브누아 망델브로(Benoît Mandelbrot)는 해안선 길이의 측정에 관한 문제를 통해 각각 양자역학과 프랙털 기하학을 발전시켰다. 따라서 과학 지식은 이윤과 효율성이 아니라 스스로 만든 언어게임의 규칙으로 정당화된다. 과학의 발전은 이해할 수 없는 역설을 발견하고 그에 대한 새로운 규칙을 만들어 냄으로써 이루어진다. 리오타르는 과학 지식의 언어게임에서 생겨나는 역설을 '배리'(背理, paralogie)라고 부른다. 배리는 추리에서 발생하는 오류를 말하며, 과학에서 판단의 불일치를 의미한다. 그러한 배리는 포스트모던 지식의 원리가 된다.

3. 모더니즘과 포스트모더니즘

리오타르는 『포스트모던의 조건』에서 거대서사가 정당성을 잃고 정보화 사회가 도래한 현시대를 포스트모던으로 규정했다. 이후 그는 자타가 공인하는 포스트모던 철학자가 되었다. 그런데 '포스트모던'(postmodern)은 정확히 무슨 뜻일까? 리오타르의 포스트모던 철학을 이해하기 위해 '모던'과 '포스트모던'의 개념이 어떻게 생겨나서 어떻게 발전했는지를 간단히 살펴보자.

프랑스어 '모데른'(moderne)과 영어 '모던'(modern)은 고대 라틴어 '모도'(modo)에서 유래했다. '모도'는 '조금 전', '방금', '바로 지금' 등을 의미하는 부사다. 중세에는 '모데르누스'(modernus)라는 단어가 사용되었다. '모데르누스'는 '요즘의', '근래의', '현대의'를 의미하는 형용사다. 이 단어는 '지난날의', '오래된', '고대의'를 뜻하는 '안티쿠스'(antiquus)의 반대말이다. 17세기 후반에 프랑스에서 신구논쟁이 벌어져서 고대와 현대의 개념이 첨예하게 대립했다. 프랑스 학술원 회원들은 고대 그리스·로마 문학과 현대문학 중에서 무엇이 더 우월한지를 놓고 격렬한 논쟁을 벌였다. 결론이 나지 않는 구파와 신파의 논쟁은 영국과 독일로까지 이어졌다. 19세기 후반에는 유럽에서 전통과 고전주의적 규범에서 벗어나려는 사상가들과 예술가들의 운동인 '모더니즘'(modernism)이 생겨났다. 모더니즘 예술가들은 전통과의 단절을 외치고 새로운 표현 방식을 모색했다.

'포스트모던'이라는 표현은 1870년경 영국에서 처음 등장했다.[4] 그러나 포스트모던이 현재의 의미를 갖게 된 것은 1960년대에 문학과 건축 분야에서 당대의 예술을 모더니즘 예술과 구별하면서부터였다. 20세기 전반기를 풍미한 모더니즘 예술은 고전주의적 규범과 문법에서 확실히 벗어났지만, 새롭게 구축된 규범과 문법이 다시 구속력을 행사해서 예술의 표현 방식을 제한했다. 20세기 후반기의 '포스트모더니즘'(postmodernism) 예술은 그러한 규범에 대한 반발로 등장했다. 모더니즘 예술에서 금기시되었던 대중성, 장식성, 리얼리즘적 재현, 다른 양식의 차용 등은 포스트모더니즘 예술을 특징짓는 요소가 되었다. 그러한 예술은 유럽의 전통에서 벗어나 있는 미국을 중심으로 전개되었다. 미국의 문학, 미술, 건축 비평가들은 포스트모더니즘 예술의 특징을 논하기 위해 프랑스 후기구조주의 이론을 적극적으로 수용했다. 푸코, 데리다, 보드리야르 같은 프랑스 이론가들이 그들의 의사와 상관없이 포스트모더니즘 철학자로 거론되는 까닭이 여기에 있다.

하버마스는 「모던: 미완의 기획」(1980)에서 계몽의 기획을 배척

---

4 볼프강 벨쉬(Wolfgang Welsch)에 따르면 '포스트모던'이라는 표현은 1870년경 영국의 살롱 화가 존 왓킨즈 채프먼(John Watkins Chapman)에 의해 처음 사용되었다. 채프먼은 '포스트 모던 화풍'을 추구하겠다고 선언했는데, "이때 '포스트모던'은 당시 가장 진보적인 화풍이었던 프랑스 인상주의보다 더 현대적인 화풍을 의미했다"(볼프강 벨쉬, 『우리의 포스트모던적 모던 1』, 박민수 옮김, 책세상, 2001, 53~54쪽).

하는 포스트모더니즘 철학자들을 신보수주의자라고 비판했다. 프랑스 니체주의자들이 진리를 권력 의지의 소산으로 보는 데 반해, 하버마스는 '합의'(consens)에 의한 진리를 말했다. 하버마스는 1970년대 초반에 오스틴의 언어 행위 이론을 바탕으로 사회철학을 발전시켰는데, 리오타르와는 정반대로 '보편 화용론'을 제시했다. 하버마스는 이성적이고 자유로운 주체들이 이상적 담화 상황에 참여함으로써 보편적 규범을 확립할 수 있다고 보았다. 리오타르는 『포스트모던의 조건』의 말미에서 하버마스의 이러한 시각에 단호히 반대한다. 수많은 언어게임에 모두 적용되는 보편타당한 규칙은 없다. 따라서 합의는 "언어게임의 동질성을 가정하고 실현하는 테러"[5]가 될 뿐이다. 그러므로 "우리는 합의와 무관한 정의의 개념 및 실천에 도달해야 한다".[6]

리오타르는 「질문에 대한 답변: 포스트모던이란 무엇인가?」(1982)에서 포스트모더니즘 예술에 관한 그의 생각을 밝힌다. 이 글의 제목은 칸트(Immanuel Kant)의 「질문에 대한 답변: 계몽이란 무엇인가?」(1784)를 패러디한 것이다. 이 글은 계몽의 기획을 완수하자는 하버마스의 주장에 대한 반론이기도 하다. 1980년대 예술 비평가들은 포스트모더니즘 예술이 아방가르드의 실험성을 내던지고 과거의 양식들을 짜깁기했다고 비판했다. 그런데 리오타르가 보기에 그런 것들은 포스트모더니즘 예술이 아니라 리얼리즘 예술이다. 「질문에 대한 답변」에서 리오타르가 말하는 리얼리즘, 모더니즘, 포스트모더

---

5 리오타르, 『포스트모던적 조건』, 143쪽.
6 앞의 책, 143쪽.

니즘은 예술사 책에 나오는 특정 시대의 예술 양식이 아니다.

일반적으로 리얼리즘은 19세기 후반에 성행했던 예술 사조를 가리킨다. 리얼리즘은 신화와 종교 같은 초자연적 요소를 배제하고 현실을 있는 그대로 묘사하려는 창작 태도를 의미한다. 20세기 초반에 생겨난 모더니즘은 예술에서 전통적이고 관습적인 요소를 거부하고 새로운 형식을 창조하려는 창작 태도다. 그에 반해 포스트모더니즘은 20세기 후반에 모더니즘 예술의 순수성과 엘리트주의에 반발해서 모방과 재현의 전통으로 되돌아가는 경향으로 이해된다.

리오타르는 「질문에 대한 답변」에서 이러한 예술 사조의 전개와 전혀 다른 방식으로 리얼리즘, 모더니즘, 포스트모더니즘을 논한다. 리오타르가 보기에 리얼리즘은 사람들이 즉각적으로 알아볼 수 있는 현실을 만들어 내려는 창작 태도다. 사람들은 작품에서 묘사되고 서술된 것이 무엇인지 곧바로 인식할 수 있어야 한다. 그래서 리얼리즘 예술은 전위예술의 실험을 거부하고 대중들이 익히 알고 있는 규칙과 문법을 사용한다. 그러한 예술은 아카데미즘과 키치 사이를 왔다 갔다 하면서 대중들에게 즐거움과 위안을 준다. 리얼리즘 예술은 현실에 대한 의혹으로부터 의식을 지켜 주고, 친숙한 언어게임이 지속되도록 만든다.

모더니즘과 포스트모더니즘은 그러한 리얼리즘 미술과 문학의 규칙에 의문을 제기하고 그것의 기만성을 드러낸다. 모더니즘과 포스트모더니즘 예술은 기본적으로 아방가르드 예술이다. '아방가르드'(avant-garde)는 원래 '전위대'를 뜻하는 프랑스어다. 20세기 초의 입체주의, 표현주의, 구축주의, 절대주의, 다다, 초현실주의 등은 기존

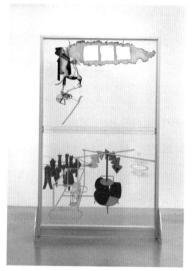

그림 1 조르조 데 키리코, 「불안한 뮤즈」(Le Muse inquietanti), 1917~1918년, 개인 소장

그림 2 마르셀 뒤샹, 「그녀의 독신남들에 의해 발가벗겨진 신부, 조차도」(La mariée mise à nu par ses célibataires, même), 1915~1923년(리처드 해밀턴의 1965~1966년 복제품), 테이트 모던 미술관

의 조형 언어를 해체하며 전진한 예술운동이었다. 그런데 리오타르는 아방가르드 예술도 우울과 혁신의 이중성을 가진다고 말한다. 예컨대 이탈리아 화가 조르조 데 키리코(Giorgio de Chirico)와 프랑스 미술가 마르셀 뒤샹은 모두 현대의 비인간성을 시각적으로 표현하고 있지만, 데 키리코가 옛것을 잊지 못하는 향수에 빠져 있는데 반해, 뒤샹은 물건으로 변한 인간을 유희와 향유의 대상으로 삼는다.

　우울한 작품의 한 예로 데 키리코의 「불안한 뮤즈」(그림 1)를 보자. 청록색과 붉은색의 대비 속에 사물들로 구성된 이상한 세계가 펼쳐져 있다. 전면에 있는 여신상의 몸체는 고대 그리스 양식인데, 머리는 의상실에서 사용하는 가봉 마네킹이다. 배경에는 산업 시대의 공장 굴뚝과 중세 시대의 성이 공존한다. 역원근법으로 그려진 바닥에는 그림자가 제멋대로 뻗어 있다. 데 키리코는 이러한 방식으로 고전적 소재와 기법을 갖고 와서 그것들을 파괴한다. 리오타르는 데 키리코의 왜곡되고 사물화된 풍경 묘사에서 안정되고 통일된 세계의 붕괴와 그로 인한 상실감을 발견한다.

반면에 혁신적인 작품인 뒤샹의 「그녀의 독신남들에 의해 발가벗겨진 신부, 조차도」(그림 2)는 과거에 대한 어떤 향수도 지니지 않는다. 작품은 익살스럽고 관능적인 분위기를 풍긴다. 뒤샹은 이 작품에서 '캔버스에 유채'라는 전통적 매체에서 벗어나 큰 유리판 2개에 유화 물감, 니스, 납 철사를 사용해서 그림을 그려 넣었다. 작품은 두 세계로 나누어져 있다. 천상계에는 신부 1명이 구름처럼 생긴 후광과 함께 떠 있고, 지상계에는 독신남 9명이 행진하듯 모여 있다. 감상자는 이러한 설명을 듣기 전까지는 유리판에 그려진 괴상한 물건들이 인간들이라는 것을 눈치채기 어렵다. 뒤샹이 여성과 남성을 비인간적인 기계장치로 치환했기 때문이다.

리오타르는 포스트모던이 모던의 한 부분이지만, 더 급진적인 모던이라고 말한다. 모던 예술은 여전히 옛 규범에 대한 향수에 젖어 있지만, 포스트모던 예술은 감상자에게 즐거움을 주는 리얼리즘적 규범을 완전히 떨쳐 버리기 때문이다. 그런데 '포스트모던'은 그 자체로 역설적 표현이다. '모던'의 어원인 '모도'(modo)가 '조금 전'이나 '방금'이라는 뜻임을 상기하면, '포스트모던'은 과거와 미래가 합쳐진 '조금 전 이후(post)'라는 뜻이 되기 때문이다. 그래서 리오타르는 포스트모던을 '전미래'(futur antérieur) 시제의 역설이라고 말한다. 프랑스어에서 전미래는 영어의 미래완료와 같이 미래에 일어날 사건을 종료된 것으로 표현하는 시제다. 그런 의미에서 리오타르는 포스트모더니즘 예술가가 미래에 만들어져 있을 것의 규칙을 만들어 내는 사람들이라고 본다. 그러한 포스트모더니스트는 현대 이전에도 있었다. 리오타르는 16세기 프랑스 사상가 미셸 드 몽테뉴(Michel de Montaigne)의 에세이가 포스트모던에 속한다고 말한다. 체계와 통일성에서 자유로운 글쓰기였기 때문이다.

4. 분쟁의 철학

리오타르의 『분쟁』은 그의 철학을 대표한다. 『분쟁』의 프랑스어판 뒤표지에는 "나의 철학책"이라는 문구가 찍혀 있다. 『분쟁』은 리오타르의 비체계적 사유가 적용된 책이다. 이 책은 독서 카드 형식으로 작성된 서론, 총 264개의 절로 이루어진 본문, 그리고 다른 철학 텍스트들에 대한 14개의 주석으로 구성되어 있다. 일련번호가 붙은 절들의 흐름은 본문 중간중간에 삽입된 주석들에 의해 끊긴다. 그래서 그는 『분쟁』이 불연속적인 에세이 형식으로 쓰였다고 말한다.

이 책의 주제는 표제이기도 한 '분쟁'이다.[7] 일반적으로 분쟁은

---

7 프랑스어 '디페랑'(différend)은 분쟁, 쟁의, 갈등을 의미하는 단어다. 『분쟁』(Le Différend)의 번역자인 진태원은 '디페랑'의 번역어를 '분쟁'이나 '쟁의'가 아니라 '쟁론'으로 택하고, 그 이

토지 분쟁이나 영토 분쟁과 같이 개인이나 집단 사이에 이해관계가 달라서 서로 복잡하게 다투는 것을 말한다. 리오타르는 이러한 분쟁에 철학적 의미를 부여하고, 그것을 두 당사자의 법적 다툼인 '계쟁'(litige)과 구별한다. 계쟁은 법원에 소송을 제기한 원고가 법정에서 자신의 손해를 입증하면, 피고가 그것을 부인하는 방식으로 진행된다. 계쟁은 원고 측과 피고 측에 모두 적용되는 판단 규칙을 토대로 법원이나 위원회의 중재를 거쳐 해결될 수 있다. 그에 반해 분쟁은 "원고가 논변의 수단을 박탈당하고 이 사실 때문에 희생자가 되는 경우"[8]를 말한다. 계쟁과 달리 분쟁은 희생자가 자신의 손해를 증명하지 못하기 때문에 해결될 수 없다. 리오타르는 이렇게 법정에서 인정받지 못한 손해를 '잘못'(tort)이라고 부른다. '잘못'에는 피해자가 피해 사실을 입증하지 못해 희생자가 되는 것이 부당하다는 의미가 담겨 있다.

리오타르는 분쟁의 여러 예를 든다. 그중 한 예는 로베르 포리송(Robert Faurisson)과 대학살에 희생된 유대인들이다. 리옹 대학교 프랑스어문학과 교수였던 포리송은 2차 세계대전 동안 나치가 유

유를 「역자 후기」에서 다음과 같이 밝힌다. "주로 국제 정치적인 맥락에서 사용되는 '분쟁'이라는 번역어나 우리말에서는 주로 '노동 쟁의' 등과 관련된 법률적·사회적 용어로 쓰이는 '쟁의'라는 번역어보다는 '쟁론'이라는 말이 리오타르의 의도를 좀 더 폭넓게 살릴 수 있다고 생각한다."(장-프랑수아 리오타르, 『쟁론』, 진태원 옮김, 경성대학교출판부, 2015, 326쪽.) 그러나 필자는 '서로 다투어 토론하는 것'을 의미하는 '쟁론'보다는 '시끄럽고 복잡하게 다투는 것'을 의미하는 '분쟁'이 리오타르의 '디페랑' 개념이 내포하는 갈등 해소의 어려움을 더 살릴 수 있다고 생각해서 '분쟁'이라는 번역어를 사용했다.

8 리오타르, 『쟁론』, 12절.

대인들을 학살한 역사적 사실을 부정해서 악명을 떨쳤다. 포리송은 1970년대부터 신문사에 편지를 보내고 책을 출판하는 방식으로 집단 학살에 사용된 가스실의 존재를 지속적으로 부인했다. 그는 가스실의 존재를 입증할 수 있는 증인으로 오직 가스실에서 희생된 사람만을 택하겠다는 식의 논리를 펼쳤다. 리오타르는 포리송의 이러한 논변 형식에 주목한다. 가스실에서 희생당한 사람들은 죽었기 때문에 당연히 그들이 겪은 비극을 증언할 수 없다. 그리하여 홀로코스트의 희생자들이 입은 피해는 입증 불가능한 잘못이 된다. 이렇게 희생자들이 침묵하는 동안 포리송과 같은 부정주의자들은 나치의 범죄를 부인하는 담론을 생산하고 퍼트려서 정치 세력을 형성한다. 분쟁은 이처럼 희생자들이 그들의 피해를 드러내 보일 수 없을 때 발생한다.

분쟁의 또 다른 예는 노사 갈등이다. 노동자는 노동위원회에서 자신의 노동이 고용주가 소비하는 상품이 아니라는 사실을 입증할 수 없다. 노동의 소외는 법률적 문제가 아니기 때문이다. 노동위원회는 법률과 관련된 사항만 중재할 따름이다. 동물은 희생자의 대표적 사례다. 예컨대 누군가로부터 학대를 받은 개는 자신의 고통을 다른 사람에게 증명해 보일 수단을 갖고 있지 않다. 그래서 개가 받은 고통은 잘못이 된다. 리오타르는 이러한 분쟁을 증언하는 것이 철학·문학·정치의 쟁점이라고 말한다. 그렇다면 분쟁의 증언이 어떻게 가능할까? 리오타르가 『분쟁』에서 발전시킨 언어철학은 이와 같은 문제의식에서 출발한다.

리오타르는 언어의 문제를 '문장'(phrase)이라는 개념으로 고찰한다. 그에 따르면 하나의 문장은 한 무리의 규칙들로 구성되고, 그

규칙들은 '체제'(régime)를 이룬다. 문장 규칙 체제에는 추론, 인식, 서술, 이야기 등이 있다. 서로 다른 규칙 체제에 속한 두 문장은 연쇄될 수 있다. 그것은 일정한 목적을 갖는 담론 '장르'(genre)에 의해 가능하다. 알기 위한, 가르치기 위한, 유혹하기 위한, 정당화하기 위한 장르는 문장들을 이어 주는 역할을 한다. 그런데 장르들 모두에 통용되는 메타 규칙은 없다. 따라서 한 장르를 우위에 놓고 그것의 규칙을 다른 장르에 적용하는 것은 정당하지 않다.

리오타르는 『분쟁』에서 언어를 정보 전달의 수단으로 보지 않는다. 그가 보기에 문장은 발신자가 수신자에게 전달하는 메시지에 불과한 것이 아니다. 하나의 문장은 발신자·수신자·지시 대상·의미로 이루어진 관계에서 일어나는 하나의 사건이다. 문장의 네 심급이 이루는 관계는 매번 달라진다. 따라서 문장들은 개별적이고, 한 문장이 다른 문장을 대체하지 못한다. 리오타르는 사람의 제스처, 심지어 동물의 몸짓도 문장이라고 본다. 예컨대 '꼿꼿하게 세운 고양이 꼬리'도 하나의 문장이다. 이 문장에서 발신자는 고양이, 수신자는 사람이다. 이 문장이 발생한 후에 다음과 같은 문장의 연쇄가 일어날 수 있다. "어떻게 해 줄까? 참 신경 쓰이게 하는구나. 아직 배고파? 고양이들은 참 표현을 잘하는 꼬리를 갖고 있어."[9] 리오타르는 이러한 예를 통해 인간을 언어의 주인으로 보는 인간중심주의적 언어관을 비판한다. 그는 인간이 언어를 사용하는 것이 아니라, 문장이 발생하는 것이

9 리오타르, 『쟁론』, 123절.

라고 본다.

리오타르에 따르면 침묵도 하나의 문장이다. 그것은 발신자·수신자·지시 대상·의미 중 하나가 부정된 문장이다. 계쟁으로 해소될 수 없는 분쟁은 부정적 문장이다. 리오타르는 분쟁으로 인한 잘못이 문장으로 표현되기 위해서는 새로운 '관용어'(idiome)가 발명되어야 한다고 말한다. 만일 발명이 성공적으로 이루어진다면 침묵에 따르는 고통의 감정은 기쁨의 감정으로 바뀔 수 있다. 그것은 바로 숭고(le sublime)의 감정이다. 리오타르는 숭고의 감정을 불러일으키는 것이 포스트모더니즘 철학·문학·정치의 과제라고 본다.

5. 숭고의 미학

리오타르는 1983년 베를린 예술대학교에서 「숭고와 아방가르드」라는 제목으로 강연을 했다. 이 강연에서 그는 위-롱기누스(Pseudo-Longinus)에서 칸트에 이르는 숭고론을 바탕으로 현대예술의 특성을 밝혔다. '숭고'는 리오타르 미학의 핵심 개념이다. 그가 왜 숭고에 주목하는지를 알기 위해서는 숭고 개념의 역사를 잠시 돌아볼 필요가 있다.

숭고에 대한 저술 중에서 가장 오래된 것은 기원후 1세기경의 작품으로 추정되는 『숭고에 관하여』다. 이 책의 저자는 고대 수사학자 카시우스 롱기누스(Cassius Longinus)라고 전해져 왔지만, 오늘날에는 그 사실이 부인되어 '위(僞)-롱기누스'라는 명칭으로 불린다. 이 책은 문학과 수사학에 관한 내용을 다룬다. 이 책의 저자에 따르면 숭고함은 연설가가 청중을 압도할 때 생겨난다. 숭고함은 청중들을 설득하는 것이 아니라 황홀감에 빠지게 만든다. 그러한 숭고함을 불러일으키기 위해서는 연설가의 타고난 능력과 소질이 필요한데, 그것은 위대한 생각을 하는 능력과 격정적이고 신들린 파토스다.

　근대에 처음으로 숭고를 체계적으로 논한 사람은 아일랜드 출신의 영국 사상가 에드먼드 버크(Edmund Burke)다. 버크는 『숭고와 아름다움의 관념의 기원에 관한 철학적 탐구』(1757)에서 숭고를 설명하기 위해 당대의 경험론 철학을 대거 동원했으며, 미보다 숭고를 우선시했다. 버크는 숭고가 미의 일종인 숭고미가 아니라 미와 전혀 다른 종류의 것임을 밝혔다. 그 후 칸트는 『판단력비판』(1790)에서 숭고를 미와 구별했을 뿐만 아니라, 숭고의 선험론적 근거를 논해서 이후에 등장한 숭고론에 지대한 영향을 미쳤다.

　20세기 후반에 리오타르는 근대 숭고론을 새롭게 해석하여 숭고함을 아방가르드 예술 경험의 특징으로 설명했다. 리오타르에 따르면 현대예술은 '현시할 수 없는 것'(l'imprésentable)이 있다는 것을 표현하려고 한다. '현시'(現示, exhibitio)란 어떤 것을 깨우쳐 보여 준다는 뜻인데, 칸트 철학에서 그것은 개념에 부합하는 직관을 제공하는 것을 말한다. 그렇다면 리오타르는 보여 줄 수 없는 것을 보여 주려는 것이 현대예술이라고 주장하는 셈이다. 이러한 역설적인 과제가 어떻게 가능할까?

　'현시할 수 없는 것'은 원래 칸트가 『판단력비판』에서 숭고의 감정을 설명하면서 사용한 개념이다. 칸트에 따르면 인간에게는 대상을 감각 기관을 통해 직관하는 감성, 개념에 따라 판단하는 지성, 그리고 이 두 능력을 연결하는 상상력이 있다. 상상력은 대상이 지금 없더라도 그것을 직관하는 능력이다. 그런데 인간에게는 무한하고 절대적인 것을 생각하는 능력인 이성도 있다. 이성은 무한한 것을 마음속에서 이념으로 떠올린다. 칸트가 보기에 숭고의 감정은 상상력과 이성이 서로 충돌할 때 생겨난다. 우리는 거대한 산맥이나 드넓은 바다를 바라보면서 그 크기에 압도되고, 그것의 자극을 받아 그 대상과 비교할 수 없을 정도로 큰 이념이 우리 내부에 있다는 사실을 의식하게 된다. 상상력은 그러한 이성 이념을 현시하려고 노력하지만, 그렇게 단적으로 큰 것을 감각적으로 현시하는 것은 불가능하다. 그리하여 우리는 상상력이 이성 이념의 현시에 부적합하다는 사실을 자각하게 되고, 그러한 자각은 불쾌감을 낳지만, 상상력의 좌절이 이성의 무제한한 능력을 환기시킨다는 사실은 역으로 쾌감을 낳는다. 숭고의 감정은 그러한 불쾌감과 쾌감이 동시에 일어나는 감정이다.

칸트가 『판단력비판』을 쓴 주된 목적은 그의 비판 철학에서 서로 분리되었던 자연 개념과 자유 개념을 다시 매개하는 데 있었다. 반면에 리오타르는 이질적인 담론 장르들을 하나로 합치면 한 장르가 다른 장르에 희생되는 분쟁이 일어난다고 말한다. 희생자가 자신의 피해를 증명하지 못하는 상황인 분쟁은 새로운 관용어의 발명으로 극복될 수 있다. 리오타르는 분쟁의 희생자와 같이, 자신의 존재를 알리지 못하는 것에 목소리를 부여하는 것이 현대예술의 임무라고 본다. 그래서 그는 현대예술가들이 현시할 수 없는 것의 존재를 보여 주기 위해 노력해야 한다고 주장한다. 칸트에게 현시할 수 없는 것은 인간 마음속에 있는 이성 이념이었다. 반면에 리오타르에게 현시할 수 없는 것은 '사건'(événement)이다. 그것은 발생 그 자체다. 그것은 하이데거가 '생기'(生起, Ereignis)라고 부른 것이며, 무한히 단순해서 이성적 사고로 파악되지 않고, 사고가 무장 해제될 때 비로소 접근이 가능한 것이다.

리오타르가 보기에 현실에 있는 대상들을 모방하지 않는 20세기 아방가르드 회화는 재현 불가능한 것이 있다는 사실을 암시한다. 그는 「질문에 대한 답변」에서 카지미르 말레비치(Kazimir Malevich)의 「절대주의 구성: 흰색 위에 흰색」(그림 3)을 그 예로 든다. 우리는 아무것도 재현하지 않는 말레비치의 작품을 보면서 그것이 무엇을 의미하는지 알고 싶어 한다. 그러나 작품은 어떤 답도 알려 주지 않는다. 그래서 작품은 무의미하지만, 화면은 무(無)의 상태가 아니다. 테두리를 이루는 큰 사각형 속에 어긋나게 놓인 작은 사각형은 운동감을 느끼게 한다. 리오타르에 따르면 이러한 그림은 우리의 숭고 경험을 유발한다. 말레비치의 회화는 아무것도 말해 주지 않지만, 가시적 표현을 통해 재현 불가능한 사건이 일어나고 있음을 암시한다. 그리하여 의미 있는 것을 보지 못했던 관객의 무력감은 미지의 것을 접하게 되는 즐거움으로 바뀐다.

이와 관련하여 리오타르는 「숭고와 아방가르드」에서 버크의 숭고론에 주목한다. 리오타르에 따르면 버크는 칸트와 달리 박탈의 공포에 대해 말했다. 박탈의 공포는 무엇인가가 없어지는 것에 대한 두려움이다. 암흑은 빛의 박탈이고, 침묵은 언어의 박탈이고, 죽음은 생명의 박탈이다. 버크는 이러한 공포가 한 사람의 정신뿐 아니라 육

그림 3 카지미르 말레비치, 「절대주의 구성: 흰색 위에 흰색」 (Suprematist Composition: White on White), 1918년, 뉴욕 현대 미술관

체까지 고통스럽게 만들지만, 그 사람이 끔찍한 상황에서 벗어나게 되면 안도감과 함께 더 강한 기쁨인 희열(delight)을 느끼게 된다고 말했다. 버크에게 숭고는 정신의 고양과 관련된 것이 아니라, 죽음의 공포로 위축되었던 생명력이 강화되는 것이다. 리오타르는 비재현적 회화에서 관객이 경험하는 것도 이와 같은 숭고라고 말한다.

리오타르는 바넷 뉴먼의 작품들을 '숭고한 회화'(peinture sublime)의 대표적 사례로 든다. 뉴먼의 1951년 작품 「영웅적이고 숭고한 남자」(그림 4)를 보자. 제목과 달리 그림에서는 어떤 인간의 형상도 찾을 수 없다. 작품의 내용을 인간이 아니라 영웅성과 숭고함의 의인화로 볼 수도 있지만, 화면에서 재현적 요소를 찾을 수 없기는 마찬가지다. 심지어 말레비치의 작품에 등장하는 원이나 사각형 같은 도형도 없다. 가로 길이가 5.5미터에 이르는 대형 화면에서 식별할 수

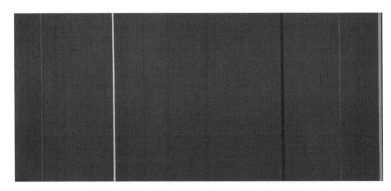

그림 4 바넷 뉴먼, 「영웅적이고 숭고한 남자」(Vir Heroicus Sublimis), 1951년, 뉴욕 현대 미술관

있는 형태라고는 '지퍼'(zip)라고 불리는 수직선 5개뿐이다. 리오타르는 이러한 수직선이 어둠 속에서 번쩍이는 번개나 구약성경에 나오는 '빛이 있으라'라는 구절처럼, 없던 것이 생겨나는 순간, 즉 사건이 일어나는 순간을 암시한다고 말한다. 그런데 이 작품의 가장 두드러진 특징은 화면을 지배하는 붉은색이다. 관객은 작품을 마주하면서 언어를 박탈당하는 동시에 색채의 강렬함에 압도된다.[10] 뉴먼은 관객이 자신의 작품을 멀리서 보지 말고 가까이서 보기를 원했다. 그래야만 화면이 관객의 시야를 압도하기 때문이다.

---

10 뉴먼은 1960년대 후반에 「누가 빨강, 노랑, 파랑을 두려워하는가?」라는 제목으로 4개의 연작 회화를 제작했다. 리오타르는 이 제목에서 버크가 말한 공포를 떠올렸다. 버크에 따르면 숭고함은 공포가 희열로 바뀔 때 느껴지는 감정이다. 이렇듯 강렬한 감정을 불러일으키는 뉴먼의 연작 회화는 미술품 테러의 대상이 되기도 했다. 1986년에 한 청년이 암스테르담 시립 미술관에 걸려 있던 뉴먼의 1966년 작품 「누가 빨강, 노랑, 파랑을 두려워하는가? III」를 날카로운 칼로 반복해서 그었다. 그 청년이 반달리즘 행위를 한 동기는 불분명하지만, 그 작품이 그 청년을 몹시 흥분시켰던 것은 분명하다.

6. 포스트모던 이후

오늘날 리오타르는 『포스트모던의 조건』을 쓴 철학자로 기억된다. 그래서 그의 철학에는 항상 '포스트모던'이라는 수식어가 따라붙는다. 20세기 말에 지성계와 문화계에 크나큰 파급력을 행사했던 포스트모더니즘은 격렬한 비판의 대상이 되기도 했다. 리오타르는 「질문에 대한 답변」에서 자신이 말하는 포스트모더니즘이 신보수주의 철학과 절충주의 예술이 아니라는 점을 분명히 밝혔다. 그가 주장하고 옹호한 것은 분쟁의 철학과 급진적 아방가르드 예술이었다.

1980년대에 철학과 예술 비평에서 불붙은 포스트모더니즘 논쟁은 1990년대에 과학계로까지 번졌다. 미국의 물리학자 앨런 소칼(Alan Sokal)은 후기구조주의 계열의 사상을 '지적 사기'라고 부르며 '과학 전쟁'에 뛰어들었다. '과학 전쟁'이란 과학 지식의 실재성을 주장하는 과학자들과 과학이론을 사회와 역사의 산물로 보는 포스트모더니즘 사상가들 사이에 벌어진 논쟁이다. 소칼은 벨기에의 물리학자 장 브리크몽(Jean Bricmont)과 함께 쓴 『지적 사기』(1998)에서 20세기 과학을 '포스트모던 과학'으로 규정한 리오타르가 과학 개념들을 적잖이 혼동하고 있다고 비판했다.[11]

---

11 '포스트모던 과학'을 비판한 소칼 자신도 비판의 대상이 되었다. 그는 1996년에 과학적 오류로 뒤범벅된 엉터리 논문을 써서 포스트모더니즘 계열의 『소셜 텍스트』(Social Text) 지에 투고했다. 그는 논문이 실리자 그 내용이 가짜임을 폭로했는데, 이러한 가짜 논문이 심사에서 통과되었다는 사실과 연구자가 가짜 논문을 작성해서 투고했다는 사실은 학계에 이중으로 스캔들을 일으켰다.

세기가 바뀌고 포스트모더니즘 논쟁의 열기가 식으면서 리오타르에 대한 관심도 줄어든 듯이 보인다. 그러나 리오타르 철학에 대한 진지한 접근은 이제 막 시작되었다고 할 수 있다. 프랑스 철학자 자크 랑시에르(Jacques Rancière)는 리오타르 철학의 비판적 독자다. 랑시에르는 리오타르와 마찬가지로 언어 또는 말을 정치 문제의 핵심으로 본다. 그러나 해방의 거대서사를 불신한 리오타르와 달리, 랑시에르는 해방을 다시 현대철학의 쟁점으로 삼는다. 그는 『정치적인 것의 가장자리에서』(1990)와 『불화』(1995) 같은 일련의 정치철학 연구에서 리오타르의 '분쟁' 개념의 한계를 지적하고, '불화'(mésentente) 개념에 바탕을 둔 정치철학을 발전시킨다. 랑시에르에게 불화는 사람들이 동일한 말을 서로 다르게 이해하는 데서 생겨나는 갈등이다. 랑시에르는 또한 희생자의 절대적 손해를 의미하는 리오타르의 '잘못' 개념을 옳지 않게 구성된 정치에서 생기는 상황이라는 의미로 바꿔 사용한다. 2000년대부터 미학과 예술의 문제에 천착한 랑시에르는 『이미지의 운명』(2003)과 『미학 안의 불편함』(2004)에서 리오타르의 숭고 개념과 재현 불가능한 것에 대한 논의를 비판적으로 검토한다.

리오타르는 20세기 말에 철학·문학·수사학 등의 다양한 분야에서 숭고에 대한 논의가 활발해지는 데 크게 기여했다. 그가 「숭고와 아방가르드」에서 숭고론의 역사를 돌아본 이후로 위-롱기누스에서 낭만주의까지 복잡다단하게 전개된 숭고 개념의 변천사를 추적한 연구들이 꾸준히 나오고 있다. 리오타르와 장-뤽 낭시(Jean-Luc Nancy)를 비롯한 여러 프랑스 학자들의 논문을 묶은 『숭고에 대하여』(1988), 비교 문학 연구자 로버트 도랜(Robert Doran)의 『롱기누스에서 칸트에 이르는 숭고론』(*The Theory of the Sublime from Longinus to Kant,* 2015)
이 대표적이다.

참고문헌

1차 문헌

리오타르, 장-프랑수아,『쟁론』, 진태원 옮김, 경성대학교출판부, 2015.

_____,『지식인의 종언』, 이현복 옮김, 문예출판사, 1993.

_____,『포스트모던적 조건: 정보 사회에서의 지식의 위상』, 이현복 옮김, 서광사, 1992.

Lyotard, Jean-François, *Peregrinations: Law, Form, Event*, New York: Columbia University
　　Press, 1988.

_____, *The Inhuman: Reflections on Time*, trans. Geoffrey Bennington and Rachel Bowlby,
　　Stanford: Stanford University Press, 1991.

_____, *Les transformateurs Duchamp / Duchamp's Transformers*, ed. Herman Parret, trans.
　　Ian McLeod, Leuven: Leuven University Press, 2010.

2차 문헌

말파스, 사이먼,『장 프랑수아 리오타르, 포스트모더니즘을 구하라』, 윤동구 옮김, 앨피, 2008.

벨쉬, 볼프강,『우리의 포스트모던적 모던 1』, 박민수 옮김, 책세상, 2001.

Bamford, Kiff, *Jean-François Lyotard*, London: Reaktion Books, 2017.

Readings, Bill, *Introducing Lyotard: Art and Politics*, London: Routledge, 1991.

질 들뢰즈,
우리 시대의 형이상학 ── 성기현

1. 생애

질 들뢰즈(Gilles Deleuze)는 1차 세계대전(1914~1918)과 대공황(1929) 사이, 1925년에 프랑스 파리의 중산층 가정에서 태어났다. 평범하던 그의 가족은 2차 세계대전(1939~1945)으로 큰 비극을 겪어야 했다. 장교를 지망하던 큰아들 조르주(Georges Deleuze)가 나치의 프랑스 점령에 맞서 레지스탕스 활동을 벌이다 독일군에 체포된 것이다. 그는 수용소로 끌려가던 중 사망했고, 어린 들뢰즈는 형을 잃은 슬픔을 감당하면서 처음에는 문학에서, 나중에는 철학에서 자신의 의미와 역할을 찾고자 했다.

들뢰즈가 철학을 처음 접한 것은 고등학교 시절이었다. 회고에 따르면, 그는 철학 수업을 몇 차례 듣자마자 자신이 철학자가 되리라는 사실을 직감했다고 한다. 그는 철학적 개념들이 소설 속의 인물들처럼 '살아 움직이는 듯한' 인상을 받았고, 철학 수업에서 곧 두각을 나타내기 시작했다. 친구인 소설가 투르니에(Michel Tournier)에 따르면, 들뢰즈는 10대 후반에 이미 철학적 개념을 창조적으로 재해석하는 놀라운 능력을 갖고 있었다고 한다. 친구들 사이에서 철학 토론이 벌어지면, 들뢰즈는 상대방이 '고무공'처럼 다룬 개념을 '쇠공'처럼 만들어서 되돌려 주곤 했다는 것이다. 이 일화는 교과서적이고 진부한 개념들에 새로운 생명을 불어넣는 그의 철학적 재능을 잘 보여 준다.

고등학교를 졸업하면서 대학 입학 자격을 얻었지만, 들뢰즈는 바로 진학하지 않고 고등사범학교 예비학교에 등록했다. 고등사범학교는 1794년에 설립된 유서 깊은 엘리트 교육기관으로, 예비학교를 거친 우수한 학생들 중에서도 극소수만을 선발한다. 철학 분야에서는 베르그손(Henri Bergson), 사르트르(Jean-Paul Sartre), 보부아르(Simone de Beauvoir), 메를로퐁티(Maurice Merleau-Ponty), 푸코(Michel Foucault), 데리다(Jacques Derrida) 등이 바로 이곳 출신이다. 들뢰즈는 예비학교에서도 뛰어난 능력을 발휘했지만, 고등사범학교 진학에는 실패한다. 알려진 바로는, 시험 주제들 중 일부를 다루지 않아서 높은 성적을 받고서도 진학할 수 없었다고 한다.

들뢰즈는 1944년 소르본 대학교 철학과에 진학했고, 1948년에는 교수자격시험을 2등으로 통과한다. 그러나 대학 시절 들뢰즈는 술을 중독에 가까울 정도로 즐기고 담배도 자주 피우는 등 건강을 잘 돌보는 편이 아니었고, 그로 인해 어린 시절부터 앓아 왔던 천식이 크게 악화되었다.

1953년, 흄(David Hume)을 재해석한 『경험주의와 주체성』을 출간하면서 들뢰즈는 이십 대 후반의 나이로 철학계에 등장한다. 이 책은 헤겔(Georg Wilhelm Friedrich Hegel), 후설(Edmund Husserl), 하이데거(Martin Heidegger) 등의 독일 사상이 철학계를 주도하던 시대적 분위기에서 벗어나 있는 것으로서, 그의 철학사 해석이 지닌 비주류적 성향을 잘 보여 준다. 1962년에 출간한 『니체와 철학』은 큰 반향을 일으키면서 그에게 상당한 학문적 인지도를 가져다 주었다. 들뢰즈는 이후 칸트(Immanuel Kant), 베르그손, 스피노자(Baruch de Spinoza) 등에 관한 독창적인 연구서들을 잇달아 출간하면서 자신의 철학을 가다듬어 나갔고, 그 성과는 그의 국가박사학위논문 『차이와 반복』(1968)에 집약되어 나타났다.

1968년과 1969년은 들뢰즈의 인생에서 중요한 전환점에 해당한다. 첫째로, 프랑스를 넘어 유럽 전역을 뒤흔든 68혁명이 일어났다. 당시 리옹 대학교에 재직하고 있던 그는 대다수의 다른 교수들과 달리 학생들의 주장에 공감했고, 이는 1970년대 초 푸코 등과 함께 사회 활동에 참여하는 것으로 이어졌다. 둘째로, 『차이와 반복』을 출간하고 국가박사학위를 받았다. 논문 심사는 원래 68년으로 예정되어 있었지만, 들뢰즈에게 결핵이 발병하면서 69년 봄으로 연기되었다. 논문 심사를 통과한 뒤 그는 폐 하나를 제거하는 큰 수술을 받았고, 그로 인해 평생 호흡이 부족한 상태를 견디며 살아야 했다. 셋째로, 학문적 동반자 가타리(Félix Guattari)를 만났다. 두 사람이 함께 쓴 『안티 오이디푸스』(1972)는 철학 영역에서 68혁명의 정신을 대변하는 사례로 손꼽히며, 난해한 내용에도 불구하고 베스트셀러의 반열에 올랐다.

68혁명의 여파 속에서, 교육개혁의 일환으로 뱅센 실험대학(현재의 파리 8대학)이 설립되자 들뢰즈는 푸코, 리오타르(Jean-François Lyotard), 바디우(Alain Badiou), 랑시에르(Jacques Rancière) 등과 함께 그곳의 교수가 되었다. 그는 1987년 은퇴할 때까지 계속 이 대학에서 학생들을 가르쳤다. 건강 때문에, 들뢰즈는 긴 여행은 거의 엄두도 내지 못했고 인터뷰와 외부 강연도 가급적 자제했다. 따라서 그의 삶은 오롯이 대학 강의와 글쓰기에 집중되었다.

1992년 가타리가 사망했을 때, 들뢰즈는 장례식에 참석할 수도 없을 만큼 건강이 나빠져 있었다. 호흡 곤란으로 산소 튜브를 달고서도 점점 더 자주 질식 상태에 빠졌고, 글을 쓰거나 대화를 나누는 것

그림 1 대학에서 강연 중인 들뢰즈

도 힘들어졌다. 인공호흡기에 의지하던 그는 1995년 11월 4일 자신의 집에서 몸을 던져 생을 마감한다. 학문적 경쟁자였던 바디우는 부들거리는 손으로 쓴 들뢰즈의 편지를 받아 보면 인생이 어떤 것인지 알게 된다고 회고했다. 부들거리는 손으로 쓴 편지, 그것은 다가오는 죽음 앞에서도 자신의 지적 능력을 발휘하고자 했던 들뢰즈의 치열한 투쟁을 보여 준다.

2. 들뢰즈 사상의 전개 과정

일반적으로, 들뢰즈의 사상은 철학사 연구의 시기, 윤리적·정치적 시기, 미학적 시기를 거치면서 전개된 것으로 이해된다.

철학사 연구의 시기는 1953년에서 1969년까지로, 그가 출간한 첫 번째 책『경험주의와 주체성』, 국가박사학위논문인『차이와 반복』(주논문)과『스피노자와 표현 문제』(부논문, 1969), 그리고 곧이어 출간된『의미의 논리』(1969)까지를 포괄한다.『경험주의와 주체성』을 출간한 뒤, 들뢰즈는 자기 철학의 방향성을 가늠하는 8년여의 긴 공백기를 보냈다. 그러나『니체와 철학』(1962)으로 저술 활동을 재개한 뒤에는 1년에 1권꼴로 책을 출간하는 무서운 생산력을 발휘한다. 여기에는『칸트의 비판철학』(1963),『베르그손주의』(1966) 등의 철학 연구서들, 그리고『프루스트와 기호들』(1964),『자허 마조흐 소개』(Présentation de Sacher-Masoch, 1967) 등의 문학 연구서들이 포함된다.

들뢰즈는 이 시기의 다양한 연구들이 결국 '스피노자와 니체(Friedrich Nietzsche)의 위대한 동일성'을 향한 것이었다고 회고한 바 있다.『차이와 반복』에 이르러, 이러한 방향성은 철학을 넘어 수학(미분법), 생물학(발생학), 물리학(에너지 이론), 정신분석학(심리적·성적 발달단계 이론), 문학(조이스[James Joyce], 곰브로비치[Witold Gombrowicz], 보르헤스[Jorge Luis Borges]) 등으로 크게 확대된다. 이토록 광범위한 영역들을 아우르는 새로운 관점과 논리를 철학이 제공할 수 있을까?『차이와 반복』은 이 물음에 대한 하나의 답변으로, 말하자면 '우리 시대의 형이상학'을 제공하려는 시도였다.

윤리적·정치적 시기는 1970년에서 1980년까지 이어진다. 이 시기에 들뢰즈는 수감자와 성소수자 등을 위한 사회 활동에 적극적으로 참여하는 한편, 가타리와 함께 3권의 책을 썼다. 두 사람이 함께 발표한 책은 모두 4권이지만, 마지막 책인『철학이란 무엇인가?』(1991)는 실제로 공저인지 분명치 않다. 이는 건강 문제로 가타리가 집필에

거의 참여하지 못했기 때문인데, 그럼에도 이 책에 두 사람이 함께 창조한 여러 개념과 논리가 담겨 있는 것은 분명하다. 따라서 두 사람의 공동작업은 윤리적·정치적 시기에 집중되어 있다고 할 수 있는데, 여기에는 『카프카: 소수적인 문학을 위하여』(1975)와 두 권의 '자본주의와 분열증', 즉 『안티 오이디푸스』와 『천 개의 고원』(1980)이 포함된다.

　가타리는 좌파 운동에 열렬히 참여했던 사회 활동가이자 대안적 정신분석을 실천했던 정신분석가로서, 학위 과정을 밟으며 성장한 들뢰즈와는 학문적 배경이나 개인적 성향이 크게 달랐다. 이렇듯 서로 다른 두 사람이 함께 글을 쓰는 일이 쉬울 리 없으며, 철학사를 돌이켜 보더라도 마르크스(Karl Marx)와 엥겔스(Friedrich Engels), 아도르노(Theodor Adorno)와 호르크하이머(Max Horkheimer) 정도를 제외하면 그 사례를 찾기가 쉽지 않다. 그러나 서로 간의 차이를 유지하는 가운데, 두 사람은 때로는 편지를 주고받고 때로는 함께 머물면서 작업을 진행했다. 『천 개의 고원』과 관련해서, 그들은 한 사람이 쓰다 멈추면 다른 사람이 그걸 이어받아서 쓰곤 했다고, 그래서 정확히 어느 대목을 누가 쓴 것인지 자신들도 구별하기 어렵다고 말한 바 있다. 이러한 작업 방식은 그들의 놀라운 지적 개방성을 보여 주는 것으로, 새로운 것의 창조는 이질적인 것들 간의 만남에서 생겨난다는 그들의 철학적 주장을 입증해준다.

　미학적 시기에, 들뢰즈는 다시 홀로 저술에 매진하면서 회화와 영화 등 예술 분야를 중점적으로 연구했다. 이 시기는 1981년 출간된 『감각의 논리』에서 시작되어 두 권의 『시네마』(1983, 1985)와 『주름, 라이프니츠와 바로크』(1988)를 거쳐 『비평과 진단』(1993)까지 이어진다. 말년의 저작인 『철학이란 무엇인가?』에서 들뢰즈는 그동안 다양한 형태로 개진했던 자신의 예술론을 종합하는 한편 철학·과학·예술의 상호 관계를 탐색한다.

그가 보기에, 이 세 영역은 모두 카오스(chaos) 속에서 일시적·국지적 질서들을 찾아내려는 인간 사유의 산물이다. 그러나 이를 위해 저마다 다른 수단을 활용한다는 점에서 그것들은 서로 구별된다. 철학은 개념(concept), 과학은 함수(fonction), 예술은 감각(sensation)을 통해 그러한 질서들을 발견하고 고정시키고 전달한다. 여기서 카오스는 (단순한 무질서를 가리키는 것이 아니라) 모든 질서들이 태어나는 동시에 사라지는 '무한속도'에 의해 정의된다. 따라서 문제는 그 무한속도를 포착할 수 있는 개념·함수·감각을 창조하는 것이다. 예컨대, 철학은 이질적인 구성 요소들(의심하다, 생각하다, 존재하다)을 무한속도로 주파하는 개념을 창조한다(데카르트[René Descartes]의 코기토). 과학은 무한속도를 제한하여(빛의 속도인 초속 29만 9796km) 그 제한 영역 안에서 여러 통제 가능한 변수들을 관계 짓는 함수를 창조한다(아인슈타인[Albert Einstein]의 상대성이론). 예술은 무한속도를 보존하여(매 순간 색채와 형태가 달라지는 연못의 인상) 반복해서 감상할 수 있는 감각을 창조한다(모네[Claude Monet]의 「수련」).

그러나 카오스의 무한속도를 포착한 개념·함수·감각이라 할지라도, 그 유효성이 영원히 유지되는 것은 아니다. 단순한 모방의 대상이나 맹목적인 숭배의 대상이 될 때, 그것은 카오스와의 살아 있는 접촉을 잃어버리게 되기 때문이다. 소설가 로렌스(David Herbert

Lawrence)의 설명을 빌리자면, 이는 자신을 보호하고자 작은 우산을 마련하여 그 내부를 화려하게 치장하고선 그것이 세계의 전부라고 믿는 것과 다를 바 없다. 따라서 문제는 그 우산에다 작은 칼집을 내는 것, 그리하여 우리가 헛되이 세계 본연의 모습이라고 믿고 있는 그 질서들 속으로 한 줌의 카오스를 들여 오는 것이다. 이는 이미 굳어져 그 유효성을 잃어버린 낡은 개념·함수·감각의 한계와 마주하는 일이자 카오스의 무한속도를 포착하는 새로운 개념·함수·감각을 창조하는 일이기도 하다. 데카르트와 구별되는 스피노자의 철학, 아인슈타인과 구별되는 보어(Neils Bohr)의 과학, 모네와 구별되는 세잔(Paul Cézanne)의 예술 등은 바로 이 이중의 과제를 완수하는 데 성공한 사례들이었으며, 들뢰즈의 모든 작업도 바로 이러한 과제를 성취하려는 시도였다.

3. 철학의 세 구성 요소: 개념, 구도, 개념적 인물

들뢰즈는 철학의 구성 요소를 다음과 같이 요약한다. "구도(plan)를 설정하고, 개념적 인물(personnage conceptuel)을 고안하고, 개념을 창조하기. 이것이 바로 철학의 삼위일체다."[1]

철학의 첫 번째 구성 요소는 개념이다. 들뢰즈는 철학을 '개념의

---

1 Gilles Deleuze and Félix Guattari, *Qu'est-ce que la philosophie?*, Paris: Minuit, 1991, p.74.

창조'로 정의하는데, 여기에는 새로운 개념을 만드는 것만이 아니라 과거의 개념을 변형하는 것도 포함된다. "철학사를 하면서 글을 쓰는 것과 철학을 하면서 글을 쓰는 것은 크게 다르다. […] 당신이 보기에 우리가 가장 멋진 화살들을 주워 모은다고 하더라도, 그건 그 화살들을 [그것을 만든 철학자와는] 다른 방향으로 보내려는 것이다."[2] 일반적으로, 사람들은 철학사가 과거의 개념을 되풀이하는 것에 불과하다고 생각한다. 그러나 들뢰즈는 과거의 개념을 활용해서 새롭고 독창적인 철학을 만들어 낼 수 있다고 믿었을 뿐만 아니라, 자신의 학문적 여정 내내 그 생각을 실천했다. 예컨대, 철학사 연구의 시기에 쓴 일련의 연구서들은 『차이와 반복』을 작동시키는 부품들로 활용되었고, 윤리적·정치적 시기에 재출간한 『스피노자의 철학』은 『안티 오이디푸스』와 『천 개의 고원』의 실천적 방향성을 예고하는 것이었다.

철학의 두 번째 구성 요소는 구도인데, 이는 '개념들이 창조될 수 있는 사유의 지평'을 일컫는다. 들뢰즈가 보기에, 서양의 철학자들은 초월성(transcendance)과 내재성(immanence)이라는 두 구도 사이에서 저마다 일정한 위치를 점유한다. 초월성의 구도를 대표하는 인물은 플라톤(Plato)이다. 그는 천상계와 현상계라는 두 세계가 존재한다고 주장하면서, 무한하고 불변적이라는 점에서 전자를 우월한 것으로, 유한하고 가변적이라는 점에서 후자를 열등한 것으로 간주했다. 이런 의미에서 초월성이란 천상계가 현상계를 넘어서 있음을, 현상계

---

2 Gilles Deleuze, "Préface à l'édition américaine de Différence et répétition", ed. David Lapoujade, *Deux régimes de fous: Textes et entretiens 1975~1995*, Paris: Minuit, 2003, p.280.

는 천상계를 모방할 뿐 결코 그에 도달할 수 없음을 가리킨다. 플라톤의 개념들은 이런 구도 위에 배치되어 있다. 천상계의 존재 방식인 이데아, 현상계의 존재 방식인 모상(模相)과 허상(虛想), 현상계의 인간들을 천상계에 대한 앎으로 인도하는 철학자 왕 등이 바로 그것이다.

그에 반해, 서양철학에서 가장 강력한 내재성의 구도를 만든 인물은 스피노자다. 그에 따르면, (두 개가 아니라) 하나의 세계만이 존재하며 모든 것은 그 세계에 '내재'한다. 그 세계가 바로 자연으로, 신이 존재한다면 그것은 무한한 방식으로 무수히 많은 것들을 영원히 생산하는 이 자연에 다름 아니다. 이런 구도 위에서, 스피노자는 과거의 개념들을 변형시키고 새로운 개념들을 창조한다. 데카르트에게서 신, 사유, 연장(延長)을 포괄하던 실체는 이제 신(자연)만을 가리키게 되고, 속성은 사유와 연장 등 신(자연)이 자신을 표현하는 방식들을 가리키게 되며, 이런 속성들로 표현되는 각각의 존재자는 신(자연)의 일부로서 양태(樣態)라는 이름을 얻게 된다. 이렇듯 "개념들은 다른 역사를 지닌 경우에도 서로 연결되고, 서로에 맞추어 절단되며, 서로의 윤곽을 조정하고, 저마다의 문제를 구성하면서 하나의 철학에 속하게 된다".[3] 들뢰즈는 스피노자 외에도 니체와 베르그손을 대표적인 내재성의 철학자로 내세우면서, 자신도 그 계보의 일부가 되기를 바랐다.

철학의 세 번째 구성 요소는 개념적 인물이다. 들뢰즈는 '철학자

---

3 Deleuze, Guattari, *Qu'est-ce que la philosophie?*, p. 23.

의 운명은 자신의 개념적 인물이 되는 것'이라고 말했다. 글을 쓰는 과정에서, 철학자는 때로는 자신의 철학을 개진하는 개념적 인물이 되고, 때로는 그 철학에 반론을 제기하는 개념적 인물이 된다는 것이다. 들뢰즈는 개념적 인물을 가장 다양하게 활용한 철학자로 니체를 꼽는다. 예컨대 『차라투스트라는 이렇게 말했다』의 '환영과 수수께끼에 대하여'에서, 니체는 차라투스트라와 중력의 악령이라는 두 개념적 인물의 논쟁을 묘사한다. 차라투스트라는 자신의 어깨를 짓누르는 중력의 악령에 맞서 영원회귀 이론을 설명하다 일종의 정신적 위기에 봉착한다. 그것은 '동일한 것의 영원회귀', 즉 중력의 악령을 포함한 모든 끔찍한 것들이 지금과 동일한 모습으로 영원히 되돌아오리라는 생각이 야기하는 위기다. 그 위기 속에서 차라투스트라는 뱀에게 목구멍이 물린 자의 환영을 보게 되는데, 뱀을 물어뜯고 일어서는 초인의 모습은 과거와의 단절과 새로운 창조야말로 영원회귀의 진정한 목표임을 시사한다. 말하자면, 차라투스트라는 영원회귀라는 구도와 초인이라는 개념을 드러내는 개념적 인물인 것이다. 들뢰즈 자신도 몇몇 개념적 인물들을 제시했는데, 잠시 후에 살펴보게 될 분열자(schizophrène)도 그중 하나다.

4. 차이와 반복

사람들이 흔히 생각하는 반복(répétition)은 동일한 것의 반복이다. '어제 그랬듯이 오늘도 해가 뜨고, 오늘 그렇듯이 내일도 해가 뜰 것이다.' 동일한 것의 반복이라는 관점에서 말하자면, 차이(différence)란 동일성에서 다소 멀어지는 것에 불과하다. 따라서 동일성과 차이에 관해 생각할 때, 사람들은 대개 동일성을 기준으로 삼아 차이를 평가하게 된다. '이 사람은 한국인 치곤 너무 커, 저 사람은 한국인 치곤 너무 작아.' 이런 식으로 말할 때, 우리는 자기도 모르는 새 한국인의 평균 신장이라는 통계적 기준을 가치평가의 기준으로 바꿔 놓는 셈이다. 이렇듯 동일성을 출발점으로 삼아 차이를 이해하고, 동일성을 기준으로 삼아 차이를 평가하는 사고방식은 우리의 일상생활 곳곳에서 발견된다(나이, 체격, 학력, 재산, 성적 취향 등에 관한 무수한 지적들). 들뢰즈는 그것을 재현(再現, représentation)이라고 부르는데, 여기서 접두사 're-'는 동일한 것의 반복을 시사한다.

들뢰즈가 말하는 재현의 관점은 아주 뿌리 깊은 것이어서, 철학의 기원에서부터 발견된다. 앞서 언급했던 플라톤의 경우를 떠올려 보자. 그에게서 인식과 가치의 기준을 제공하는 것은 천상계의 영원하고 불변하는 이데아이고, 그 기준에 의해 평가되는 것은 현상계의 일시적이고 가변적인 모상과 허상이다. 모상이 현상계에서 그나마 일정한 인식과 가치를 제공하는 것은 천상계의 이데아와 닮았기 때문이고, 허상이 그러지 못하는 것은 이데아와 닮지 않았기 때문이다. 들뢰즈는 플라톤 철학의 숨겨진 과제가 기준인 이데아를 통해 현상계의 사물들을 선별하는 데 있다고 말한다. 예컨대, 철학자의 이데아를 기준으로 삼아 모상인 소크라테스(Socrates)는 구제하고, 허상인 소피스트는 배제하는 것이다.

아리스토텔레스(Aristotle)는 천상계에 이데아가 존재한다고 믿지 않았으며, 따라서 그것을 기준으로 현상계의 사물들을 선별하지도 않았다. 그의 관심사는 천상계가 아니라 현상계에 있었고, 보다 정확히 말하자면 현상계의 수많은 사물들을 체계적으로 분류하는 데 있었다. 이를 위해, 그는 서로 다른 사물들 사이에서 동일성(공통점)을 찾아내는 방법을 사용했다. 오늘날의 생물학적 기준과는 다소 차이가 있지만, 그의 방식에 따라 동물들을 분류해 보기로 하자. 예컨대 어류는 발이 없고, 새는 발이 2개이며, 파충류는 발이 4개라는 점에서 서로 다르지만, 알에서 태어난다는 공통점을 갖는다(집합 1: 난생). 고래는 발이 없고, 포유류는 발이 4개라는 점에서 서로 다르지만, 엄마의 몸에서 태어난다는 공통점을 갖는다(집합 2: 태생). 집합 1과 집합 2는 난생과 태생이라는 점에서 서로 다르지만, 붉은 피가 흐른다는 공통점을 갖는다(상위 집합: 유혈동물). 이 유혈동물이라는 상위 집합은 무혈동물이라는 다른 상위 집합과 더불어 동물이라는 더 큰 상위 집합을 구성한다. 말하자면, 아리스토텔레스는 종적 동일성이나 유적 동일성을 기준으로 삼은 뒤 그 기준에 비추어 차이들을 묶어 내고 있는 셈이다.

지금까지 우리는 동일성과 차이 중 동일성에 우위를 부여하는 대표적인 두 철학적 사고방식을 살펴보았다. 들뢰즈의 철학은 '차이의 철학'이라고 불리는데, 이는 흔히 오해하듯 들뢰즈가 동일성과 차이 중 차이에 더 큰 중요성을 부여하기 때문이 **아니다**. 그것은 오히려 동일성과 차이 모두를 낳고 또 거두어 가는 생성과 소멸의 원리가 다름 아닌 **차이**(Différence)라고 그가 주장하기 때문이다(다른 하나의 원리는 반복이다). 대문자로 표기된 이 **차이**는 이제 우리가 살펴보고자 하는 '강도'(intensité) 혹은 '강도적 차이'를 가리키는 것으로, 미분적 차이-강도적 차이-개별적 차이(이 세 번째 것이 우리가 일반적으로 말하는 차이다)로 나아가는 일련의 생성 운동에서 핵심적인 역할을 수행한다.

먼저, 미분적 차이는 우리의 의식적 지각 이하의 차원에 존재하는 유동적·가변적 요소들을 일컫는다. '파도가 밀려온다'거나 '번개가 친다'는 것은 우리의 의식에 주어지는 지각적 사태다. 그러나 그런 사태가 생겨나기 위해서는 우선 그 사태 자체보다 작은 요소들이, 말하자면 바다를 이루는 물방울들이나 구름 속을 떠다니는 양전하와 음전하들이 존재해야 한다(미분적 요소들). 이런 요소들은 해류의 움직임이나 해변까지의 거리, 대기의 움직임이나 구름의 크기 등과 관련해서 끊임없이 달라지는 변수들이다. 그 요소들이 저마다 변수들인 한에서 그것들 간의 상호 관계도 매 순간 변화하는데, 그 관계 속에서 (아직 파도나 번개가 되지 못한) 크고 작은 출렁임들이나 전기적 결합들이 만들어지기 시작한다.

다음으로, 강도적 차이는 이런 출렁임들이나 전기적 결합들이 집적되는 상황을 일컫는다. 더 크게 더 많이 집적될수록 강도는 더 큰 역량을 갖게 되는데, 여기서 역량이라는 표현은 그것이 우리가 의식적으로 지각하는 질과 양을 산출할 수 있음을 시사한다.

마지막으로, 개별적 차이는 축적되었던 강도의 역량이 질과 양으로 드러나는 사태를 가리킨다. 즉 그것은 솟구치는 파도와 하늘을 가르는 번개다. 이상의 설명에서 우리는 앞서 제시했던 주장, 즉 새로운 것의 창조는 이질적인 것들 간의 만남에서 생겨난다는 주장을 다시 발견한다. 강도는 이질적인 것들이 만날 때 하나의 역량으로서 산출되며, 그 역량을 일정한 질과 양으로 드러내면서 해소된다. 온도의 예를 들어 보자. 우리는 언제 한기를 느끼는가? 예컨대 손의 온도와 물의 온도가 동일할 때, 우리는 그것을 느끼지 못한다. 한기의 발생 조건은 두 온도 사이의 차이다. 그 차이 속에서 형성되는 강도는 우리에게 일정한 양(약간, 너무…)과 질(뜨겁다, 차갑다…)로 나타나고, 두 온도가 하나로 조정되는 과정에서 사라진다. 들뢰즈에 따르면, "모든 현상의 배후에는 그것을 조건 짓는 어떤 비동등성(inegalité)이 자리한다". 귀가 먹먹해지는 일, 바람이 부는 일, 물방울이 맺히는 일, 정전기가 일어나는 일 등의 모든 변화는 "고도차, 압력차, 장력차, 전위차, **강도차** 등의 상관항이다".[4]

들뢰즈가 보기에 생성의 운동은 이처럼 미분적 차이에서 강도적 차이를 거쳐 개별적 차이로 나아간다. 개별적 차이가 사라질 때 그것은 다시 미분적 차이로 돌아가는데, 이처럼 끝없이 이어지는 생성과 소멸의 운동 자체를 그는 반복이라고 부른다. 말하자면, 차이와 반복은 생성과 소멸을 주재하는 두 원리인 것이다. 우리는 흔히 거대한 산맥이 영원하다고 말한다. 하지만 이는 한편으로 우리의 의식적 지각이 그 산맥의 미시적 변화들을 포착하지 못하기 때문이고, 다른 한편으로는 우리의 삶이 상대적으로 너무 짧기 때문이다. "이는 마치 지상에서 가장 단단한 바위들이 수백만 년을 단위로 하는 지질학적 척도

---

4 질 들뢰즈, 『차이와 반복』, 김상환 옮김, 민음사, 2004(2019), 482쪽.

에서 보면 말랑말랑하고 액체 같은 물질들에 다름 아닌 것과 같다."[5]

우리가 지속적·안정적이라고 믿는 모든 것은 이런 생성과 소멸의 한 국면을 인위적으로 골라 고정시킨 것에 불과하다. 따라서 플라톤이 그랬듯이 영원하고 불변하는 것에서 인식과 가치를 구할 수는 없다. 아리스토텔레스가 믿었던 종적 동일성이나 유적 동일성도 거대한 진화의 흐름 앞에서는 찰나의 것에 불과하다. 단세포에서 시작한 생명의 역사를 돌이켜 보라. 그것은 바다와 대지와 창공을 가로지르면서 비늘이 돋고 발톱이 뻗어 나오고 날개가 솟아나는 무수한 변신을 감내하지 않았던가? 따라서 문제는 우리의 일상적인 의식적 지각을 훈련하여 미시적인 요소들을 포착하는 한편, 그것들을 유동성과 가변성의 관점에서 이해하는 것이다.

어떤 미분적 요소들이 전제되는가? 그 요소들은 어떤 이유로 계속 변화하는가? 그 요소들 간의 상호 관계는 어떤 유동성과 가변성을 빚어 내는가? 어떤 지점에 도달할 때, 그 유동성과 가변성은 비로소 우리에게 의식적으로 지각되는가? 견고한 지반을 산산조각 내는 지진을 이해하려는 이들에게, 확립된 분류 체계에서 벗어나는 생명체를 이해하려는 이들에게, 평온한 마음을 뒤흔드는 열정을 이해하려는 이들에게, 안정된 권력 구조를 무너뜨리는 혁명을 이해하려는 이들에게, 들뢰즈가 권하는 것은 바로 이런 질문들이다.

---

5 앞의 책, 26쪽.

5. 자연주의, 흐름과 기계, 분열자

앞서 살펴보았듯이, 들뢰즈는 철학의 구성 요소를 구도, 개념적 인물, 개념으로 요약했다. 그렇다면 그가 가타리와 함께 쓴 두 권의 '자본주의와 분열증'에서 그에 해당하는 것들은 과연 무엇일까? 앞당겨 말하자면, 이 경우 구도는 **자연주의**(Naturalisme), 개념적 인물은 분열자, 개념은 흐름(flux)과 기계(machine)라고 할 수 있다. 여기서는 이 세 구성 요소를 중심으로 그들의 철학을 잠시 살펴보고자 한다.

먼저, 대문자로 쓴 **자연주의**는 좁은 의미의 자연, 즉 인공물을 배제한 자연을 추구한다는 일반적인 의미가 **아니다**. 그것은 오히려 좁은 의미의 자연과 인공물을 포괄하는 넓은 의미의 **자연**을 연구의 대상으로 삼는 데서 성립한다. "자연과 인공물 사이의 모든 구별이 사라지는 지점에서 가타리와 나는 우리의 공동 작업, 즉 일종의 **자연**철학을 다시 시작하고 싶습니다."[6]

『천 개의 고원』에서 두 저자는 좁은 의미의 자연에서 출발하여 생명 일반이 탄생하고 발전하는 과정을 고찰하고, 다시 생명 일반에서 출발하여 인간 사회가 탄생하고 발전하는 과정을 고찰한다. 이상의 세 영역을 각각 물리화학적 지층, 생물학적 지층, 인류학적 지층이라고 부른다는 점에서, 그들의 탐구는 지층론의 형태를 띤다고 할 수 있다. 여기서 지층이란 (절벽의 단면에서 볼 수 있는 좁은 의미의 지층을

---

6   Gilles Deleuze and Claire Parnet, *Dialogues*, Paris: Flammarion, 1996, p.212.

포함하여) 존재자 일반을 가리키는 용어로서, 흐름이 일시적·국지적으로 굳어져 형성된 것을 가리킨다. 지층이란 결국 흐름에서 생겨나는 것이므로, 여기서는 흐름 개념을 중심으로 들뢰즈와 가타리의 철학을 잠시 살펴보는 것이 좋을 것 같다.

흐름은 '유동성과 가변성을 띤 모든 것'으로 정의되는데, 여기서 유동성은 그것이 운동한다는 사실을, 가변성은 그것이 변화한다는 사실을 가리킨다. 따라서 생명의 흐름, 가치의 흐름, 정보의 흐름 등의 표현은 생명, 가치, 정보가 운동하고 변화한다는 의미다. 유동성과 관련해서, 들뢰즈와 가타리는 흐름이 이동하면서 특정한 위치나 분야를 점유하는 운동을 영토화, 거기서 벗어나는 운동을 탈영토화, 다른 위치나 분야를 점유하는 운동을 재영토화라고 부른다. 가변성과 관련해서, 두 저자는 흐름이 특정한 형식이나 형태를 취하는 운동을 코드화, 거기서 벗어나는 운동을 탈코드화, 다른 형식이나 형태를 취하는 운동을 재코드화라고 부른다. 가치의 흐름을 한번 생각해보자. 한 학생이 5만 원짜리 지폐(코드화)를 지갑에 가지고 있다(영토화). 그는 그 지폐를 꺼내 ATM기에 넣고서는(탈영토화이자 재영토화) 휴대폰의 은행 앱으로 입금된 금액을 확인한다(탈코드화이자 재코드화). 그는 은행 앱으로 그 금액을 증권 계좌에 송금한 뒤(탈영토화이자 재영토화) 해외 주식을 구매한다(탈코드화이자 재코드화). 이처럼 가치의 흐름은 서로 다른 영토와 코드를 가로지르며 끝없이 이어진다.

흐름을 영토화하고 코드화하는 '절단의 체계'를 들뢰즈와 가타리는 기계라고 부른다. 여기서 기계라는 용어는 포크레인이나 가스레인지 등 일반적인 의미의 기계를 포함하되 그보다 훨씬 광범위하게 사용된다. 그들이 말하는 기계는 다음의 세 특징을 갖는다.

먼저, 기계는 복수의 기계들로 이루어진 '체계'로서, 하나의 기계는 항상 다른 기계와 연결된다. 그 연결 속에서, 하나의 기계는 앞선 기계로부터 흐름을 이어받아 절단하고 자신이 절단한 흐름을 다른 기계에 전달한다.

다음으로, 기계의 작동 방식인 '절단'은 기계가 흐름에다 나름의 코드를 부여한다는 사실을 가리킨다. 옥수수를 섭취한다고 생각해 보자. 입-기계는 녹말을 당분으로 변화시킨다. 그렇게 코드화된 흐름은 위-기계로 전달되는데, 그것은 단백질을 펩톤으로 변화시킨다. 말하자면, 이 두 기계 사이에서 한편으로는 입-기계에서 위-기계로 가는 영토상의 변화가, 다른 한편으로는 녹말에서 당분으로, 단백질에서 펩톤으로 가는 코드상의 변화가 일어나는 것이다. 이런 과정은 장-기계, 항문-기계, 변기-기계, 하수처리-기계 등으로 끝없이 이어진다.

기계의 마지막 특징은 고유의 정체성을 갖고 있지 않다는 것, 보다 정확히 말하자면 어떤 흐름을 절단하는가에 따라 잠정적인 정체성을 갖는다는 것이다. 음식물의 흐름을 절단할 때 입-기계는 먹는 기계이지만, 소리의 흐름을 절단할 때 그것은 말하는 기계나 노래하는 기계이고, 리비도의 흐름을 절단할 때 그것은 키스하는 기계다. 흐름을 절단하는 기계의 작용은 자연과 인공물, 미시적인 것과 거시적인 것을 가로지른다. 예컨대 식물의 엽록체-기계는 물의 흐름(하천과 저수지), 이산화탄소의 흐름(동물과 인간), 빛과 열의 흐름(태양) 등을 절단하는 한편, 그 결과 생산한 유기물의 흐름과 산소의 흐름을 다른

그림 2 영화 「모던 타임즈」에 등장한 사회 기계의 모습

기계(동물과 인간의 입과 코)에 넘겨준다.

　미국의 문명 비평가 멈퍼드(Lewis Mumford)를 참조하면서, 들뢰즈와 가타리는 기계 개념을 사회철학의 영역으로 확대한다. 멈퍼드는 기계를 '에너지를 이용하여 일을 하기 위해 각각 전문 기능을 갖고 인간의 통제에 따라 움직이는 부품들의 조합'으로 정의하면서, 기술 기계와 사회 기계를 구별했다. 풍차, 증기기관, 컨베이어 벨트 등은 기술 기계이지만, 그런 기술 기계들을 인간들과 조합한 노동 기계, 군사 기계, 관료 기계 등은 사회 기계다. 즉 사회의 체계적 조직화 자체가 이미 하나의 기계이며, 기술 기계는 그것의 일부로 활용된다는 것이다. 채플린(Charlie Chaplin)의 영화 「모던 타임즈」(1989)의 한 장면을 떠올려 보자. 사장은 감시 카메라(기술 기계)를 통해 중간 관리자에게 지시를 내린다. 그가 레버를 작동시키자 컨베이어 벨트(기술 기계)의 속도가 빨라진다. 말단 관리자는 그 속도에 맞게 작업을 진행하도록 노동자들을 다그친다. 이는 사회 기계의 한 전형으로, 학교나 군대 등 다른 조직에서도 쉽게 발견된다.

들뢰즈와 가타리는 사회의 목표가 기계를 통해 흐름을 규제하는 데 있다고 말한다. "욕망의 흐름들을 코드화하고 기입하고 등록하여, 막히거나 수로화되거나 규제되지 않는 그 어떤 흐름도 흐르지 못하게 하기."[7] 흐름을 코드화·영토화하여 일정하게 관리하는 것, 그리하여 기존의 체계를 안정되게 유지하는 것, 모든 사회의 목표는 바로 여기에 있다. 예컨대 출산 장려, 정보 통제, 화폐 유동성 증가는 사회의 존속을 위해 생명의 흐름, 정보의 흐름, 가치의 흐름을 관리하는 것에 다름 아니다.

오늘날 자본주의의 전세계적인 지배 속에서, 탈코드화와 탈영토화로 생겨난 대부분의 잉여가치는 자본의 자기 증식에 동원되고 있다. 그에 맞서, 들뢰즈와 가타리는 한편으로는 자본의 탐욕을 규제하는 공리계(이는 생산·교환·소유·가치·시장 등에 관한 공리들의 집합으로서, 자본주의의 법, 제도, 관례 등을 구성한다)의 확대를 요구하고, 다른 한편으로는 그 사회의 바깥을 탐색하는 도주선(ligne de fuite)의 창조를 주장한다. 여기서 바깥이란 체계와 단절된 외부를 가리키는 것이 아니라 체계의 내부와 외부가 동시에 생겨나는 구획의 지점을 가리킨다. 따라서 도주선을 통해 바깥을 탐색한다는 것은 체계에서 벗어나는 실천을 주장하는 것이 아니라 오히려 체계를 기존 상태에서

---

7 질 들뢰즈·펠릭스 가타리, 『안티 오이디푸스』, 김재인 옮김, 민음사, 2014, 69쪽.

벗어나게 하는 실천을 모색한다는 뜻이다.

자본주의 안에서, 자본주의에 맞서 살아갈 수 있을까? 사방에서 가로막히지 않는 흐름이 없듯이, 사방으로 빠져나가지 않는 흐름도 없다. 자본주의에 포획되지 않는 삶이 없듯이, 자본주의에서 도주하지 않는 삶도 없다. 들뢰즈와 가타리의 이런 주장은 흐름을 중립적으로 기술하는 것이지만, 실은 어떤 선택을 촉구하는 것이기도 하다. 포획당할 것인가, 도주할 것인가. 들뢰즈와 가타리의 개념적 인물인 분열자는 바로 이 지점에서 그 의미를 갖는다.

개념적 인물로서의 분열자는 (단순한 분열증 환자가 아니라) **자연주의**라는 구도 위에서 살아가는 자, 흐름과 기계의 관점에서 느끼고 생각하고 행동하는 자다. 첫째로, 분열자는 **자연주의자**다. 그는 "인간과 자연의 구별보다 앞서, 이 구별이 설정한 모든 좌표보다 앞서 자리해 있다. 그는 자연을 [자신과 구별된] 자연으로 사는 것이 아니라 [자신이 그 일부인] 생산과정으로 산다".[8] 빛의 흐름, 공기의 흐름, 물의 흐름, 유기물의 흐름, 생명의 흐름, 가치의 흐름, 정보의 흐름… 분열자는 자신이 이토록 수많은 흐름들이 모여들고 다시 흩어지는 교차점이라고 느낀다. 그는 자신이 세포-기계, 장기-기계, 인간-기계, 사회-기계, 행성-기계로 이어지는 끝없는 생산과정의 일부라는 사실을 깨닫는다.

들뢰즈와 가타리는 뷔히너(Georg Buchner)의 「렌츠」(1835)나 울

---

8 앞의 책, 24쪽.

프(Virginia Woolf)의 「댈러웨이 부인」(1925) 등의 문학작품을 예로 들지만, 사실 이러한 경험은 컴퓨터 앞을 떠나 산책에 나설 때 우리가 간혹 느끼는 것이기도 하다. 두뇌에 집중되어 있던 감각과 사유가 몸의 온갖 기관들로 향할 때, 우리는 공기, 소리, 향기, 촉감 등이 사방에서 밀려오는 것을 체험한다. 우리는 그 흐름들 속에 있으며, 그것들에 기대어 살아간다. 우리는 그 흐름들이 지나치는 하나의 정거장이다.

둘째로, 분열자는 코드와 영토를 가로지르는 자다. 이러한 가로지름이 바로 도주선이며, 이를 통해 그는 사회의 통제에서 벗어나는 새로운 흐름을 야기한다. "분열자는 그에게 제기되는 물음들에 따라, 빠르게 미끄러지면서, 한 코드에서 다른 코드로 옮겨가고, **모든 코드를 뒤섞는다.**"[9]

독자들에게 친숙한 예로, 가수 밥 딜런(Bob Dylan)을 분열자로 표현한 두 편의 영화를 잠시 생각해 보자. 코엔 형제(Ethan Coen, Joel Coen)의 「인사이드 르윈」(2013)은 무일푼의 포크 가수 르윈에 관한 이야기다. 영화는 르윈의 듀엣 파트너가 자살하고, 발매한 앨범은 거의 팔리지 않으며, 헤어진 여자친구는 임신을 한 상태에서 시작된다. 최후의 돌파구로 한 유명 프로듀서의 개인 오디션에 참가하지만, 그는 결국 원하는 결과를 얻지 못한다. 마지막 장면에서, 자신이 노래하던 바로 돌아간 르윈은 무명의 밥 딜런을 모습을 보게 된다. 이 장면은 전통적인 포크 음악의 몰락을 상징한다. 고운 음색, 서정적인 멜로

---

9 앞의 책, 43쪽.

디, 풍부한 화성은 여전히 아름답지만, 전통적인 포크 음악은 시대적 한계를 뛰어넘지 못한 채 사라질 운명이다. 그리고 이러한 음악적 코드들에 묶여 있는 한, 르윈도 그 운명에서 벗어나지 못한다. 길바닥에 주저앉은 르윈의 모습을 배경으로 들려오는 밥 딜런의 독특한 음색은 그가 전통적인 포크의 음악적 코드들을 부수고 있음을 시사한다.

토드 헤인즈(Todd Haynes)의 「아임 낫 데어」(2008)는 밥 딜런을 보다 본격적인 의미에서 분열자로, 상이한 음악적 영토들을 가로지르면서 그 코드들을 뒤섞거나 새롭게 창조하는 자로 제시한다. 이 영화는 인종·연령·성별이 다른 여섯 배우를 통해 밥 딜런을 일곱 정체성으로 묘사한다. 그는 저항 음악으로 사랑받는 포크 가수 잭(크리스천 베일)이고, 포크에 전자 기타를 도입했다는 이유로 비난받는 가수 주드(케이트 블란쳇)이며, 종교에 귀의한 가스펠 가수 존(크리스찬 베일)이다. 그는 영화 속 영화에서 잭을 연기하는 배우 로비(히스 레저)이고, 시인인 아서(벤 위쇼)이며, 은퇴한 총잡이 빌리(리처드 기어)다. 그리고 자신의 우상이던 포크 가수 우디 거스리의 어린 시절(마커스 칼 프랭클린)이기도 하다. 그래서 밥 딜런은 결국 누구란 말인가? 이 질문에 대한 감독의 답변은 다음과 같다. 사람들이 밥 딜런을 누구라고 생각하든, 그는 그들이 생각하는 곳에 없다('아임 낫 데어'). 그는 하나이자 여럿인 자, 쉼 없이 도주하는 자이기 때문이다.

분열자는 도주하면서 기존의 코드와 영토에 파열구를 낸다. 사회는 그가 힘겹게 뚫어 낸 구멍에다 이내 파이프를 설치하고 그것을 전통과 제도의 일부로 관리할 것이다. 그러나 분열자는 다른 곳에 다시 새로운 구멍을 내기 시작한다. 사방으로 도주하고 사방에서 가로

막히며, 다시 사방으로 도주하는 분열자들. 분열자의 실천적 가치는 바로 여기에 있다.

6. 우리는 왜 들뢰즈를 읽는가?

우리는 왜 들뢰즈를 읽는가? 통념을 거스르는 개념들에 머리를 싸매고, 온갖 학문을 가로지르는 방대한 참고문헌에 혀를 내두르면서도, 우리는 왜 그의 책을 읽는 것일까? 이 질문에는 아마 이렇게 답변할 수 있을 것이다. 들뢰즈는 인간중심주의를 넘어설 수 있는 거대하고 체계적인 철학적 비전을 제시했다. 그에 따르면, 철학은 인간에서 출발할 것이 아니라 인간에 도달해야 한다. 다시 말해, 다른 존재자들과 구별되는 인간의 독특성을 내세우는 데 만족할 것이 아니라, 다른 존재자들과 공유하는 물리화학적·생물학적 토대 위에서 인간이 어떻게 그런 독특성을 얻게 되었는지 설명해야 한다. 인간의 이성이나 자유가 물리화학적·생물학적 차원으로 환원될 수 없다고 말하는 것으로는 충분하지 않다. 여전히 물리화학적이고 생물학적인 인간이 어떻게 그런 이성이나 자유를 얻게 되었는지 설명해야 한다.

앞서 살펴보았듯이, 들뢰즈와 가타리는 그 연구를 '지층학'이라고 불렀다. 이 용어는 한편으로는 인간의 관점에서 흔히 절대적 안정성으로 오해되는 상대적 안정성을 가리키고(변치 않고 항상 거기에 있는 산맥), 다른 한편으로는 **자연**의 관점에서 이러한 상대적 안정성 자체를 낳고 또 거두어 가는 절대적 유동성과 가변성을 함축한다(산맥을 만들고 가르고 부수는 대지의 역량). 들뢰즈식으로 말하자면, 우리가 고민해야 하는 것은 '왜 어떤 것이 때로 변화하는지'가 아니라, '왜 모든 것이 항상 변하지는 않는지'다. 다시 말해, 문제는 일어나야 마땅한 변화가 왜 일어나지 않는지, 무엇이 그 변화를 가로막고 있는지 알아내는 데 있다. 미분적·강도적 차이와 개별적 차이, 탈영토화와 재영토화, 탈코드화와 재코드화, 흐름과 지층, 분열자와 편집증자[10]…. 이 개념 쌍들은 단순한 대립 관계가 아니며, 생성 운동 속에서 연속적이고 보완적인 관계를 갖는다. 그러나 들뢰즈는 우리가 후자에 머무르지 않기를, 새롭게 다시 한번 전자로 나아가기를 바랐다.

푸코는 '언젠가 20세기는 들뢰즈의 세기로 기억될 것'이라고 말했다. 리오타르에 따르면, 들뢰즈는 '데리다와 더불어 우리 시대 철학의 가장 뛰어난 두 천재 중 하나'였다. 동료 철학자들의 이런 후한 평가는 철학사의 흐름 속에서 여전히 검증되어야 할 것으로 남아 있다. 그러나 적어도 다음의 사실은 쉽게 부정되지 않을 것이다.

첫째, 들뢰즈는 철학사 곳곳에서 잊힌 개념들을 발굴하고 거기에 새로운 의미와 가치를 부여한 독창적인 철학사가였다. 그는 칸트, 니체, 베르그손, 스피노자를 해석하는 새로운 방향성을 제시했을 뿐

---

10 분열자와 편집증자는 흐름을 대하는 상반된 두 태도를 가리킨다. 분열자가 흐름을 탈코드화·탈영토화하는 것에 반해, 편집증자는 그것을 다시 코드화·영토화한다. 들뢰즈와 가타리에 따르면, 예컨대 전제군주는 지대를 통해 토지의 생산력을, 노역을 통해 주민들의 노동력을, 세금을 통해 주민들이 생산한 재화와 그것이 창출하는 이익을 전유하고자 한다(편집증적 경향). 그러나 아무리 강력한 통제로도 끝내 막을 수 없는 은밀한 흐름들은 언제나 존재한다. 척박한 땅을 개간하고, 새로운 기술과 물품을 개발하며, 미지의 시장을 개척하는 일들이 도처에서 생겨난다(분열적 경향).

만 아니라, 시몽동(Gilbert Simondon)과 타르드(Gabriel Tarde) 등을 발굴하여 그들에게 걸맞은 학문적 위상을 부여했다.

둘째, 들뢰즈는 철학, 과학, 예술, 인류학, 정신분석 등 광범위한 영역들을 아우르는 현대적 존재론을 제시한 형이상학자였다. 그의 형이상학이 지닌 유효성은 여전히 검증될 필요가 있으며, 그것을 둘러싼 비판적 논쟁 또한 계속 진행 중이다(바디우는 『들뢰즈: 존재의 함성』[1997]을 통해, 지젝[Slavoj Žižek]은 『신체 없는 기관』[2003]을 통해 여기에 기여했다). 그러나 그의 존재론적 개념과 논리가 정치학, 미학, 인류학, 건축학, 페미니즘 등 폭넓은 영역에 수용되었으며, 이미 상당한 영향력을 발휘하고 있다는 것은 분명하다.

셋째, 들뢰즈는 (전통적인 마르크스주의의 목적론적 역사관에서 벗어나) 다양한 사회 유형들이 형성되고 사라지는 과정을 해명한 정치철학자였다. 네그리(Antonio Negri)와 하트(Michael Hardt)는 『제국』(2000), 『다중』(2004) 등을 통해 들뢰즈와 가타리의 몇몇 개념과 논리를 계승하는 동시에 변형시켰고, 패튼(Paul R. Patton)은 영미권 학계에 그들의 정치철학을 소개하는 영향력 있는 활동을 벌였다.

넷째, 들뢰즈는 문학, 회화, 영화 등 다양한 예술 분야와 관련해서 감각과 사유의 관계를 고찰한 미학자였다. 자허마조흐(Leopold von Sacher-Masoch), 카프카(Franz Kafka), 프루스트(Marcel Proust), 베이컨(Francis Bacon)에 관한 그의 저작은 관련 연구에서 빼놓을 수 없는 고전의 반열에 올랐다. 그리고 『시네마』의 영화철학, 『천 개의 고원』의 음악철학, 『철학이란 무엇인가?』의 예술론 등은 여전히 그 이론적 잠재력이 완전히 밝혀지지 않은 상태로 남아 있다.

참고문헌

1차 문헌

들뢰즈, 질, 『차이와 반복』, 김상환 옮김, 민음사, 2004(2019).

들뢰즈, 질·가타리, 펠릭스, 『안티 오이디푸스』, 김재인 옮김, 민음사, 2014.

Deleuze, Gilles, *Pourparlers 1972-1990*, Paris: Minuit, 1990(2005).

_____ , "Préface à l'édition américaine de *Différence et répétition*", ed. David Lapoujade,
　　　　Deux régimes de fous: Textes et entretiens 1975~1995, Paris: Minuit, 2003.

Deleuze, Gilles and Guattari, Felix, *Mille Plateaux: Capitalisme et schizophrénie 2*, Paris:
　　　　Minuit, 1980.

_____ , *Qu'est-ce que la philosophie?*, Paris: Minuit, 1991.

Deleuze, Gilles and Parnet, Claire, *Dialogues*, Paris: Flammarion, 1996.

2차 문헌

구니이치, 우노, 『들뢰즈, 유동의 철학』, 박철은 옮김, 그린비, 2022.

성기현, 『들뢰즈의 미학: 감각, 예술, 정치』, 그린비, 2019.

소바냐르그, 안, 『들뢰즈 초월론적 경험론』, 성기현 옮김, 그린비, 2016.

Dosse, François, *Gilles Deleuze et Félix Guattari: biographie croisée*, Paris: La Découverte, 2009.

미셸 푸코,
근대와 대적하며 주체의 역사를 탐구한
자유의 철학자 —도승연

1. 생애와 문제의식

미셸 푸코(Michell Foucault), 1926년 출생하여 1984년 에이즈로 죽음을 맞이한 프랑스의 철학자이다. 권력의 철학자, 성의 철학자, 대규모의 청중을 몰고 다니는 콜레주드프랑스(Collège de France)의 스타 교수, 구글 스칼라 인문사회영역 최고 피인용 지수를 가진 철학자로서 푸코의 이름은 추앙의 대상이다. 하지만 동시에 그는 68혁명의 현장에 없었음에도 불구하고 혁명의 가장 큰 수혜를 받은 학자, 좌파와 우파 모두로부터 비판을 받았던 철학자로 때로는 어두운 회의주의자의 모습으로 보이기도 했다. 하지만 분명한 사실은 우리가 푸코의 사상을 경유하지 않고는 '권력, 주체, 감시'의 문제를 심도 있게 다룰 수 없다는 것이다. 그런 점에서 미셸 푸코의 사상적 영향력은 1984년 그의 죽음 이후에도 여전히 유효하다.

우리에게 가장 익숙한 그의 이명은 『감시와 처벌』(1975)의 판옵티콘(panopticon)의 은유를 통해 알려진 '권력의 철학자'였다. 푸코는 당대의 중심적 권력관이라 할 수 있는 마르크스주의적 권력, 국가나 정부에 의해 행해지는 폭력과 착취로서의 억압적 권력은 결코 권력의 본질이 아니며 오히려 권력은 일상 세계에 만연해 있는 권력관계들 안에서 특정한 효과로서 발휘되는 것임을 주장했다. 그렇기에 푸코의 권력관은 억압적인 것이라기보다는 오히려 생산적인 그 무엇이었다. 또한 권력에 대한 푸코의 해석은 기존의 부르주아/프롤레타리아의 경제적 착취와 대립 구조를 넘어 사회 곳곳에서 진행 중인 권력관계를 분석할 수 있다는 점에서 독창적이었다. 그리고 그 독창성은

'권력이란 무엇인가?' 라는 추상적이고 거대한 질문이 아니라 '권력은 우리의 일상적 관계 안에서 어떤 효과를 발생시키는가?'의 구체적 문제로 전환하게 하는 사회 비판의 유용함을 동시에 갖추고 있었다.

또한 그는 '성의 철학자'로 불리기도 했다. 하지만 그것은 푸코가 성을 찬양하거나 성적 해방을 주장했기 때문이 아니라 3권의 연작으로 구성된 『성의 역사』(1976, 1984)에서 서구 근대인의 정체성을 결정한다고 간주되어 왔던 섹슈얼리티(sexuality)를 강력하게 비판했다는 점에서 그러했다. 이처럼 억압이 권력의 전부가 아님을, 성에 대한 억압도, 그로부터의 해방도 모두 권력의 효과에 불과하다고 비판했던 푸코의 사상적 이력은 그를 권력의 철학자, 성의 철학자라는 이명으로 불리게 했다. 하지만 이것이 결코 푸코가 주장하려고 했던 모든 것을 말하지는 않는다.

푸코의 철학적 외침은 권력과 성의 문제보다 더 중요한 주제를 향하고 있었는데 그것은 다름 아닌 주체의 문제였다. 푸코는 근대철학이 전제하는 이성을 가진 자율적 주체, 이성을 토대로 세계와 자기를 인식하는 주체란 일종의 휴머니즘적 환상에 불과하며 오히려 주체를 역사를 가진 존재라고 보았다. 그렇다면 '주체의 역사'를 탐구하겠다는 푸코의 야심찬 포부는 무엇을 전제하고, 무엇을 목적으로 하는 것일까? 먼저 푸코는 자율적 이성을 가진 근대적 주체가 초역사적인 존재, 특권적 존재가 아니라는 전제로부터 출발한다. 그리고 주체의 역사를 추적하겠다는 그의 문제의식은 우리가 통상적으로 떠올리는 자율적 이성의 주체 개념을 거부함과 동시에, 특정한 방식의 주체, 즉 정상인으로서의 주체가 인간을 지식의 대상으로 포착하여 검

토·평가하는 각종 인간과학(human science)적 지식의 체계를 통해서
가능했다는 것을 폭로하는 작업이라고 볼 수 있다. 푸코는 인간과학
의 지식은 시대 불변의 진리가 아니라 단지 근대라는 특정 시대가 낳
은 역사적 산물일 뿐이라고 파악한다. 여기에서 한 걸음 더 나아가 이
러한 지식은 결코 단독으로 작동하지 않으며 언제나 실천을 수반하
는 권력의 효과로서 작동한다. 그는 지식이 소위 한 개인을 '정상인'
으로 만들어 가는 각종 규범과 행동 양식의 준수, 그 결과에 따라 보
상 혹은 처벌되는 제도적 작용 안에서 특정한 방식의 주체로서 만들
어 가는 힘이라고 보았다. 그런 의미에서 현재의 이러저러한 '나'라
는 주체, 즉, 특정한 시대와 맥락에서 주체가 되는 과정과 역사를 '주
체화'(subjectification)라고 부른다. 푸코는 '지도와 달력', 즉 공간과 시
대에 따라 인간이 특정한 주체로서 구성될 수 있다는 것을 과거의 기
록물을 바탕으로 실증적인 추적을 함으로써 보여 주고 있다. 하지만
주체의 역사에는 반드시 지식과 권력이라는 외부적인 힘만이 아니라
자기 자신에 의해서 만들어지는 측면이 분명히 존재한다. 우리는 세
상에 태어나 각종 사회적 규범과 인간과학의 지원을 받으며 구성되
지만, 때로는 그것과 거리를 두려고 안간힘으로 버티면서 자기 자신
을 구성하기도 한다. 전자를 주체의 예속화라고 부를 수 있다면 후자
를 주체의 자율화라고 부르기로 하자.

　　푸코의 철학은 자율적 이성을 가진 주체의 '역사', 즉 어떻게 인
간이 주체로서 구성되어 왔는지 그 예속화의 과정을 추적·분해·폭
로한다. 그리고 예속화된 주체가 어떻게 다시 자신을 구성하는지, 즉
주체의 자율화의 가능성을 우리에게 방법론적으로 제시한다. 이때

사회적 규범과 지식, 권력의 작동과 가능한 거리를 두고 자기를 구성하려는 신중한 조건을 윤리, 자유의 순간이라고 부른다. 푸코의 연구는 통상적으로 '지식의 전기, 권력의 중기, 후기 윤리'의 시기로 구분된다. 도식화의 위험을 감수하고 정리한다면, 지식의 전기와 권력의 중기는 '주체의 예속화'에 대한 논의를 포함하며, '주체의 자율화'의 측면은 후기 윤리의 시기에서 논의되고 있다고 말할 수 있다.

푸코에게 학문, 그리고 철학의 동기는 마음의 지옥이었지만 그 방식은 분노, 절망의 표출이 아니었다. 푸코 철학의 전개 과정은 주체의 역사적 구성과 그 정당화의 허약함을 실증적 자료를 통해 폭로하면서 진행된 한 지식인의 실존의 여정이었다. 그런 의미에서 그의 철학은 자신의 실존적 문제의식과 학자적 열정이 함께 구체화된, 자유를 향한 분투의 기록들이다.

2. 푸코의 삶과 철학의 역사

1926년, 미셸 푸코는 프랑스 푸아티에(Poitier) 지방에서 대대로 외과의사, 해부학 교수를 지낸 중산층 집안의 아들로 태어난다. 엄격한 아버지와는 마찰이 있었지만 따뜻하고 현명한 어머니 덕분에 청소년기의 푸코는 나름 평안한 시간을 보낼 수 있었다. 푸코 부인은 극도로 예민하지만 특별히 영특했던 아들의 장점을 최대화할 수 있는 최적의 환경을 마련했던, 그의 가장 든든한 지원자였다. 푸코가 채 4살도 안 되었을 때, 앙리 4세 학교(Lysee, 우리의 초등학교) 입학을 앞둔 누나와 헤어지기 싫어하자 부인은 교장 선생님에게 "선생님, 교실 뒤에 책상을 마련해 두고 미셸이 색연필만 가지고 조용히 앉아 있기만 하면 안 될까요?"라고 간곡히 부탁했다. 교장 선생님이 어떻게 거절할 수 있었겠는가? 푸코가 중학교에 해당하는 생 조제프 학교에 진학했을 무렵, 유복한 부르주아 자녀들에게 악감정을 가지고 있던 교사 때문에 푸코는 괴로웠으며 성적도 급격히 떨어졌다. 푸코 부인은 그보다 평가가 떨어지는 생 스타니슬라스 학교로 과감히 아들을 전학시켰을 뿐 아니라, 철학에 관심을 가졌던 아들을 지도해 줄 대학생 과외 교사를 붙여 그의 학업을 독려하였다.

1946년 푸코는 프랑스의 영특한 청소년들이 열망하는 파리 고등사범학교(École Normale Supérieure)에 입학하게 된다. 이 시기의 푸코는 자신의 철학적 여정에서 잊지 못할 3명의 스승을 만나게 된다. 한 명은 파리 고등사범학교 입학을 위한 예비학교에서 만난 스승, 당시 헤겔(Georg Wilhelm Friedrich Hegel)의 『정신현상학』(1807)을 번역하여 프랑스에 소개했던 장 이폴리트(Jean Hyppolite)교수이고, 또 다른 한명은 고등사범학교 입학 당시 구술시험 감독관이었던 캉길렘(Georges Canguilhem)교수이다. 그리고 마지막 한 인물은 고등사범학교 강의에서 만난 알튀세르(Louis Althusser) 교수이다. 이폴리트와 푸코는 예비학교 선생과 학생의 관계로 만났지만 이폴리트의 갑작스런 이직으로 그 인연은 짧았다. 단 2달 간의 인연에 비했을 때 푸코에게 상당히 강한 영향력을 끼친 인물이다. 프랑스 과학사의 거두였던 캉길렘은 구술시험의 무서운 감독관으로 대면한 이래 푸코에게 도움이 필요하던 때 언제나 그의 뒤에 있었다. 푸코 철학이 가지고 있는 일종의 과학사적인 전통은 전적으로 그에게 빚지고 있는 것이며, 그는 푸코의 삶과 학문의 여정에서 스승으로서의 역할을 충실히 담당한 인물이다. 마지막으로 알튀세르는 마르크스주의를 프랑스식으로 혁신해야 한다고 주장하였던 구조주의자였다. 당시 그를 따라 공산당에 입당했던 고등사범학생들이 많았는데 푸코도 그중 한 명이었다. 푸코는 이후 공산당을 탈퇴하지만 알튀세르와의 우정은 지속되었다. 특히 푸코가 극도로 예민한 성정으로 인해 자살 시도를 감행할 정도로 정신적으로 취약할 때, 알튀세르는 정신병원 입원을 극구 말리며 누구보다 푸코를 잘 이해했던 동료이자 친구이자 스승이었다.

　이 위대한 지성들과의 만남은 푸코를 지적으로 더욱 성장시켰다. 1951년 푸코는 교수 자격시험을 통과한 여세를 몰아 1952년 정신병리학으로 심리학 석사학위를 취득하게 된다. 이때 푸코는 우수한 시설의 정신병원에서 실험심리학을 공부하는 연구원 신분으로 생활하고 있었다. 하지만 역설적이게도 심리학을 연구할수록 이에 대한 푸코의 불신은 더욱 커져 갔다. 이러한 경험은 이후 푸코의 학문적 방향을 결정하게 될 박사학위논문의 주제인「광기와 비이성 ─ 고전주의시대의 광기의 역사」의 토대가 되었으며 이는 지식을 연구하는 전기의 문제의식과 직접적으로 연결되고 있다. 전기의 푸코의 연구 주제는 지식에 대한 것이며, 보다 정확히 표현한다면 '지식과 인간과의 관계 설정'이라고 볼 수 있을 것이다. 하지만 푸코의 작업은 통상적인 지식과 인간의 관계, 즉 지식의 창조자로서의 인간에 대한 것이 아니라 오히려 그 반대였다. 지식에 의해 특정한 주체로서 구성되는 주체, 즉 주체의 역사에 주목한 것이었다. 그리고 이 방대한 작업은 프랑스가 아닌, 스웨덴과 폴란드라는 낯설고 추운 이국의 땅에서 고요히 진행되고 있었다.

1955년 푸코는 스웨덴의 웁살라 대학의 프랑스 문화원장직을 수행하면서 밤에는 광기에 대한 도서관 자료를 탐독하며 박사학위논문을 준비하고 있었다. 그로부터 3년 뒤, 폴란드 바르샤바 대학의 프랑스 문화원장으로 부임했을 때를 즈음해서 논문 작업은 막바지를 향하고 있었다. 이듬해인 1960년 독일 함부르크의 프랑스 문화원장을 거쳐, 드디어 박사학위논문이 완성된다. 푸코는 같은 해 클레르몽페랑 대학의 심리학과 교수로 임명되면서 지난 5년간의 외국 생활을 뒤로 하고 프랑스로 돌아오게 된다.

저서를 기준으로 푸코의 사상적 시기를 구분하면, 먼저 박사논문을 정리하여 출간한 『광기의 역사』(1961)를 시작으로 『임상의학의 탄생』(1963), 『말과 사물』(1966)[1]이 푸코의 전기 사상, 즉 지식의 시기에 포함되며, 다소 이견은 있지만 『지식의 고고학』(1969)도 전기로 분류할 수 있다. 특기할 점은 어렵기로 소문난 『말과 사물』이 당시 프랑스 베스트셀러가 되고 1967년 『광기의 역사』 영문판이 출간되면서 근대의 이성, 주체 개념에 대한 푸코의 비판의 목소리가 사람들의 귀에 들리기 시작했다는 점이다.

권력의 시기인 중기에는 판옵티콘으로 유명한 『감시와 처벌』이 그 중심에 있지만 그보다 앞서 『담론의 질서』(1970)를 필두로 『감시

---

1 영문판 제목: 『사물의 질서』(*The Order of Things*)

와 처벌』(1975), 『성의 역사 1: 지식의 의지』(1976)가 포함된다. 『담론의 질서』는 푸코의 콜레주드프랑스 교수 취임 기념 논문을 출간한 것인데 이 글에서 그는 자신의 스승 이폴리트를 묵직하게 호명하고 있다. 이폴리트의 죽음 이후 공백이 된 교수직에 임용되면서 스승에게 빚진 것이 무엇인지, 앞으로 자신이 연구할 '사유 체계의 역사'의 학문적 구상을 밝히면서 말이다.

그리고 푸코의 사상적 여정을 마무리하는 윤리의 시기가 그 모습을 드러내기까지 생각보다 오랜 시간이 필요하였다. 하지만 세상을 놀라게 한 것은 지연된 시간보다 급작스럽게 전환된 연구 주제였다. 『성의 역사 1』의 출간 이후 8년이 지나서야 동시 출간된 2권과 3권의 제목은 『성의 역사 2: 쾌락의 활용』과 『성의 역사 3: 자기 배려』(1984)였는데 그 내용은 1권에서 예고되었던 것과는 달리, 자신의 전공 분야를 떠나 고대 그리스와 로마라는 낯선 시대와 주제를 다루고 있었기 때문이다. 『성의 역사』 2권과 3권에서 푸코는 지금까지의 연구의 대상이었던 근대를 떠나 고대 그리스·로마 시대로 회귀하면서 역사의 무대를 완전히 다르게 설정했다. 또한 근대인들이 성적 욕망을 지식의 대상으로 해석하고 이를 통해 정상/비정상의 기준과 규범으로 간주했던 것과 달리 고대인들이 성이라는 힘을 활용, 배려하면서 스스로를 윤리적 주체로 구성하는 문제를 집중적으로 검토했다.

짧지 않은 기간 동안 유럽 변방의 국가들을 오가며 프랑스 문화원장으로 일했던 그가 프랑스 최고의 교육기관인 콜레주드프랑스 교수로 입성한 해가 1970년이다. 1984년 죽기 전까지 약 15년 동안 출간된 그의 저서들은 학문적 차원뿐 아니라 대중적 차원에서도 늘 주목의 한가운데 있었다. 그 주목에 응답하기라고 하듯 푸코는 저서의 핵심이나 의도를 대중들에게 전달하기 위해 많은 노력을 기울였고 이는 그가 남긴 수많은 인터뷰들과 강연을 통해 확인할 수 있다. 즉흥성 없는 설득적 언변, 독창적인 문제의식과 풍부한 내용은 청중들을 사로잡았다. 특히 1980년 미국의 버클리 대학에서 진행된 「진실과 주체성」 강연에는 청중이 너무 많아 인근 경찰이 투입될 정도였다. 그의 강연은 늘 계단과 바닥을 빼곡히 메운 사람들, 강단 앞에 설치된 녹음기들로 진풍경을 이루었다고 한다. 그의 음성과 사상을 담고자 했던 작은 바람들 덕분에 콜레주드프랑스 교수 시절 그의 강의는 녹취, 기록, 문맥 보충을 거쳐 7개의 강의록으로 출판되었다.

이처럼 푸코의 사상은 지식과 권력, 윤리의 3개의 주제로 구분되지만 본 글에서는 푸코가 연구 주제를 윤리로 전환하게 된 맥락, 배경을 상세히 다룰 수는 없다. 때문에 '현대철학자, 푸코'로서 그의 이름을 세상에 알린 지식과 권력에 관한 논의만을 검토할 것이다.

3. 지식의 시기: 고고학과 계보학

1) 고고학: 에피스테메(episteme)와 담론

푸코가 신진 학자로 활동을 시작하던 당대의 프랑스의 사상적 지형을 살펴보면, 그의 전기 철학의 배경을 잘 이해할 수 있다. 그가 처한 이중의 부담이 무엇인지 그리고 푸코가 이를 어떻게 돌파하면서 지식의 고고학에 관한 자신의 독창적 문제의식을 설정하게 되었는지 말이다.

당시 프랑스는 소위 사르트르(Jeas-Paul Sartre)로 대표되는 실존주의와 새롭게 등장한 구조주의의 대결이 한창 진행 중이었다. 실존주의는 인간의 순수의식성, 즉 자유를 중요하게 제시하면서 선택 상황에서 결단하는 자유로운 주체성을 강조하였다. 역사가 진보하고 변화할 수 있는 이유도 바로 이러한 주체의 능동적 실천 안에서 찾았다. 반면, 구조주의는 세계가 사물의 총합이 아닌 관계로 이루어져 있다고 보았다. 따라서 사회현상에 대한 의미 역시 그 자체의 표피적 현상보다 그 현상들을 가능하게 한 특정한 기저로서의 구조에서 찾는 입장이었다. 구조주의자들은 사르트르가 주장하는 주체의 결단은 인간의 코기토와 주체에 의존적인 순진한 철학적 관념론이라고 비판했고, 실존주의자들은 현재의 역사와 그 변화를 설명하지 못하는 구조주의는 결국 현 상태를 옹호하는 결과를 야기하기에 보수주의적 이론일 뿐이라며 서로 날을 세우고 있었다. 이러한 사상적 대결 속에서 푸코는 구조주의가 설명해 내지 못한 역사의 변화와 단절을 설명해야 했고, 동시에 실존주의자들이 그랬듯 인간의 주체성이나 결단에 기대지 않는 방법을 모색해야 하는 이중의 부담을 지게 된 셈이다.

푸코는 이러한 이중의 부담을 고고학이라는 방법론과 에피스테메, 그리고 담론의 개념을 통해 극복하면서 자신의 목적인 근대 주체 개념을 비판하는 독창적인 해석을 제시하였다. 푸코는 우리가 필연적·보편적이며 자명하다고 간주하는 진리와 개념들이 실제로는 역사적으로 구성된다고 보고, 인간 역시 특정한 시대에 등장한 지식의 대상, 즉 사회적 산물임을 주장한다. 마치 지금까지는 보이지 않았던 지층과 지층 사이의 단절을 조심스런 붓질을 통해 드러내는 고고학자의 작업에 비유라도 하듯, 푸코는 이러한 자신의 방법론을 고고학적 방법론(archaeological method)라고 칭하였다. '광기'라는 소재를 중심으로 역사의 시기마다 다르게 인식되는 광기의 불연속성, 즉, 광기에 대한 지식의 지층을 드러낸다는 점에서였다.

푸코는『광기의 역사』에서 서구의 역사를 크게 i) 중세와 르네상스 시대, ii) 고전주의 시대, iii) 근대로 구분하고 서구 역사에서 인간의 경험과 지식의 대상이 시대마다 어떻게 다르게 이해, 평가되는지의 변화를 광기를 소재로 분석하고 있다. i) 중세와 르네상스를 포함하는 17세기 말 이전의 광기는 비극적이고 예언적인 이성의 약점을 폭로하는 거울과 같은 기능으로, 신들린 사람들이 주절거리는 금지의 언어와 같은 계시적인 것으로 이해되었다면 ii) 17세기 말~18세기 중엽의 고전주의 시대에는 광기는 일종의 반사회적 성향, 세속적인 일탈로 이해되었다. 광인들은 거지, 범죄자, 일을 하지 않는 인간들과 함께 감금되었고 광기는 자연에 위배되는 괴물, 반사회적 범죄행위와 동일하게 간주되었다. 마지막 iii) 18세기 후반의 인간주의적인 개혁을 통해서 광인만을 위한 구빈원(정신병원의 모태)이 출현하면서 광기는 점차 의학의 대상으로 편입되어 치료가 필요한 질병으로서 인식된다. 이러한 시대적 분절에 대해 푸코는 광기라는 어떤 실체가 존재하고 근대 지식이 발전함에 따라 비로소 광기가 질병으로서 포착, 이해된 것이 아니라고 주장한다. 즉 시대마다 광기의 개념이 변화하므로, 광인의 모든 것을 관찰·검사·해석·평가하는 일련의 과정을 통해 질병으로 진단하는 근대적 인식이야말로 이 시대가 낳은 역사적 산물에 불과하다는 것이다. 그런데 보다 흥미로운 사실은 이 주장이 실은 광인이 아니라 근대적 주체를 향하고 있다는 점이다. 시대마다 다르게 인식되는 광기에 대한 푸코의 추적은 사실 광인을 배경으로 광기의 비정상성에 대한 역상으로 구축된 근대의 정상인, 즉 비정상을 통해 정상을 규정하는 근대의 주체 개념이 얼마나 자의적인 것인지 폭로하고 비판하는 것이기 때문이다.

근대의 역사철학은 역사가 그것을 지배하는 원리, 정신에 따라 연속적으로 발전한다고 전제한다. 이를 전적으로 부정하는 푸코의 역사관이 보다 구체화된 것은 에피스테메라는 개념을 도입한 『말과 사물』의 논의를 통해서였다. 앞선 '광기'의 분석에서도 확인할 수 있듯이 푸코는 특정 시대에 사용되었던 용어나 개념에 대한 인식과 경험이 시대별로 변화하는 근본적인 원인은 각 시대마다 사유할 수 있는 내적인 경계가 다르기 때문이라고 보았다. 그리고 이 내적인 경계, 특정 시대 사람들의 생각할 수 있는 것과 없는 것의 경계를 결정하는 무의식적 조건을 푸코는 에피스테메[2]라고 지칭한다. 에피스테메는 무의식적이기에 특정 시대의 에피스페메의 특징이 무엇인지 당대인들은 알 수 없으며, 오직 특정 에피스테메에 의해 결정된 담론들의 공통적 규칙성을 추출하는 간접적 방식을 통해서 비로소 해당 에피스테메의 특징을 알 수 있다. 그렇기에 에피스테메란 '시대마다 분절적인 무의식적 조건'임을 함축하는 역사적 아프리오리(Historical A prioi,

---

2 Michel Foucault, *The Order of Things: An Archaeology of the Human Science,* trans. Alan Sheridan-Smith, New York: Random House, 1996, p.20.

선험적 조건)이기도 하다.

푸코는 『말과 사물』에서 16세기 이후 서구 역사에 있어서 세 개의 에피스테메의 특징을 다음과 같이 설명하고 있는데 시대의 구분은 『광기의 역사』와 대략 일치한다. i) 르네상스 시대의 에피스테메는 아직 말과 사물이 분리되지 않은 시대로, 양자 간의 유사성에 기초하여 세계를 해석한다. 즉, 비슷해 보이는 것들을 찾아 이들 사이의 관계 안에서 지식을 도출하는 방식이다. 뇌와 비슷하게 생긴 호두를 먹으면 머리가 좋아진다고 생각하고 별자리의 모습으로 우주를 이해하는 것처럼 유사성을 기준으로 세계를 이해한다. ii) 고전주의 시대의 에피스테메는 복잡성의 정도에 따라 기호를 분류하여 도표를 완성하고 구축하는 차이·동일성의 기준에 기초한다. 사물의 차이와 동일성의 정도에 따라 세계를 도표 안에 배치하듯이 공간적으로 이해하고 해석하는 방식이다. 자연사 박물관에서 볼 수 있는 배치도를 상상해도 좋겠다. iii) 18세기 이후 근대의 에피스테메는 앞선 공간적 배치와 달리 시간성의 관점에서 세계를 이해하고 해석하는 방식이다. 이 시기가 되면 앞선 고전주의 시대의 자연사가 아닌 유한성을 중심으로 하는 생물학이 주요 학제로 등장하게 되고, ii)의 도표 안에서 설명되던 부의 분석이 시간성에 기반한 인간 노동에 대한 것으로 전환된다. 이처럼 각 시대 별 에피스테메의 특징에 근거하여 푸코는 근대가 되어서야 비로소 유한성의 존재인 인간이 인간과학의 대상으로서 역사에 출현한다고 주장한다. 즉, 근대의 에피스테메가 유한적 인간의 특징을 포착하면서, 인간이 지식을 창조하는 주체가 아니라 지식의 대상으로 근대라는 역사의 무대에 등장한 것이라고 말이다.

이처럼 고고학적 시기의 중심 저작인 『광기의 역사』와 『말과 사물』에서 푸코는 인식의 토대가 되는 근대의 주체 개념이 특정 시대의 에피스테메가 인간에 주목하던 시기에 등장한 역사적 산물이라고 보았다. 이러한 푸코의 입장은 지식의 창조자로서의 인간이 아니라, 지식의 대상이자 결과인 '근대적 인간'의 등장에 주목한다는 점에서 전통적 '지식과 주체와의 관계'를 역전시키고 있다. 또한 푸코의 핵심 개념인 에피스테메는 앞서 언급했던 프랑스의 사상적 지형에서 그가 극복해야 했던 이중의 부담을 어떻게 넘어서고 있는지를 잘 보여 주고 있다. 푸코의 에피스테메는 특정한 시대의 지식과 경험을 가능하게 하는 무의식적 조건이라는 점에서, 의식적 주체에 기대지 않으면서 사회현상을 분석하는 실존주의적 방법을 취할 수 있었다. 또한 에피스테메는 각각의 시대마다 다른 분절적 구조, 즉 역사적 아프리오리라는 점에서 구조주의가 설명하지 못한 역사의 변화를 자신의 이론 안에서 설명할 수 있었다.

2) 계보학(genealogy): 지식·권력의 효과

하지만 푸코의 고고학은 이후 권력의 문제를 탐색하는 계보학으로의 이행을 앞두고 있었는데, 이는 그의 연구 수준이 담론에서 실천의 차원으로 확장되었기 때문이다.

일반적으로 담론이란 사고의 언어적 표현, 즉 말의 덩어리지만 동시에 특정한 사회적 제도 안에서 사회를 구성하는 원칙·사고 유형·상호 소통의 원칙·태도 등에 따라 복종하게 하는 실천의 규칙이기도 하다. 즉, 실천의 규칙이 되는 담론이 단지 언어적 차원에서만이 아니라 특정한 담론의 형성 과정에서 개입하는 담론 외적인 요소와 끊임없이 연관을 가지면서 생성, 강화된다는 것이다. 이를 깨달은 푸코의 담론 분석은 이제 지식·권력의 연계를 추적하는 계보학으로 전환된다. 예를 들어, 17세기에는 각종 반사회적 일탈자들(거지, 범죄자, 병든 자, 태업하는자, 심지어 사랑에 빠진 자 등)을 광인과 구분 없이 감금했지만 18세기 자본주의가 발달하면서 오직 광인만을 감금하는 구빈원이 등장하게 되었다. 이러한 구빈원의 출현은 광인에 대한 계몽주의적 차원의 처우 개선이라기 보다는 오히려 담론 외적 요소, 즉 노동력을 필요로 하는 자본주의 사회의 수요에 의해 광인을 제외한 기타 일탈자들이 공장으로 유입된 결과이기도 했던 것이다. 또한 정신과 의사들의 말이 다른 이들의 말보다 힘을 가졌던 것은 그들이 통과한 교육 체계가 그들에게 부여한 학문적 권위 때문이기도 하다.

푸코의 전기 방법론인 고고학이 시대마다 다르게 분절적으로 구성되는 지식의 지층을 드러냄으로써 근대적 주체를 해체하는 방법론이었다면, 계보학은 지식과 연동하며 인간을 특정한 방식의 주체로 만들어 가는 권력의 장치와 그 효과를 추적하는 방법론이라 하겠다. 니체로부터 빚진 것이 분명한 계보학이라는 방법론은 특정한 사건이나 개념의 시작, 즉 순수 기원을 추구하는 작업이 아니라 그것이 현재의 모습·위상·권위를 가지게 된 외부적이고 우연적인 유래를 추적하는 방법론이다. 이제 푸코의 분석은 에피스테메의 분절이 낳은 지식의 역사성을 넘어 특정한 공간에 감금된 수감자들의 정체성, 그의 영혼이 어떻게 새롭게 만들어지는지, 즉 주체를 예속화하는 권력의 효과로 이행할 것이다. 이제 일상의 권력관계, 그 관계가 낳은 권력의 효과에 관한 푸코의 본격적인 분석으로 들어가 보자.

4. 68혁명 이후 본격화된 푸코의 철학적 지형도

푸코가 권력의 효과에 관심을 가지게 된 것은 담론의 실천적 효과에 관한 그의 이론 내에서의 변화라고 볼 수 있다. 하지만 그의 관심이 실천적 차원으로 추동하게 된 또 다른 배경으로 68혁명의 영향력을 언급하지 않을 수 없을 것이다. 잘 알려졌듯이, 68혁명의 정신은 계급 착취를 정치적 대의로 삼았던 과거의 권력 투쟁과는 그 목적이 달랐다. 무엇보다 당시 68혁명의 주체들은 억압받는 특정 계급이라고 한정할 수 없는 다중적 주체들이었으며, 그들의 주장은 국가 중심의 권력 개념으로부터 벗어나 계급보다 앞선 각각의 차이를, 그 차이를 추동하는 신체와 욕망에 대한 것이었다. 즉, 경제적 착취가 아닌 문화적 소외라는 '부차적'인 논의들을 공론장으로 이끌었다는 점에서 68혁명은 문화혁명의 성격을 강하게 가지고 있었다.

    푸코와 68혁명이 맺고 있는 관계의 중요성이 바로 여기에 있다. 푸코가 제기한 문제들이 68혁명 이후 드디어 동시대인들에게 들리게 되고, 그들과 함께 말하기 시작했다. 즉 이것은 푸코의 연구를 통해 비로소 광인과 수감자, 소수자 정체성을 가진 사회의 '비정상인들'의 삶의 양식에 권력이 어떻게 개입, 작동하는가에 관한 권력과 지식의 구체적 효과가 그들의 주체화 과정에서 드러나게 되었다는 것을 의미한다. 또한 68혁명이 수반한 가장 중요한 정치적 변화는 정치철학의 핵심 주제인 권력에 대한 물음을 과거와 완전히 다른 방식에서 제기하게 했다는 것이다. 기존 정치철학의 입장이 투쟁의 목표를 권력의 획득(혹은 해방)의 문제로 파악하는 것이었다면, 다양한 사회적 관계에서의 소외·차별의 문제의식으로부터 촉발된 68혁명의 후예들은 '일상적으로 정치적이라고 말하는 것, 권력이 작동하는 정치의 영역이 무엇인가'의 질문으로 물음의 방식을 전환하였기 때문이다. 즉, 누가 권력의 헤게모니를 획득하는가, 혹은 어떻게 권력으로부터 탈출하는가의 문제가 아니라 무엇이 정치적인 문제이고 이것은 어떠한 효과로서 작동하는가를 탐색하였다. 이는 곧 현실정치의 새로운 영역과 주제를 발굴하는 작업의 변화를 의미한다. 푸코식의 용어로 말하자면 이러한 변화는 '권력의 경제학, 그 자체를 변화시키는 것'이다. 이처럼 68혁명 이후 마르크스주의 퇴보와 함께 등장한 프랑스의 비판 정신은 더 이상 예전과 같은 방식으로 인간과 사회, 역사를 해석하기를 거부하였다. 그리고 푸코의 문제의식 또한 변화된 정치철학의 지형도 안에서 이제 자신의 본격적인 연구 주제라고 할 수 있는 주체의 역사, 주체화의 문제로 구체화되기 시작했다.

『감시와 처벌』에서 푸코는 미시적 차원에서 전개되는 지식·권력의 작동이 인간의 신체를 거쳐 그의 영혼을 변화시킬 때 이를 규율권력(disciplinary power)으로, 이러한 권력의 효과가 일상에 전면적으로 확산된 사회를 규율사회(disciplinary society)라고 칭하였다. 특히 기존의 마르크스주의로 대변되는 억압적 권력관으로는 우리의 일상 세계, 특히 규율사회에 편재해 있는 권력의 효과를 효과적으로 비판할수 없다는 점에서 규율권력의 특징에 기반하여 자신의 새로운 권력관을 제시하였다. 『감시와 처벌』에서 규율권력의 작동에 의한 수감자의 주체의 예속화를 집중적으로 분석하였다면, 『성의 역사』 1권에서 푸코는 이전의 규율권력의 명칭을 버리고 섹슈얼리티를 중심으로 개인을 개별화·전체화하는 생명관리권력(Bio power)의 작동을 기반으로 주체의 예속화를 집중적으로 분석하였다.

하지만 규율권력도 생명관리권력도 주체의 예속화 측면에 과도하게 집중함으로써 권력에 대한 저항의 가능성을 담보할 수 없다는 비판에 봉착하자, 푸코는 주체의 자율화의 가능성을 모색하기 위해 통치(government)의 개념으로 이동하게 된다.

5. 『감시와 처벌』: 규율권력의 등장

『감시와 처벌』의 부제는 '감옥의 탄생'이다. 푸코는 이 책에서 서구의 형벌 체계가 범죄자를 고문하고 생명을 앗아가는 신체형으로부터 어떠한 변화를 거치면서 근대의 감옥의 탄생에 이르게 되었는가의 과정을 다루고 있다. 근대 이전, 즉 군주가 범죄자를 고문하고 생명을 앗아가는 군주권 시대의 신체형을 시작으로 이후 보다 관대한 처벌 양식을 가지는 인간주의적 개혁의 시기를 거쳐 근대 감옥이 출현하기까지 각 형벌 체계의 출현과 변화에 주목한다는 점에서 서구의 형벌의 역사를 촘촘히 다루는 듯 보인다. 하지만 『감시와 처벌』이 형벌 체계의 역사적 변화 속에서 범죄자에게 행해지는 권력적 효과가 무엇인지를 탐구하는 계보학적 저작이라는 점에서 우리는 푸코가 주목하고자 했던 문제의 핵심을 잘 포착해야 할 것이다. 그 물음은 '범죄자의 신체를 통제하는 감금형이라는 처벌 방식이 어떻게 신체의 역량, 행동 방식의 변화는 물론이고 그의 영혼까지도 새롭게 만들 수 있었는가?'에 대한 것이다. 푸코는 형벌 체계가 발전해 온 장대한 역사를 그려내기 위해 감옥의 탄생을 다루는 것이 아니다. 그의 핵심은 오히려 이와는 완전히 다른 관점에서 제기되는 질문, 즉 감옥이라는 공간에서 전개되는 주체의 예속화 문제를 향해 있었다.

『감시와 처벌』의 첫 장은 국왕 시해에 실패한 다미앵(Damien)의 잔인한 고문 광경에 대한 상세한 묘사로부터 시작된다. 이러한 잔인한 신체형은 어떠한 효과를 발생시키는가? 죄인이 느끼는 고통의 강도는 곧 군주의 힘의 크기이며 죄인의 고통을 목격하는 군중들은 군주에게 공포심을 가지게 될 것이다. 나아가 이러한 공포심이 유사 범죄의 가능성을 제어한다는 점에서, 신체형은 군주권의 과시와 범죄의 예방이라는 특정한 효과를 발휘하게 된다. 하지만 그렇다고 신체형의 형벌적 효과가 고문의 강도와 반드시 비례하는 것은 아니다. 오히려 군주의 힘이 남용되어 고문이 지나치게 잔인한 방식으로 행해지거나, 잃을 것이 없는 죄인의 저항 혹은 군중의 폭동이 발생하는 등 힘이 역전되는 무법 상황을 초래할 수 있기 때문이다.

그런데 근대 계몽주의 시대에 이르러 과거의 신체형은 인간주의적 개혁을 거쳐 신체를 구금하는 감금형으로 전환된다. 18세기의 형법 개혁자들은 고문의 잔인함과 과도함을 최소화하려는 계몽주의적 전환을 형벌 방식의 진보로 보았다. 하지만 휴머니즘적 가치로의 진일보로 받아들였던 세간의 평가와 달리 푸코는 동일한 현상 안에서 죄인을 더 잘 처벌할 수 있는 '권력의 경제화'를 포착하였다. 감금형은 죄인들의 신체에 관한 모든 것을 감옥에서 지속적으로 관리·통제함으로써 그들의 신체의 능력을 특정 장소에 적합하도록, 때로는 유용함, 유순함, 복종 등의 양식에 따라 새롭게 만들어 낼 수 있었다.

결국 이것은 '더 관대하게'가 아닌 '더 잘' 처벌할 수 있는 효율성으로의 극적인 전환이었다. 물론 신체형에서 행해졌던 죄인에 대한 군주권의 잔인한 행사를 저지했다는 감금형의 계몽주의적 가치 자체를 푸코가 전적으로 무시한 것은 아니었다. 감금형은 군주의 변덕에 의한 자의적·임의적 처벌의 방지는 물론이고 죄인들의 정신(영혼)의 교정과 갱생을 지향함으로써, 궁극적으로 공동체 전체의 안녕과 질서의 수반이라는 목표를 갖는다는 점에서 근대가 자랑할 만한 형벌 체계의 위상을 가지고 있었다.

하지만 감금형으로의 전환은 고문에 의해 고통받는 신체를 없앴을 뿐, 신체 자체가 권력의 대상에서 사라진 것은 아니었다. 무자비한 처벌과 힘의 역전 가능성이라는 사회적 비용을 치르지 않아도 감금이라는 공간적 격리가 효과적인 '처벌'이 될 수 있었던 중요한 근거를 푸코는 신체에 대한 권력의 새로운 작동 방식에서 보았다. 즉, 감금형에서 행사되는 권력은 억압하고 부수는 힘이 아니라 수감자의 신체의 모든 것(일상적 활동, 태도 등)을 감시함으로써 추출되는 지식을 토대로 이를 실제 권력의 효과로 현실화하는 방식, 즉 수감자를 특정한 인간형으로 주조하는 지식-권력의 새로운 작동 방식이기 때문이다. 이처럼 근대의 감금형에서 작동하는 권력은 특정한 공간에서, 특정한 지식의 실제화를 통해 특정한 대상을 특정한 방식으로 주조하고 구성하는 힘으로써 작동한다. 무엇보다 죄수들은 이러한 감시의 효과를 내면화하여 스스로 특정한 죄수의 정신을 가진 주체로 변형되었다. 푸코는 '모범 죄수'처럼 규율에 따라 자기를 규범화하는 주체의 예속화에 대해 '신체를 통해 영혼이 감옥이 되었다'라고 역설적으로 표현하였다.

푸코는 이러한 권력의 작동을 가능하게 하는 기술적 전략과 장치를 규율권력이라 칭하였다. 규율권력은 '공간에 따른 개인의 분할을 실행'함으로써 개인을 분류하고 개별화한다. 동시에 '시간으로부터 이용 가능한 순간을, 그리고 매 순간 항상 많은 유효 노동력을 이끌어 내는 방식으로 시간을 통제함'으로써 개인의 활동을 통제하고 지속적인 복종을 강제한다. 푸코는 감금형의 형벌 체제, 어쩌면 인간의 자유를 가장 근본적인 방식에서 제한하고 억압하는 공간인 감옥에서, 수감자의 신체를 감시하는 권력의 작동이 어떻게 순종적인 신체(docile body)를 생산하는지 벤담(Jeremy Bentham)의 판옵티콘이라는 공간적 사례를 통해 제시하였다.

"판옵티콘은 봄-보임의 결합을 분리시키는 장치이다. 즉, 주위를 둘러싼 원형의 건물 안에서는 아무것도 보지 못한 채 완전히 보이기만 하고, 중앙의 탑 속에서는 모든 것을 볼 수 있지만 결코 보이지는 않는다. 이것은 권력을 자동적인 것으로, 또한 비개성적인 것으로 만들기 때문에 중요하다."[3] 이처럼 감옥의 감시는 감시하는 자는 감

---

3 미셸 푸코, 『감시와 처벌』, 오생근 옮김, 나남출판, 1993, 297~298쪽.

그림 1 전면적이고 지속적인 감시를 통해 수감자들의 내면과 영혼을 개조하는 공간적 장치, 판옵티콘

추면서, 감시받는 수감자는 전면에 노출하는 일방향적인 시선을 통해 작동한다. 동시에 이러한 감시의 시선은 설사 감시하는 자가 부재하더라도 감시받는 자는 지속적인 감시를 체감한다는 점에서, 위계적으로 부단히 작동하며 수감자의 정신·영혼을 변화시키는 효과를 가진다.

『감시와 처벌』은 마치 사료처럼 서구 근대의 감옥과 처벌의 역사에 대한 내용으로 가득했지만 독자들은 규율권력이 작동하는 근대의 판옵티콘의 공간으로부터 현대의 공장과 병원, 군대와 학교를 자동적으로 연상할 수 있었다. 하지만 규율권력이 주체의 예속화를 이끈다고 해서 반드시 부정적인 결과를 낳는 것은 아니다. 중요한 점은 푸코가 이러한 권력의 효과가 신체를 거쳐 특정한 정신을 만들어 낸다는 것을 비판한다는 것일 뿐, 규율권력 자체는 맥락에 따라 신체를 단련하고 역량을 증진시키는 힘이기도 하기 때문이다. 이처럼 권력이 지식과 연동함으로써 작동한다는 푸코의 권력관은 기존의 억압-해방의 도식과는 다른 새로운 정치적 상상력을 제공하였고, 이것은 기존의 억압적 권력관으로는 포착하지 못한 우리의 현실을 분석할 수 있는 방법론적 유용함을 가지고 있었다.

　푸코는 기존의 주권적 권력, 소위 '왕의 머리'로 은유되는 '경제적, 실체적, 법률적' 토대에 근거한 권력관은 생산적 권력의 효과가 만연한 규율사회를 설명도 비판도 할 수 없는 이론이라고 강한 어조로 비판하였다.[4] 이때 '경제적, 실체적'이라 함은 마르크스주의자들이 그러하듯 권력을 특정 집단에 의해 획득되는 것으로 여긴다거나, 자유주의자들이 그러하듯 사회계약의 모델에 따른 양도로서 보는 입장에 대한 비판이다. '실체적'이라는 것은 앞선 두 입장 모두에서처럼 권력을 하나의 실체처럼 대상화하는 것, '법률적'이라는 것은 금지, 억압-해방과 같은 일면적 방식으로 권력을 이해하는 것에 대한 푸코의 비판이다. 동시에 지식과 연동하는 권력의 효과를 설명할 수 없는 '설명의 무능함'에 대한 비판의 어조를 함께 내포하고 있다. 물론, 푸코는 왕의 머리로서 작동하는 권력의 현실적 작동을 전적으로 부정하는 것이 아니다. 이러한 효과가 권력의 모든 것은 아니라는 것, 오히려 예외적인 것으로 본다는 것이다.

　그렇다면, 푸코에게 권력은 어떻게 이해되는가? 그리고 또 어떻게 질문될 수 있는가? 그에게 권력은 특정 개인이나 집단, 기구가 소

4　Michel Foucault, "The Ethics of the Care for the Self as a Practice of Freedom", ed. Paul Rabinow, *Michel Foucault Ethics: Subjectivity and Truth*, New York: New Press, 1997, pp.13~14.

유하는 실체가 아니며 하나의 관계, 또는 사회의 모세혈관처럼 퍼져 있는 그물망에서 작동하는 일종의 전략적 효과와 같은 것이다. 그런 이유에서 권력에 대한 푸코의 질문은 실체로서의 권력, 즉 '권력이란 무엇인가?'에 대한 물음이 아니라 '권력은 어떠한 효과, 혹은 관계 안에서 행사되는가?'로 질문되어야만 할 것이다. 그리고 푸코로 인해 새롭게 등장한 이러한 질문들은 지금까지 우리가 당연하게 정치의 영역이라고 생각해 왔던 주제들, 이를테면 민족적·종교적 투쟁이나 경제적 착취에 대한 거시적 수준의 저항만이 정치의 문제라고 여겼던 기존의 영역을 넘어서게 하였다. 그리하여 인간이 특정한 방식의 주체로서 평가하고 이해하도록 인도하는 각종 권력의 기술들과 장치들의 예속적 효과들을 드러내고, 그러한 권력의 효과들에 거부하게 함으로써 '정치적인 것'의 외연을 새롭게 확장하는데 기여하였다. '권력의 철학자'로서의 푸코의 위상은 이렇게 새겨진 것이었다.

6. 『성의 역사 1』: 고백하는 동물이 되어버린 서구 근대인

앞선 『감시와 처벌』이 감옥이라는 폐쇄 공간에서의 소수의 인간들에 대한 주체의 예속화를 다루었다면 『성의 역사 1: 지식의 의지』은 근대의 성적 욕망에 관한 계보학적 분석이다. 주체의 예속화를 다룬다는 점에서 두 저서의 문제의식은 동일하지만 근대 서구인의 성적 욕망(이하 섹슈얼리티)을 분석의 대상으로 한다는 점에서 연구의 범위가 이전보다 확대되었다. 또한 주체의 예속화를 작동시키는 권력의 개념 또한 규율권력을 포함하는 생명관리권력[5]으로 확대되었다.

이때 '생명관리권력'이란 18세기의 자본주의 질서의 팽창과 함께 등장한 개인들을, 보다 효과적으로 통제하고 그에 예속시키기 위한 일련의 일관성을 띠는 권력의 기술을 의미한다. 이것은 두 측면으로 작동하는데 하나는 인간 신체에 대한 해부학적 정치학(Anatomo politics of human body), 즉 개인을 과학적 지식의 대상으로 변환시켜 특정 규범 체제에 따라 예속적 주체를 만들어 가는 규율권력의 측면이다. 다른 하나는 인간을 하나의 종, 혹은 인구로 대상화하여 그들을 성적인 장치들과 관련한 과학적 범주로 나누는 일련의 과정과 제도, 그것에 따른 실천의 측면(Bio politics of the population)을 의미한다.[6] 이러한 맥락에서 근대의 섹슈얼리티는 '생명과 생명의 매커니즘을 명확한 계산의 영역으로 편입시키고, 권력과 지식을 통해 개인의 삶은 물론 종이라는 인구의 차원에서 작동한다는 점에서 권력 작동의 전략적 거점 역할을 담당하게 된다.

푸코는 생명관리권력이 전제하는 '섹슈얼리티의 본성화·과학화'를 전면적으로 거부하며, 이것은 근대에 결정화된 사회적·역사적 구성물일 뿐이라고 주장한다. 즉, 성적 욕망에 대한 특정한 방식의 해석과 이해라는 지식의 효과를 통해 개인을 정상 혹은 비정상의 성적 주체로 인식하게 하는 인식·경험의 작용이야말로 권력-지식의 작동이라고 보기 때문이다. 왜냐하면 일단 성적 욕망에 대한 담론이 다양한

---

5   Michel Foucault, *History of Sexuality: The Will to Power*, New York: Random House, 1978, p.143.
6   *IbId.,* p.139.

학문의 영역들, 이를테면 병리학·심리학·정신의학 등에서 성에 대한 객관적인 지식의 형태로 확산되면, 개인은 스스로 자신들의 성적 주체성을 정상적인 규범에 따라 맞추어 자신의 '본성'을 정상화하기 위해 애쓰기 때문이다.

푸코는 섹슈얼리티의 확산에 있어서 세 가지 전제가 있다고 보았다. 첫째, 인간 본성의 비밀을 간직하고 있는 섹슈얼리티는 숨겨져 있거나 억압되어 있다. 둘째, 숨겨져 있거나 억압된 섹슈얼리티가 고해(confession)를 통해 혹은 고백될 때, 주체는 이 진실의 말을 해석해 줄 수 있는 각종 권위자들의 지식, 혹은 진단을 통해 자신의 '본래적' 정체성을 구축해야 한다. 셋째, 이러한 숨겨진 욕망에 대한 고해·점검·해석·정체성 확립을 소위 자기 해방으로 간주한다.[7] 푸코는 이러한 일련의 작동이 섹슈얼리티를 중심으로 구성되는 몸, 즉 욕망하는 주체의 해석학적 구도를 형성하였고 서구인들을 고백하는 동물로 만들었다고 주장한다.

이때 성에 대한 '억압가설'(Repressive Hypothesis)은 멀리 거슬러 올라가면 17세기 영국 빅토리아 시대에서, 가깝게는 프로이트의 정신분석학에서 전제하는 입장이다. 푸코는 특정한 시대, 이를테면 빅토리아 시대가 보여 주듯 엄격한 성적 담론이 주류를 이루면서 섹슈얼리티가 억압되었다고 볼 수 있는 현상적 특징 자체를 부정하는 것이 아니다. 푸코는 성에 대한 엄격성이 과도한 시대의 현상적 특징 이

---

7 *IbId.*, pp.65~67 참조.

면에서 어떤 생명관리권력의 효과가 작동하는가에 계보학적 차원에서 주목해야 한다고 본다. 즉, 성에 대한 엄격함이 강조되면서 이를 뒷받침하는 생물학적·의학적 지식과 규율이 과도하게 추가되고 있었다는 것, 성에 대한 인간과학·생물학·행정과 제도의 영역에서 전방위적으로 확산된 과도한 성적 담론들이 만들어 내는 현실적 효과가 무엇인지 물어야 하는 것이다. 푸코는 이러한 성에 대한 엄격함의 강조, 억압의 정당화, 이에 관한 다양한 지식의 출현과 실천들이야말로 성적 검열에 다름 아니며, 이것이 곧 성적 차원에서 주체를 예속화하는 지식·권력의 효과가 사회에 확산·강화되는 것이라고 주장한다.[8]

　푸코의 생명관리권력은 앞선 설명에서처럼 '성의 과학화'에 기반한 예속화의 측면과 함께 권력의 다른 한 축, 종으로서 인구의 '생명'에 작동하는 치밀한 계산과 관리를 통해 행사되는 광범위한 권력의 효과에 주목하였다. 푸코는 군주권의 행사 방식과 생명관리권력 행사 방식의 극명한 차이가 죽음과 생명 사이의 방점의 전환에 있다고 보고, 양자의 대비를 다음과 같이 설명하고 있다. 군주의 힘은 자신의 백성을 '죽게 하고 살게 버려둠'(take life, let live)으로써 죽음에 방점을 찍고 행사되는 것이라면, 근대의 생명관리권력은 그들을 '죽게 버려두고 살게 만드는 권력'(foster life, disallow to the death)[9]으로 생명에 방점을 찍음으로써 작동하는 힘이기 때문이다. 『감시와 처벌』에서 군주가 자신의 힘을 과시하던 신체형의 시대로 돌아가 보자. 이때

8　*Ibid.*, pp.53~55 참조.
9　*Ibid.*, p.138.

의 군주권은 백성의 건강, 복지의 수준 따위에 큰 관심이 없이 그들의 생명을 앗아갈 수 있는 충분한 힘과 정당한 권리가 자신에게 있음을 만방에 표방함으로써 자신의 권력을 행사했다. 반면 인구를 대상으로 하는 서구 근대 국가의 생명관리권력은 그들의 건강과 활기를 높이기 위해 위생·교육·복지에 지대한 관심을 둔다. 그리고 그 생명의 힘이 국가적 차원의 총합이 될 수 있도록 그들의 생명과 관련된 모든 것을 알고자 하며, 그 앎의 결과를 조직하고 분류하고 통제함으로써 힘을 발휘하는 권력이다.

이러한 관점에서 푸코가 『성의 역사』 1권의 프랑스판 부제를 '앎에의 의지'(*La volonté de Savoir*)로 명명한 것은 결코 우연이 아니다. 서구 근대 국가의 힘은 생명관리의 차원에서 개개인의 생명에 관한 모든 것을 아우르고 이를 다시 종으로서의 인구의 총합으로 총체화함으로써 작동한다. 따라서 생명관리권력이 효과적으로 작동하기 위해서는 각 개인들의 생명에 관계하는 대한 모든 것에 대한 관심, 그것에 대한 실제적 자료가 필요하며 나아가 취합된 자료들을 분석, 유의미한 결과를 도출함으로써 생명에 대한 잠재력을 계산 가능한 수준으로 정량화하는 작업이 필수적으로 요구된다. 통계학(Stastics)의 어원이 국가학에 있다는 것은 그러한 의지의 학문적 표명이다. 따라서 서구 근대의 성적 주체의 예속화가 개인적 차원에서 이루어졌다는 푸코의 주장은 생명관리권력의 작동을 위한 개인의 생명에 대한 관심이 곧 정상/비정상의 성적 정체성에 대한 관심과도 떼려야 뗄 수 없다는 것을 말한다. 또한 종의 수준에 관한 전체적 차원에 있어서도 적정 수준(때로는 증가·감소가 필요한)의 인구의 총합인 국가 차원의 역량을 가늠하는 기준이 된다는 점에서, 섹슈얼리티는 앞선 개인적 차원과 중첩되고 성적 주체를 예속화할 수 있는 교차점으로 작동한다. 이처럼 개인적·전체적 차원에서 작동하는 생명관리권력의 교차점인 섹슈얼리티에 대한 주목은 '고백-권위자의 해석-해방'의 도식에 따른 예속화의 과정을 이끌었고, 근대의 서구인들을 고백하는 동물로 만들었다고 보는 것이다. 그리고 이러한 사회의 변화를 푸코는 '피의 상징'이 가고 '성의 분석학'이 도래했다고 표현하였다.[10] 하지만 푸코는 우리가 따라야 할 객관적인 성적 본성 같은 것은 존재하지 않으며, 따라서 섹슈얼리티는 인간의 자연적 본성이나 생물학적 기원의 문제가 아닌 역사적·사회적·문화적 토대 맥락에서 이해되는 경험적 차원이라고 주장한다.

이처럼 푸코는 특정한 공간에서 특정한 주체를 만들어 내는 규율권력을, 또 섹슈얼리티를 중심으로 하는 성적 정체성과 인구라는 종 차원의 계보학적 분석을 통해 서구 근대적 주체의 역사, 주체화의 측면을 우리에게 제시하고 있다. 이러한 주체의 역사적 구성이 특정 시대의 산물임을 인식하는 순간, 우리는 그 주체화 방식을 넘어선 또 다른 양식의 삶의 가능성을 추구할 수 있을 것이다. 이러한 맥락에서 전기(지식의 시기)와 중기(권력의 시기)에 감행된 푸코의 모든 철학적 도전들을 고려했을 때, 그것은 특정한 방식으로 인간의 주체성을 결정지으려는 예속에 반대하고, 나아가 그와는 다른 위반의 경험을 획

---

10 *IbId.*, p.148.

득하기 위한 자유의 기획이라고 말할 수 있을 것이다.

하지만 예속적 주체화의 길을 벗어나는 것은 단순히 위반의 경험만으로 도달할 수 있는 것은 아니다. 사회 속에 던져진 개인이 특정 주체가 되어 가는 과정에 있어서 예속적 차원과 결별하며 완전히 새롭고 이질적인, 자율화로서의 주체화만을 가질 수는 없기 때문이다. 하지만 적어도 현재의 예속적 주체화와 대결하면서 '지금, 여기의 나는 누구인가' 하는 질문을 통해 자유의 순간을 확보하려는 노력, 때로는 경계를 넘으면서 새로운 삶의 방식을 모색할 수 있는 힘과 의지의 중요성을 푸코는 자신의 후기 사상, 윤리의 길에서 찾고 있다. 푸코의 후기 사상을 이해하는 일은 근대의 성적 예속화 이전, 즉 그리스·로마인들의 주체화 방식에 대한 면밀한 검토는 물론 통치의 개념에 대한 국가적 차원의 분석까지 포함해야 하는 다소 방대한 작업이므로 본 글에서는 다루지 않았다. 하지만 후기 사상을 별도로 다루지 않더라도 한 가지 분명한 사실이 있다. 적어도 주체의 예속화는 계보학적 방법론을 통해 추적되고 비판될 수 있지만, 자기 자신을 삶의 주인으로 만드는 자율화의 과정에는 정답도 모범 답안도 존재할 수 없다는 것이다. 그렇기에 그의 사상은 어떻게 살아야 하는가의 철학의 본령으로 우리를 다시 이끌고 있다. 푸코, 그는 단지 권력의 철학자가 아니었다. 권력의 문제는 주체의 문제를 더 잘 보기 위한 방법론적 도구였을 뿐, 그는 언제나 '근대와 대적하며 주체화의 역사를 탐구'함으로써 윤리의 길을 가고자 했던 자유의 철학자였다.

참고문헌

1차 문헌

Foucault, Michel, (1961) *Madness and Civilization: A History of Insanity in the Age of Reason*, trans. Howard, Richard, New York: Pantheon, 1967. [푸코, 『광기의 역사』, 이규현 옮김, 나남출판, 2003.]

_____ , (1969) *The Archaeology of Knowledge*, trans. Alan Sheridan, New York: Pantheon Books, 1972.

_____ , (1970) *The Order of Things: An Archaeology of the Human Science*, trans. Alan Sheridan, New York: Random House, 1996. [푸코, 『말과 사물』, 오생근 옮김, 민음사, 2012.]

_____ , (1975) *The Discipline and Punishment: The Birth of Prison*, trans. Alan Sheridan, New York: Vantage Books, 1976. [푸코, 『감시와 처벌』, 오생근 옮김, 나남출판, 1994.]

_____ , (1976), *History of Sexuality: The Will to Power*, New York: Random House, 1978. [푸코, 『성의 역사 1: 지식의 의지』, 이규현 옮김, 나남출판, 1997.]

_____ , (1982) "The Subject and Power", ed. Hubert L. Dreyfus and Paul Rabinow, *Michel Foucault: Beyond Structuralism and Hermeneutics*, Chicago: The University of Chicago Press, 1982.

_____ , (1984) "The Ethics of the Care for the Self as a Practice of Freedom", ed. Paul Rabinow, *Michel Foucault Ethics: Subjectivity and Truth*, New York: New Press, 1997.

도나 해러웨이,
인간은 이제 사이보그로
정의되어야 한다 — 이지영

1. 생애

지금도 해러웨이(Donna J. Haraway)라는 이름하면 가장 먼저 떠오르는 것은 『사이보그 선언』(*A Cyborg Manifesto*, 1985)[1]이다. 이 선언문 형식의 에세이는 다음과 같이 시작한다. "이 글은 페미니즘, 사회주의, 유물론에 충실하면서도 아이러니한 정치 신화를 세우려고 시도한다." 앞으로 찬찬히 다시 살펴보겠지만, 이 첫 문장은 해러웨이 이론의 많은 것을 함축적으로 드러내 준다. 이어지는 구절에서 그녀는 자신의 이론이 엄숙하거나 진지하기보다 신성모독적일 것이라고 말한다. 그리고 이 책의 마지막은 '나는 여신이 되기보다는 사이보그가 되겠다'라는 선언으로 끝난다. 아이러니는 기대와 다른 결과나 서로 모순되는 사실의 공존을 말한다. 이것은 유머러스한 패러독스와 함께 새로운 깨달음을 선사한다. 신성모독은 지금까지 사람들이 신성한 진리 혹은 진실이라고 믿어 온 것들에 대한 부정과 위반의 시도를 의미한다. 앞선 본인의 진술이 말해 주듯, 그는 페미니즘에 기반한 자신만의 이론을 전개하며 널리 알려지기 시작했다. 그로 인해 해러웨이를 단지 페미니즘 이론가로 생각하는 이들도 간혹 있다. 그러나 현재 그의 이론을 단순히 페미니즘 이론으로만 수용하는 이는 드물다. 현재, 페미니즘은 물론이거니와 포스트휴머니즘, 신유물론, 생태 이론에 이르기까지 다양한 분야에서 해러웨이의 이론에 관심을 가지고

---

1 『사이보그 선언』과 『반려종 선언』(*The Companion Species manifesto*, 2003)은 2016년 『해러웨이 선언문』으로 출판된다.

연구하거나 인용한다. 이는 해러웨이의 이론이 사이보그 페미니즘을 넘어 비인간 동물과의 공생 진화를 아우르는 쪽으로 발전해 왔다는 것을 의미한다.

　도나 진 해러웨이는 1944년 미국 콜로라도주 덴버에서 아일랜드계 백인 가톨릭 가정에서 태어났고 독실한 가톨릭 신앙 속에서 어린 시절을 보냈다. 이 글에서는 다루지 않겠지만, 특히 '가톨릭의 성찬주의'는 이후 주요한 이론적 기반이 되는 '물질-기호론'(material-semiotic)의 착상과 구체화에 큰 영향을 미쳤다.[2] 이러한 흔적에도 불구하고 학술 세계에 천착해 가면서 그는 점점 교회와 멀어졌다. 스스로 자신은 무신론자로서 반가톨릭적 사유에 자신을 헌신해 왔다고도 말하기도 할 정도이다. 고등학교를 졸업하고 콜로라도 대학에 입학하여 동물학·철학·영문학을 복수 전공한다. 1966년 대학을 졸업하고, 풀브라이트 장학금을 받아 파리 대학 과학부와 테야르 드 사르댕 재단에서 1년간 과학사와 과학철학을 공부했다.

　해러웨이가 이처럼 다양한 분야를 넘나드는 학적 토대를 쌓아 가며 이십 대를 보낸 1960년대는 혼돈과 격변의 시대였다. 이 시대의

2　사람들은 쉽게 자연적인 것(물질)과 문화적인 것(기호/언어로 표현되는 것)을 나눈다. 그러나 무엇이 자연이고 문화인지의 경계는 분명하지 않다. 우리는 자연을 접하겠다면서 여행을 떠난다. 그런데 그러한 장소에 있는 숙소는 물론이거니와, 제아무리 험준한 지형일지라도 인간의 이동 통로가 설치돼 있다. 그곳은 과연 자연인가? 자연이 문화와 분리되어 존재하는 것이 아니라, 인간의 문화가 '자연이란 무엇인가'를 규정하고 있는 것이다. 마찬가지로 가톨릭 성찬식에 쓰이는 포도주와 빵(물질)은 인간이 그것에 신성한 의미(기호)를 부여함으로써 평범한 포도주와 빵 조각은 예수의 피와 살이 된다. 물질 기호론은 순수하게 물질적(자연적)인 것은 존재하지 않는다는 것을 의미한다. 이는 순수한 자연적 여성, 여성성, 인간, 인간성이라는 것이 존재하지 않음을 함축한다.

변화를 이끈 것은 젊은이들이었다. 이 시기는 소련과 미국의 양강 대립 체계가 극단화되고 있었고, 미국은 명분이 약한 베트남전의 수렁 속에 빠져 있었다. 핵전쟁의 현실적 위협이 가시화되고, 젊은이들이 명분 없는 전쟁 속에서 죽어 갔다. 미국이 이러한 상황에 처해 있었다면, 유럽은 2차 세계대전 이후 식민지 경영의 시대가 끝나면서 경제난을 겪고 있었다. 또한 나치 부역 범죄자에 대한 전후 처리도 미진한 상황이었다. 1960년대 서구 젊은이들은 이러한 상황을 기성세대의 질서가 잘못된 탓이라고 판단했다. 청년들은 기성의 질서에 격렬하게 저항하며 새로운 청년 문화를 만들어 나갔다. 이는 프랑스 68혁명, 프라하의 봄, 베트남 반전운동, 흑인 해방운동에서 우드스탁 페스티벌로 기억되는 히피 문화에 이르기까지 다양한 양상으로 드러났다. 성차별에 반대하는 여성 해방운동 또한 이에 포함되는 것은 물론이다. 1920년대 미국에서 여성에게 참정권이 허용된 이후, 1960년대에 이르러 페미니즘 운동 역시 긴 정체기를 깨고 오늘날 '제2의 물결'이라고 지칭되는 새롭고 다양한 관점들과 그에 기반한 움직임들이 대거 등장했다. 래디컬 페미니즘, 에코 페미니즘, 사회주의 페미니즘 등이 등장하여 호응을 받기 시작했다. 해러웨이 역시 이러한 시대의 영향을 크게 받았으며 당시 많은 대학생들이 그러했듯 시대정신에 동조했다. 프랑스에서 돌아온 해러웨이는 연방 재정 장학금을 받아 예일 대학에서 박사 과정을 시작한다. 그런데 아이러니하게도 이 장학금은 미국의 패권 강화 및 유지에 기여할 젊은 과학자를 양성할 목적으로 제공된 것이었다.

해러웨이는 예일 대학에서 생물학자가 되기 위한 훈련을 받기 시작했다. 그러나 곧 실험실의 연구자는 자신의 길이 아님을 자각하고 생물학 및 과학에 대한 과학사가, 과학철학자로 진로를 수정한다. 콜로라도 대학·파리 대학에서의 공부가 페미니즘 성향의 과학사가이자 철학자로서의 그의 저술에 많은 영향을 미쳤다는 것은 의심의 여지가 없다. 그의 글은 문학에서 생물학, 문학, 과학 기술사에 이르기까지 다양한 분야들을 넘나들며 전개되는 학제적 특성을 보인다. 생물학사와 생물철학에 등장하는 은유의 사용에 관한 박사학위논문이 1972년 통과되었고, 이 논문은 1976년 『크리스탈, 조직, 그리고 장』(Crystals, Fabrics, and Fields)이란 책으로 출간되었다. 그는 생물학을 풍부한 은유를 사용하여 생물의 세계를 파악하는 하나의 실천으로 파악한다. 이 저작에는 해러웨이를 유명하게 만든 정치·사회적 입장이 드러나지 않지만, 은유적인 사고를 중시하고, 모든 목적론적이며 본질론적 사고를 거부하는 태도는 이후 저작의 기본 바탕을 이룬다.

이후 해러웨이는 평생의 정신적 동반자가 되는 남편 제이 밀러 (Jaye Miller)가 하와이 대학의 종신 교수직을 얻게 됨에 따라 하와이로 이주하고 같은 대학에서 학생들을 가르친다. 그러나 제이 밀러가 하와이 대학에서 게이로서의 자신의 성정체성을 분명하게 깨닫고 게이 운동을 시작하면서 이혼한다. 이후 밀러와 해러웨이는 각자 새로운 파트너를 다시 만나지만, 이 네 명은 평생을 실질적이며 가장 친숙한 비-혈연, 비-법적 가족 관계(kin)를 유지하며 살아간다. 하와이 대학에서 했던 경험에 대해 해러웨이는 백인 여성이 가진 특권을 자각하는데 중요한 역할을 했다고 회고한다. 하와이는 비-백인 다인종들이 인구의 다수를 이루는 미국의 식민지이기 때문이다. 또 남편 밀러는 게이 정체성을 커밍아웃한 대가로 하와이 대학의 종신 교수직을 박탈당한다. 이러한 일련의 경험은 해러웨이가 성, 인종, 계급 등을 둘러싼 '정체성' 문제에 천착하도록 이끈다. 이후 하와이를 떠나 미국의 외교, 의학, 국방 연구의 중심 대학인 존스 홉킨스 대학 과학 사학부에서 6년간 재직하면서 마르크스주의-페미니즘 여성 연합에 가입하여 활동한다. 존스 홉킨스 대학은 해러웨이가 마르크스주의와 과학, 과학과 여성, 과학과 인종, 군사주의에 대한 비판적 고찰을 본격적으로 시작한 곳이다. 해러웨이는 자신이 '냉전, 스푸트니크호,[3] 2차 세계대전 이후 미국 군사주의의 자녀'라는 표현을 자주 쓴다. 동서 냉전에서의 승리를 위해 강화된 미국 교육 지원의 혜택을 받아 최고 수준의 고등교육을 받고 존스 홉킨스 대학에서 연구를 본격화한 해러웨이가, 미국 패권주의와 자본주의 체제를 비판하는 사회주의자이자 인류 역사의 주된 흐름인 가부장제 질서에 대항하는 페미니스트가 된 것은 아이러니일 것이다. 이처럼 우리의 인생은, 알고 보면 우연과 아이러니로 가득 차 있다.

2. 단일하며 총체적인 주체와 그 근거의 허구성

『사이보그 선언』은 1985년 발표된 비교적 짧은 소책자이다. 이 선언

---

3 1957년 소련이 발사에 성공한 최초의 인공위성이다. 당시 미국도 인공위성을 준비하고 있었는데 소련이 앞서 발사에 성공함으로써 양국의 우주 탐사, 군사 무기 경쟁을 촉발시켰다.

문은 순식간에 특정 학술 분야를 뛰어넘어 지대한 관심을 받았다. 이 에세이는 '20세기 후반의 과학, 기술 그리고 사회주의 페미니즘'이라는 부제를 달고 있다. 1980년대에는 IT 기술이 비약적으로 발전해 컴퓨터 사용과 인터넷의 상용화가 본격적으로 시작되고, 공장 설비의 자동화 역시 획기적으로 발전했다. 『사이보그 선언』은 그 부제가 말해 주듯 이러한 과학기술과 페미니즘과의 연결을 시도한다. 그러나 이 에세이가 당시 크게 주목받고, 이후에도 계속 논의되는 것은 단지 사이보그-페미니즘이라는 전혀 새로운 담론을 형성해 냈기 때문만은 아니다. 『사이보그 선언』이 오늘날 하나의 독립된 연구 분야로 자리 잡은 포스트-휴먼 담론의 기념비적 논의이기도 하기 때문이다.

해러웨이를 이해하는 방식은 여러 가지가 있을 수 있다. 포스트-모더니즘이나 포스트-휴머니즘 담론의 주요 논의로 접근하는 방식도 가능하다. 근래에는 인간과 비인간 사물 사이의 상호 영향을 기반으로 삼는 신유물론적 해석도 나오고 있다. 해러웨이는 근대의 인간 이성 중심주의적 인간관을 부정하며 푸코(Michel Foucault), 데리다(Jacques Derrida), 라투르(Bruno Latour) 등의 영향을 받았음을 부인하지 않는다. 그러나 『사이보그 선언』의 진정한 의미와 의도를 이해하기 위해서는 이 선언에 깔려 있는 페미니즘을 이해해야 한다.

페미니즘 이론은 19세기 메리 울스턴크래프트(Mary Wollstone-craft)의 『여성의 권리 옹호』(1792)를 시작으로 본격적으로 가시화되기 시작했다. 메리 울스턴크래프트는 당대의 주류 담론이었던 자유주의와 루소의 영향을 받아 논의를 진행한다. 자유주의는 자유롭고 평등한 '원자적 개인'을 상정한다. 이들은 권리 주체로서의 개인이다.

이들은 신체, 역사성 등과 무관한 순수 정신(영혼)을 가지고 있다고 가정된다. 이성적 인간, 다시 말해 보편적이고 비역사적 인간(Man)은 근대적 인간 실존의 전제이다. 이는 인간 이성 능력에 대한 강력한 믿음에 근거하여 만인의 자유와 평등을 내세우고, 무지의 어둠을 타파할 것을 역설하는 계몽주의와 관련성이 깊다. 문제는 이들이 생각한 만민에서 '여성'은 빠져 있었다는 것이다. 서구 주류 사상사는 플라톤 이래 이성/정신/문명/정신/비물질/능동/남성을 정서/신체/자연/물질/수동/여성과 서로 다른 계열의 연쇄를 이루는 것으로 구분하고, 전자가 후자에 비해 우월한 것으로 파악하는 '이분법적 사유'(dualism) 아래 발전해 왔다. 메리 울스턴크래프트는 여성에게 이성의 역량을 증진시킬 자연 본질적 자질이 없다는 생각은 오래 지속되어 굳어진 편견임을 피력한다. 그녀는 여성에게 남성과 동일한 교육을 받을 권리, 시민으로 인정받고 공적 역할을 할 권리 및 독자적이며 자율적 삶을 살 권리가 주어져야만 함을 주장한다. 이러한 생각은 리버럴 페미니즘의 기본 뼈대가 되고 있으며 지금까지도 권리 중심 페미니즘으로 영향력을 행사하고 있다.

그러나 앞서 말한 대로 1960년대 페미니즘의 제2물결이 본격적으로 시작되면서 리버럴 페미니즘을 인간의 보편적 기본 가치 기준을 남성성에 두는 왜곡된 페미니즘이라고 비판하는 다양한 페미니즘이 등장한다. 사실 그 내부에 서로 다른 다양한 지향이 존재하지만, 래디컬 페미니즘은 인간 사회의 근본 모순을 남성에 의한 여성의 계급 지배로 파악한다는 점을 공유한다. 해러웨이가 직접 언급하는 캐서린 매키넌(Catharine MacKinnon)은 기존의 여성과 여성성 모두가 남성이 여성을 성적으로 대상화하여 만들어 낸 허구라고 본다. 문제는 이렇게 여성을 단일한 하나로 총체화(totality)해서 사고하면 여성의 존재가 실제적이거나 구체적 역사를 가지지 못한 환영에 불과한 것이 되어 버려 여성은 잠재적 주체조차 되지 못한다는 것에 있다. 해러웨이가 보기에 래디컬 페미니스트는 여성의 주체화 가능성을 아예 삭제해 버린다. 사회주의 페미니즘은 여성 문제를 마르크스주의의 계급 문제와 가부장제의 교차적 억압 속에서 사유한다. 사회주의 페미니즘은 유령 노동이었던 재생산(출산) 노동과 가사 노동의 가치를 공론장으로 끌어들인 공로가 있다. 그러나 이는 집을 치우고 아이를 돌보는 등의 가사 노동을 사회 속의 여성 전문 임금 노동으로 고착시키는 한계를 드러낸다. 해러웨이는 페미니즘 제2물결의 파고 속에서 등장한 페미니즘 사조들이 여전히 결과적으로 여성과 남성을 구분하고, 각각을 총체화하거나 단일 그룹 개념으로 이해하는 심신 이분법적 사고방식에 사로잡혀 있다고 강력하게 비판한다.

1980년대 당시 사회주의를 포함한 진보 진영은 하이테크 과학기술의 발전에 대해 회의적 입장을 표명한다. 그도 그럴 것이 2차 세계대전은 과학기술이 얼마나 위험할 수 있는지를 자각시키고 기술의 지배력에 대한 경고를 이끌어 내었다. 또 1980년대까지 지속된 동서 냉전은 인류 최후의 전쟁이라는 아마겟돈 핵전쟁의 위협을 늘 떠올리게 했다. 하이테크 과학기술에 대한 두려움은 메리 울스턴크래프트의 딸인 메리 셸리(Mary Wollstonecraft Shelley)가 썼으며, 문학사 최초의 SF 소설로 평가받기도 하는 『프랑켄슈타인』(1818)에서 드러난 것이기도 하다. 그러나 해러웨이는 사이보그를 피할 수 없는 현실이

자 인간 존재와 실존의 기본 전제로 적극적으로 수용한다. 하이테크 과학기술은 많은 디스토피아적 SF 상상력이 보여 주는 것처럼 인간과 지구를 파멸로 이끌 수 있을 것이다. 그러나 이것이 우리를 유토피아로 이끌지 파멸로 인도할지는 결정된 것이 아니다. 미래는 결정된 것도 결정될 수 있는 것도 아니며 어떤 법칙을 상정하고 예측하는 것 또한 망상이고 어불성설이다.

해러웨이는 이분법적 사고방식의 해체가 자신의 논의의 논리적 출발점임을 분명히 한다. 그것은 20세기 자연과학이 인간과 동물, 동물(인간)-유기체와 기계, 더 나아가 물질과 비물질 사이의 경계가 불분명하다는 사실을 논증하여 보여 주고 있다는 사실에서 출발한다. 인간이 여타 동물들과 다른, 매우 특별한 존재라는 사실은 부정되고 있다. 언어, 도구 사용, 사회성, 심리적 충동 등 그 어떤 것도 인간과 동물을 명징하게 구분할 척도가 되지 못한다. 역량의 정도, 섬세함의 정도 등의 차이가 존재할 뿐이다. 동물-유기체와 기계 사이의 구분 또한 마찬가지이다. 남성의 재생산이라는 '프랑켄슈타인의 꿈', 말하자면 남성이 자식을 낳는다는 꿈은 메리 셸리가 간파했듯 실패로 돌아갔다. 기계라는 몸 안에 갇힌 영혼은 존재하지 않았던 것이다. 오히려 20세기 후반에 접어들며 자연과 인공, 정신과 육체, 유기체와 기계 사이의 접속과 연결이 본격화되면서 인간과 기계의 경계가 허물어진다. 인공 연골이나 심장박동조율기를 인간의 유기체적 몸에 이식하는 일은 이제 더 이상 낯설지 않다. 또 공장의 거대한 자동화 기계를 움직이는 데 있어 인간은 사실상 기계 설비 장치의 일부로 설정돼 있을 뿐이다. 기계와 정신, 유기체와 물질, 인간과 동물, 비물질과

물질 사이에는 경계가 없다. 여기에서 한발 물러난다 할지라도, 그 경계들이 모호하다는 사실을 부정하는 것은 불가능하다. 원래 내파(implosion)되어 있던 것이며 첨단 과학기술의 발전은 그것을 명료하게 드러내고 있을 뿐이다.

3. 총체화, 하나로 설명 불가능한 정체성

사이보그의 명징한 등장은 인간과 동물, 동물-유기체와 기계, 물질과 비물질 사이의 경계가 20세기 후반에 와서야 내파되었다는 것을 의미하지 않는다. 양자역학, 생물학, 기계공학, 커뮤니케이션 사이언스, 신경생리학을 비롯한 정신약리학적 이론들은 이미 인간 존재가 처음부터 심신이 구분된 존재라거나 외부 환경과 무관하게 원자적 독립체로 존재할 수 없다는 것을 보여 주고 있을 뿐이다. 예컨대, 인간 정신에 문제가 생겼을 때 현대 정신의학은 신부, 목사, 무당을 부르지 않는다. 다만 증상에 따라 특정 약물, 즉 물질을 투여함으로써 정신의 불안정이나 기능상 문제를 조절하거나 치유시킨다. 이 사실을 다시 강조할 필요가 있을까?

서구 근대는 인간을 순수 정신, 자율 이성을 지닌 존재인 만민(Man)으로 정의내리고 그것을 토대 삼아 전개되었다. 그러나 그들은 왜 그 인간에 여성(Woman)은 포함시키지 않았을까. '만민'의 자유와 평등의 실현을 피를 토하듯 외친 루소(Jean Jacques Rousseau)가 왜 여성은 시민권을 가져서도 안 되고 복잡한 학술을 할 능력도 없기 때문에 남성의 지도 아래에서 살아야 한다고 주장했을까? 루소의 만민은 적어도 그가 글을 쓴 맥락에서는 정확하게 '서구 백인 남성'만을 가리키는 것임을 알아야 한다. 우리는 '우리'라는 말을 즐겨 쓴다. 지금이 글을 읽는 여러분은 '우리'다. 그러나 그것은 이 책의 이 구절을 함께 읽는 순간에만 존재하는 상상의 정체성이다. 책을 읽고 있는 우리는 사실 남자 대학생일 수도 있고, 여성 청소년일 수도 있고 중년의 남성 공장 노동자일 수도 있고 재벌에 가까운 남성 사장일 수도 있다. 혹은 평범한 전업 주부일 수도 있고 드문 경우겠지만 유학 온 외국인 학생일 수도 있다. 이 책을 던져 버리고 각자가 처해 있는 구체적인 현실을 드러내며 서로 마주했을 때도 우리는 정말 '우리'일 수 있는 가? 뿐만 아니라 한 사람의 자기 정체성과 그 인식 또한 자기 자신이 처한 시공간마다 달라진다. 많은 한국 사람은 부지불식간에 한국에 체류하는 동남아 출신 외국인 노동자 앞에서는 당당한 한국인으로 으쓱해 한다. 그러나 체격이 좋은 백인 남성은 한국인 남성을 초라하고 왜소한 동양인 남성으로 생각하는 경향이 있다. 이처럼 정체성은 고정불변한 것이 아니고, 모든 인간을 포괄할 수 있는 총체적인 것도 아니다. 그것은 상대적이고 계속 변화한다.

단일하고 통일된 정체성에 대한 학적이자 정치적인 의문은 제국주의, 자본주의, 가부장제가 유발한 폭압적인 역사의 경험이 촉발시켰다. 인종, 계급, 젠더 의식의 등장과 고취는 다른 정체성과의 비교 속에서 등장했다. 즉 백인이 다른 인종을 열등한 것으로 파악하여 지배를 정당화하고, 자본가가 노동자를 착취하며, 남성 중심 사회가 여성을 억압하는 사회의 현실을 불의하고 부당한 것으로 인식하면서 비로소 등장하고 심화된 것이다. 해러웨이는 백인 여성이자 매우 탁월한 지적 역량을 보여 준 학생이었기 때문에 국가가 지원하는 장학 프로그램으로 웬만한 성인 백인 남성을 훨씬 뛰어넘는 고등교육을 받을 수 있었다. 그녀는 하와이라는 특수한 지역에서 머물면서 백인 여성으로서 특권적 지위에 있다는 사실을 깨달을 수 있었다고 말한다. 하와이에서 백인 지식인 여성이 누리는 지위는 특권적이며, 하와이 원주민 여성과 비교할 수 없는 것이었기 때문이다. 이는 한국 중산층 계급 여성이 이주 노동자 혹은 결혼으로 이주해 들어와 사는 동남아시아 여성과 동일한 사회·정치·문화적 처지나 시선 아래 놓이지 않는 것과 같은 것이다.

여성에 한정시켜 놓고 볼 때 리버럴 페미니즘이 백인 중산층 중심 페미니즘으로 비판받은 이유 중 하나도 같은 맥락에 놓여 있다. 기존의 가부장적 결혼제도는 백인 중산층 여성에게는 짐으로 여겨진다. 투쟁을 통해 얻어 낸 다양한 사회적 권리를 누릴 수 있는 배경이나 환경을 갖추었기 때문이다. 그러나 통계로 볼 때, 흑인 남성은 갱이거나 각종 형사 범죄 사건에 휘말리는 경우가 많아서 일찍 사망하는 비율이 높다고 한다. 그렇기 때문에 가난한 가정에서 혼자 아이를 양육하는 것이 흔한 일인 흑인 여성의 경우는 오히려 착실하게 짐을 나눌 수 있는 남편의 존재가 절실한 것이다. 권리는 그것을 누릴 수 없는 환경과 입장에 놓인 사람에게는 실재하는 것이 아니라 그림의 떡과 같다. 따라서 백인 여성과 흑인 여성은 다르다. 즉 백인 여성의 정체성과 흑인 여성의 정체성은 다르다. 백인 여성의 신체적 유약함은 상식으로 통하지만, 흑인 여성의 신체가 약하다고 생각하거나 봐주는 사람은 없다. 흑인 여성은 말처럼 일하는, 백인 여성보다 더 성적인 존재라고 여겨진다. 흑인 여성은 흑인 남성보다도 동물에 더 가까운 것으로 표상되고 취급된다. 그러나 흑인 여성운동이 활발해짐에 따라 흑인 여성이 자신의 입장을 발언할 수 있게 된 자리에서는 백인 여성은 물론이거니와 히스패닉계 등 다른 인종의 여성은 존재하지 않는 것과 같은 처지가 된다. 그런 이들을 모두 포괄해 '여성'(Woman)이라고 말할 수 없다. 이러한 '차이'의 문제가 페미니즘의 주요한 주제 중 하나가 되면서 등장한 것이 대문자 여성(Woman)이 아닌 소문자 여성들(woman 혹은 women)을 써야 한다는 주장이며 이는 이미 많은 경우 통용되고 있다. 이는 우리가 우리를 '인간'이라는 우리로 범주 아래 묶을 수 없다는 것을 의미하지 않는다. '인간이란 무엇인가'에 대한 정의, 기준, 지향이 하나일 수 없다는 것을 의미한다. 물론 우리는 앞으로도 인간, 우리, 남성, 여성 같은 말들을 쓸 것이다. 그것은 고정불변한 자연적 본질이 '인간'이나 '우리', '여성', '남성', '흑인', '백인' 안에 있기 때문이 아니라 그러한 정체성들이 관습적으로 계속해서 구성되기 때문이다. 정체성은 유동적이고 관계적이며 계속해서 변화한다. 이것을 잊지 말아야 한다.

통일된 하나의 정체성은 존재하지 않으며 특정 정체성을 본성적으로 가지고 태어나는 것(being)이 아니다. 정체성이 역사적·사회적 구성물로 만들어진다(becoming)는 인식은 젠더, 인종, 계급에 이르는 다양한 정체성 범주에 대한 지난한 고찰을 통해 도달한 것이다. 여성과 남성의 생물학적 성(sex)이 존재하며 양자는 이 부분에서 다르다는 주장 또한 과학기술의 발전에 따라 현실적으로 그 의미가 퇴색하고 있다. 여성의 생식 능력은 이미 생명공학기술의 발전에 따라 변화되어 온 지 오래이기 때문이다. 인공수정은 이미 상용화된 기술이며 인공 자궁의 가능성 또한 충분히 입증되었다. 성관계를 통한 유성생식을 고집하는 것은 곧 시대에 완전하게 뒤떨어진 사고방식이 될지도 모른다. 미군에 실전 배치된 여군이 늘어나기 시작한 것 역시 첨단 하이테크 전쟁 기술과 로봇공학의 발전으로 남성의 근력이 전투에서 차지하는 중요도가 예전보다 떨어지고 있기 때문이라는 점은 주지의 사실이다. 고도 산업사회에서 여성의 사회 진출이 활발해지는 것 또한 근력보다 지식 습득과 활용 능력을 더 중요한 인간 능력으로 평가하는 사회 역사적 요구 및 변화와 무관하지 않다. 이제 중요한 것은 다성적(polyvocal)인 정체성들과 목소리들이다.

4. 변화한 세계, 전면적이며 명징한 사이보그 세계의 출현

남녀의 성적 결합, 즉 유성생식이 출산의 유일한 방식이 더 이상 아니라는 이야기까지 가지 않더라도 충분하다. 이런 예는 사실이 아니라서가 아니라 아주 오랜 관습적 믿음에 반하는 것이기 때문에 강한 거부감을 불러일으키기 쉽다. 하지만 인간의 심장박동에 이상이 있을 때 기계장치인 심장박동조율기를 몸에 이식하는 것, 관절 문제에 인공 연골을 이식하는 것이 때론 가장 좋은 치료법이라는 사실은 어떠한가? 줌이나 카카오톡 같은 앱을 통해 서로 만나고 소통하는 것을 이상하게 생각할 이는 없을 것이다. 2020년 코로나 팬데믹 이후 많은 이들이 사용하는 줌의 세계는 가상 세계인가 현실 세계인가? 인터넷 초창기, 낯선 넷(net)이 등장했을 때 모니터 안의 세계를 가상 세계라고 부름으로써 실제 세계와 다른 것으로 그 경계를 확실히 하고자 했다. 그러나 줌은 가상과 현실의 경계 만들기가 사실상 무의미하다는 가장 확실한 증표일 것이다. 따라서 이분법의 모든 경계가 애초에 만들어진 믿음에 불과하다면, 그것에 기반한 정체성 역시 가상에 불과하다는 것이다.

그렇다면 지금 현재 여기에서 인간을 무엇이라고 부르는 것이 가장 정확한가? 사이보그는 유기체와 무기물의 결합체를 의미하는 사이버네틱스(cybernetics)와 유기체(organism)의 결합어로 등장했으며, 인간을 포함한 동물을 모방하여 제작되는 로봇에까지 그 의미를 확장하여 사용되고 있다. 우리가 이제 사이보그가 아닐 까닭이 없는 것이다. 포스트휴먼 연구자들은 몽둥이를 쓰거나 지팡이를 짚거나 안경을 쓰는 것까지도 무기체와 유기체인 신체를 연결·접속시켜 인간 신체와 정신 능력을 강화시키는 것이며, 따라서 '인간은 처음부터 사이보그였다'고 이야기한다.

우리를 이미 둘러싸고 있는 인공 두뇌나 사이보그는 인간의 두뇌와 신체의 역량을 모델로 삼아 설계되고 발전하고 있다. 이것들의 다수가 보이지도, 감지되지도, 포착되지도 않는다. 전자기파 형태의 IT 사이보그 망들은 우리 주변에 어디에나 편재하는 신처럼 군림한다. 보고 듣고 말할 때는 물론이거니와 물건을 사고 이동을 할 때 우리는 스마트폰, 신용카드, 교통카드, 스마트 시계 등 여러 가지 이름의 하이테크 장비를 이용한다. 그와 동시에 무한대의 사이보그 망들이 우리 활동을 감지하고 기록하고 분석하고 축적한다. 우리는 우리가 인지하든 말든 상관없이 하이테크 기술의 산물들과 언제나 연결돼 있다.

해러웨이는 유비적인 표현을 즐겨 쓴다. 서구에서 인간의 역사는 신, 하나님이 창조한 아담과 이브에서 시작했다. 신은 인간을 감시하고, 지배하며, 벌과 상을 준다. 성경은 창조(창세기)에서 시작하여 종말(요한계시록)로 종결된다. 이에 반해 사이보그는 창조자가 존재하지 않는다. 인간이 돌멩이를 들어 도구로 사용하기 시작했을 때 이미 그는 사이보그였고, 도구는 인간의 발달에 영향을 미쳤다. 또한 역으로 인간이 그 도구의 발전에 영향을 미친다. 기술은 인간을 지배하는 것만이 아니다. 따라서 해러웨이는 기술에 의해 인간이 지배된다는 기술결정론을 거부한다. 인간은 그것을 또한 이용할 수 있다. 양자는 서로 영향을 주고받으며 운동한다. 인간이 원래 사이보그였고 사이보그로 발전해 왔기 때문에 인간이 사이보그를 만들었다는 것은 언어도단이다. 사이보그는 이처럼 시작이 없기 때문에 끝도 없다. 목적도 없고, 회귀해야 할 근원도 없다. 구원의 신이 존재하지 않는다. 사이보그는 그 자체로 신성모독, 신성 파괴적인 존재일 수밖에 없다.

5. 하이테크 기술 자본주의 사회의 문제

물론 해러웨이가 인간은 사이보그라고 이야기하며 하이테크 기술 사회를 희망적으로만 본 것은 아니다. 사회주의자로서 해러웨이는 자본주의와 결합된 하이테크 기술 사회를 매우 비판적으로 바라본다. 하이테크 기술 자본주의가 심화됨에 따라 세계를 이해하고 표현하는 방식 또한 이미 자본주의화 되었다. 설계 전략, 통제, 요소 간 효율적 연결과 흐름, 시스템 논리, 비용 최소화, 생산물 극대화는 공장 설비 기계 시스템을 이야기할 때만 문제가 되는 것이 아니다. 명령(command)-통제(control)-통신(communication)-지식(intelligence)의 C3I코드는 모든 곳에 편재한다. 이제 사람들은 자기 자신을 하나의 1인 기업, 자기 경영의 대상으로 이야기하는 걸 자연스럽게 여긴다. 자본주의 사회에서 기업이 경영에 성공하여 이익을 남겨야 살아남는 것처럼 개인도 그러하다. 개인 역시 시간을 분초 단위로 나눠 쓰고, 기업과 이 사회가 요구하는 지식을 습득하여 능력을 입증함으로써 이 정글에서 살아남아야 한다. 설계 전략에서 이익 극대화까지의 논리는 개인의 인생 계획과 삶에도 그대로 적용된다. 그런데 왜 그래야만 하는가? 자본주의 사회는 등장한지 몇 백 년 되지 않은 새로운 경제 체제일 뿐 인간에게 주어진 숙명이 아니다.

사회 속 여성 문제를 거론할 때 여성의 사회 진출이 페미니즘 운동의 산물만이 아님을 기억해야 한다. 근대 산업화의 다른 이름은 생산의 대규모 공장화다. 산업화의 과정은 비약이 잘 존재하지 않아서 산업화의 한 단계에 이르면 노동 집약적 제조업에 종사할 대규모 저임금 노동자가 필요하다. 여성은 자본의 필요에 의해서도 노동자가 될 수밖에 없었다. 한국이 1960~1970년대 산업화 수준에서 이미 경험했듯이 말이다. 예컨대 방직, 저가 신발 등의 생활필수품 제조업이 그렇다. 자본은 저임금과 열악한 환경에서 장시간 공장 노동을 감당할 노동군으로는 여성이 적합하다고 판단했다. 특히, 당시 한국의 여성 노동자들은 초중등 공교육을 받아 간단한 기계 조작을 이해하고 적응할 수 있는 데다 부지런했다. 이런 산업군이 이제 저임금 장시간 공장 노동을 거부하는 한국을 떠나 비슷한 조건의 저임금 노동자군이 있는 베트남 등으로 이동하는 것은 국경이 없는 자본의 이동에서는 자연스러운 일이다. 저개발국의 가난한 여성들이 저임금의 폭력적 노동 환경을 감당하는 공장 노동자가 되는 이유로는 산업화가 농촌, 밀림 등 생활 터전을 파괴함으로써 이들이 위기의 가정을 지탱하기 위해 사실상의 가난한 가장이 돼야 하기 때문이다. 미국의 경우, 흑인 여성들도 비슷한 처지여서 종사 가능한 직업군이 저임금 분야로 한정되기 때문에 임금 노동을 하여도 흑인 여성은 여전히 가난하다. 선진국 중산층 출신으로 고임금 노동 산업군 진출에 성공한 여성들을 제외하고 가난은 여전히 대다수 여성의 몫인 것이다. 저임금 노동에 종사하고 생활비를 버는 동시에 복잡해진 재생산의 조건을 따지고 육아 및 가정 내 가사 노동에서도 해방되지 못하는 현실은 가난한 여성의 처지를 더 고단하게 만들고 있다.

그런데 해러웨이는 1985년에 발표한 『사이보그 선언』에서 최첨단 하이테크 자본주의 사회가 여성만이 아니라 남성마저도 결국 여성 임금 노동의 특성, 즉 불완전 고용·단기 노동·저임금·서비스 노동의 영역으로 몰아넬 것이라고 예측한다. 최첨단 하이테크 자본주의는 인공지능이 생산 과정 전체를 통제하는 완전 자동화를 향해 나아가고 있기 때문이다. 이는 남성 노동자의 노동도 '여성화'될 것을 의미한다. 자본주의 사회에서 아직 상대적으로 특권적 지위에 있는 의사, 변호사 등의 특수 전문직군 종사자들을 제외하면 이로부터 크게 자유로울 수 있는 직업군은 존재하지 않는다. 자본은 남성이 노조를 결성해 노동의 조건을 방어하고 있는 자동차, 철강 산업군을 공격하면서 노조의 해체와 탈중심화를 끝없이 시도한다. 짧은 시간 동안이긴 했지만 생활비를 벌어 오는 아빠, 집안일 하는 엄마, 자녀로 이루어진 중산층 가족 모델을 가능하게 했던 남성 임금 체계, 즉 가족 임금 체계가 사라져 가는 것을 이미 우리는 경험하고 있다. 동시에 개인, 가정, 일터, 시장, 공적 영역, 인간 신체들이 지배의 정보 과학, 즉 하이테크 자본주의 사회의 인터페이스에 분산되어 접합된다. 우리는 하이테크 자본주의 사회에서 다양한 방식으로 연결되고 통합되고 관리되는 것이다. 이제 인간은 개인, 가계 수준별, 성별, 임금 수준별, 산업별 노동자, 시장의 소비자, 정치 성향군별로 분류되는 생명 문제의 인구로 등록되고 관리된다. 인간은 이렇게 분열되고 찢기고 분산된다.

6. 인간-사이보그는 이제 무엇을 해야 하는가, 부분적 연결과 SF 상상력

인간은 이제 명징하고 확실하게 기계와 연결·접속된 사이보그로 살아가며, 인간 존재는 국가와 자본을 구성하는 다른 요소들과 같이 취급된다. 이제 인간들 또한 확률론과 통계학의 대상이다. 해러웨이는 "공통 언어를 매개로 신호를 처리할 수 있는 적절한 기준과 코드만 있다면 모든 구성 요소가 인터페이스를 중심으로 접합될 수 있다"[4]고 말한다. 이는 우리 인간 활동의 대부분을 IT 인공지능망의 공통언어인 이진법으로 처리할 수 있고, 이미 처리하고 있다는 것을 의미한다.

사람들이 개인, 가정, 공장, 사무실 등에서 중첩적인 형식으로 인터페이스 망에 연결·접속되어 있다는 것은 사람들의 생활 전반에 엄청난 영향을 미친다. 하지만 그럼으로써 그들이 분열되고 분산된 방식으로 존재하고, 각기 다른 영향을 받고 있다는 것을 잊으면 안 된다. 이들이 하나의 '우리'를 형성하고 저항하는 연대 그룹을 결성해내는 것은 매우 어려운 문제가 되어 버렸다. 이런 세계에서 개인은 중첩된 사회·정치·문화적 정체성으로 각자 다양한 처지에 처하게 되기 때문이다. 저임금 노동자인 여성과 고임금 전문직 노동자인 여성은 같은 처지가 아니다. 남성이라고 해서 다른 상황에 놓인 것도 아니다. 중산층이냐 아니냐의 여부는 물론이거니와 동일 산업, 동일 노동 종사자들조차도 크게는 국가별로, 작게는 본청 소속이냐 하청 소속이냐 직접 고용이냐 간접 고용이냐 등의 차이에 따라 완전하게 다른 입장에 선다. 따라서 '노동자'라는 이름 하나로 서로 연대하고 한 목소리를 내는 것은 불가능하다. 이것은 위기다. 그러나 아이러니하게도 그렇기 때문에 연대의 운동이 절실하다고 해러웨이는 진단한다. 해러웨이가 보기에 명징하고 전방위적인 사이보그화의 세상이 위기를 불러 일으키지만 사이보그는 또한 이에 대항할 수 있는 가장 강력한 대응책이기도 하다. 관습적인 의미의 남녀, 노동자, 인종의 본질적 정체성은 원래 존재하지 않는 것이며 이것을 고집하는 한 이미 닥친

4   도나 해러웨이, 『해러웨이 선언문』, 황희선 옮김, 책세상, 2019, 48쪽.

위기에 대응할 방법을 찾을 수가 없다.

사이보그는 얼마든지 스스로를 해체하고, 다시 조립할 수 있다. 그것은 부분들의 연결로 이루어진 것이기 때문이다. 이제 관건은 얼마나 빠르게 자신의 중첩된 정체성을 그때그때 해체해 내고 다시 조립하여 연대가 필요한 다른 부분들과 연결해 내는가에 달려 있다. 한번에, 총체적으로 문제를 해결하는 것은 불가능하며 부분적 연결과 부분적 해결을 해 나가야 하는 것이다. '여성 문제'를 해결하려 한다고 가정해 보자. 같은 여성일지라도 중산층 전문직 여성과 저임금 노동을 하는 여성, 비혼으로 살아가는 여성, 전업 주부로 살아가는 여성은 모두 각기 다른 상황에 처해 있다. 정체성에 대한 인식이나 요구 또한 다를 수밖에 없다. 총체화된 단일한 정체성이 없기 때문에 모두가 동의하는 문제도 존재하지 않는다. 따라서 이런 상황 속에서 여성 문제의 총체적 해결책을 찾는 것은 가능하지도 않고 무의미하다.『사이보그 선언』에서 추상적 언급 수준에 머물렀던 이 문제의 해결책은 2016년 발표한 저서『트러블과 함께하기』에서 '부분적 연결'의 다른 표현인 '실뜨기'(string)를 강조함으로써 보다 명료해진다. 이 부분적 연결이나 연대는 큰 힘을 발휘할 수 있으며, 이 외에 다른 방법이 있는 것도 아니다. 한국의 경우 2016년 강남역 여성 살인 사건에 대한 여성 연대도 이에 해당할 것이다. 각자의 상황과 입장의 차이에도 불구하고 이 사건에 항의하는 젊은 여성들이 인터넷망을 활용해 어떤 중심 조직 없이 모이고 사회적 반향을 이끌어 낸 뒤 흩어졌다.

해러웨이는 이러한 세계에서 남성과 여성이 젠더를 나누고 각기 자기 젠더의 이익을 추구하는 것 또한 무의미한 일이라고 말한다. 최첨단 하이테크 기술 사회는 남성과 여성 모두를 여성화된 노동으로 몰아낼 것이기에 결국 양자의 연대 또한 불가피한 일이 될 것이기 때문이다. 이것이 가능하기 위해서는 특정 정체성에 매몰되며 그것을 고집하고, 이 정체성에 의해 주어졌던 권리를 주장하며 다른 그룹을 비난하는 태도를 버려야 한다. 대신에 타자와 자신 사이에 공통의 부분을 찾아 연결·접속하고 공동의 문제 해결에 함께 나설 수 있는 사이보그성이 필요할 것이다.

인간의 상상력은 인간의 역사에서 언제나 큰 힘을 발휘해 왔다. 인간이 신을 상상할 수 없었다면 공동체를 구성할 수 없었을 것이고, 문명이 시작되기 힘들었을 것이라고 인류학자들은 말한다. 인간의 원초적 욕망이 투영된 신을 공동체가 믿기 시작하면서, 신성하고 전능한 신의 이름으로 질서를 구축하고 사람들 사이의 갈등을 조절할 수 있었다는 이야기이다. 마찬가지로 현재의 인간이 처한 상황을 이겨 내기 위해서 필요한 것은 이미 널리 스며들어 실재가 되어 버린 상상의 틀을 벗어나기이다. 상상 속에서 새로운 영역을 개척하고 새로운 존재를 구축해야 한다. 오랜 세월 문자를 읽고 쓰는 것은 일부 귀족 남성의 특권적 영역에 속했다. 글은 체계적 지식, 담론의 구축과 유포에 결정적 역할을 한다. 여성적 글쓰기가 존재하지 않는다는 이야기는 글의 생산자와 독자가 아주 오랜 세월 남성에 한정돼 있었다는 것을 의미한다. 해러웨이는 새로운 상상력에 기반한 글쓰기가 이제 새로운 현실의 영역인 SF에서 등장해야 한다고 주장한다. SF는 이미 남성과 여성, 문화와 자연, 인간과 기계, 유기체와 무기체, 인간과 비인간-동물 사이의 경계를 허물고 이것들을 연결하며 혼종시키는 상상력을 보여 주고 있다. SF적 상상력이 아니라면 심신 이분법에 기초한 기존의 상상력, 글쓰기를 벗어나기 힘들다. 해러웨이가 자신의 저작에서 많은 SF를 소개하는 것은 새로운 상상력에 기반한 세계 구축의 힘이 여기에 있다는 믿음 때문이다. 이를 이해하지 못한다면, 해러웨이의 최신작 『트러블과 함께하기』를 이해하기 힘들 것이다. 전 지구적 환경 위기에 어떻게 대처할 것인가를 다룬 이 책에서 해러웨이 자신과 동료들이 함께 직접 쓴 SF를 중요한 논지의 한 축으로 삼기 때문이다. 이를 중심으로 우리는 새로운 정치적 상상력, '정치 신화'를 써 내려가야만 한다.

7. 『사이보그 선언』 그 이후

『사이보그 선언』으로 다양한 분야 연구자들의 주목을 받은 해러웨이는 인간과 기계가 친족(kin) 관계인 것처럼 인간과 비인간-동물 역시 친족이라고 이야기한다. 인간과 동물이 어떻게 지배와 피지배 관계를 벗어나 비로소 친족 관계를 맺을 것인가를 논의한 책이 『반려종 선언』이다. 친족을 이야기하는 것은 이미 앞서 말했듯 인간이 비인간 종을 오랜 세월 인간종과 서로 다른 것으로 구분해 왔던 이분법적 구분, 그리고 이에 기반한 종들 간의 명백한 경계의 허구성 인식에 기초한다. 『사이보그 선언』, 『반려종 선언』과 『트러블과 함께하기』는 논리적으로 이어져 있다. 『반려종 선언』과 『트러블과 함께하기』의 논의는 이 글의 범위를 벗어나기 때문에 여기서 상세하게 다루지는 않았다. 다만 『사이보그 선언』 이후에도 계속해서 영역을 넓히며 진화해 온 해러웨이의 사상적 변천 과정을 간단하게나마 설명하고자 한다.

『반려종 선언』에서 해러웨이는 인간은 신에게 세상을 지배할 권리를 부여받았다는 거짓된 믿음을 버리고, 동물들과 친족 맺기를 해야 한다고 이야기한다. 이 책에서 해러웨이는 자신의 전공인 생물학과 생태학을 아우르는 학제적 글쓰기를 하는데, 모든 것은 연결돼 있다는 심층 생태학의 관점은 거부한다. 또 반려종을 자신의 아이처럼 생각하고 대하는 것이 반려종과 인간의 공생을 방해하고, 생존에도 불리한 조건을 만든다고 생각한다. 반려종은 인간이 아니다. 반려종을 인간 아이처럼 생각하면 오히려 반려종에 대한 그릇된 환상을 만연케 한다. 물건처럼 쉽게 반려종을 입양하여 유기와 학대가 일상화되며, 동물을 싫어하는 이들을 자극하여 오히려 동물 혐오증을 부추긴다. 반려종이 반려 인간을 무조건적으로 사랑하고, 배신하지 않는다는 생각도 인간이 만들어 낸 왜곡된 신화이기 때문이다. 중요한 것은 반려종의 생태를 이해하고, 해당 반려종의 요구에 응답하는 일이다. 수백만 년의 세월을 거쳐 인간이 반려종을 길들였다는 생각은 틀렸다. 반려종 역시 반려 인간의 생활을 이해하고 적응해 왔다. 오히려 인간과 반려종은 서로를 길들여 온 것, 서로에게 적응한 것이다. 예컨대 분자생물학의 연구에 따르면 인간과 개의 DNA 단백질에는 상대 종이 감염됐던 바이러스의 흔적이 남아 있다. 좋은 공(co)-진화이다. 이러한 사실을 인정하고 종별 특성을 이해하며 그 개체의 탁월성을 이끌어 서로 적응할 때 인간과 진정한 친족 관계 맺기가 가능해진다. 생태 복원의 문제 역시 복원할 바로 그 지역만의 상태와 조건, 복원할 동물종과 기존 생물종들의 상호 관계에 대한 깊은 이해에 기반해야 한다. 자연·사회적 환경과 복원할 동물 종들의 상호 관계, 이 양자의 관계를 깊이 고려하지 않는다면 파괴된 생태를 복원하겠다는 기획, 환경 복원 프로젝트는 실패로 귀결된다.

『트러블과 함께하기』는 해러웨이가 '툴루세'(Chthulucene)[5]라고 부르길 제안하는 통칭 '인류세'(Anthropocene)[6]가 처한 환경 재앙에 어떻게 대응할 것인가를 논의한 책이다. 이 책에선 『사이보그 선언』, 『반려종 선언』에서의 논의가 종합되고 한층 깊어진 사유가 전개된다. 퇴비되기(앞서 말한 것처럼 순수한 정신, 신체, 인간, 동물 같은 것은 존재하지 않는다. 인간과 비인간 생명체, 무생물 들은 서로 오염시키고, 뒤얽히면서 서로를 만들고 새로운 것을 생성한다, 즉 우리는 모두 퇴비[com-post]이다), 실뜨기(부분적 연결), 응답하기(환경 파괴의 트러블이 불러일으키는 문제에 응답하기) 등이 핵심어들이다. 『사이보그 선언』, 『반려종 선언』을 일독하고 접하길 권한다. 그렇게 하지 않으면, 『트러블과 함께하기』의 논의는 여러분들을 몹시 당황시킬 것이다. 이 책에는 유전자 조작으로 만들어진 신생명체의 서사 등 SF가 중요한 기둥으로 등장한다. 해러웨이가 SF의 가능성에 대해 큰 기대를 하고 있는

---

5 "이것은 그리스어 크톤(khthôn)과 카이노스(kainos)의 합성어로, 손상된 땅 위에서 응답-능력을 키워 '살기와 죽기'라는 트러블과 함께하기를 배우는 일종의 시공간을 가리킨다. 카이노스는 지금, 시작의 시간, 계속을 위한 시간, 새로움을 위한 시간을 의미한다."(도나 해러웨이, 『트러블과 함께하기』, 최유미 옮김, 마농지, 2021, 8쪽)

6 인류가 지구 기후와 생태계를 변화시켜 만든 새로운 지질시대를 말한다. 대표적인 특징으로는 플라스틱 등의 인공물 증가, 이산화탄소와 메탄 농도의 급증, 닭 소비 증가로 인한 닭 뼈 매장 지층 발견 등이 꼽힌다.

이유를 알지 못한다면 이 책의 의도를 따라잡기 힘들 것이다. 그 밖에도 자연과학적 발견의 객관성, 보편성 주장에 도전하는 『겸손한 목격자』(1997)도 주요한 저작으로 평가받고 있다. 이 책은 보편·객관적 지식의 불가능성을 이야기하는 여성주의 인식론 구축의 시도이면서 포스트모던 과학이론의 주요 저작으로도 평가받는다. 근대 이후 과학은 중립과 객관을 표방했고, 중립적 목격자가 관찰한 내용이 곧 학적 진리로 수용되었다. 그러나 푸코가 등장하여 시대마다 사람들이 믿어 의심치 않는 참된 진리의 기준이 달라져 왔다는 것을 설득력 넘치게 폭로했다. 이 사실만 떠올려 봐도 '중립적이며 객관적인 목격자'의 불가능성은 쉽게 이해할 수 있을 것이다.

참고문헌

1차 문헌

해러웨이, 도나, 『해러웨이 선언문』, 황희선 옮김, 책세상, 2019.
_____, 『트러블과 함께하기』, 최유미 옮김, 마농지, 2021.
_____, 『겸손한 목격자』, 민경숙 옮김, 갈무리, 2007.

주디스 버틀러,
여성인가 인간인가 — 이지영

1. 생애

주디스 버틀러(Judith Butler)는 미국의 철학자이자 페미니즘·퀴어 이론가이다. 버틀러는 1990년 『젠더 트러블』을 세상에 내면서 빠르게 학계의 스타로 부상했다. 이 책에 대한 미국 지성계 및 대중의 즉각적이며 센세이셔널한 반응은 버틀러 자신도 전혀 기대하지 못한 것이었다고 회고한다. 책 제목을 트러블로 지은 것이 일종의 예언이 되었는지 이 책은 학계에서 격렬한 논쟁을 불러일으켰다. 그의 논의가 기존 전통 사상사에서 바라본 인간에 대한 정의를 헤집고 파열시키고 있었기 때문이다. 해러웨이(Donna Haraway)의 사이보그론을 비롯해 1960년대 이후의 새로운 페미니즘 이론이 대개 그러하듯 버틀러의 젠더론 역시 페미니즘을 통해 기존의 전통적 인간관에 내민 도전장이었던 것이다. 버틀러는 『젠더 트러블』 이후에도 주목받는 다수의 저작들을 내며 왕성하게 활동하고 있으며, 정치철학으로 논의 영역을 넓히고 있다. 버틀러 이론의 영향력은 곧 미국을 넘어 세계로 확산되었고 이는 현재 진행형이다.

버틀러는 1956년 미국 오하이오 클리블랜드에서 헝가리-러시아계 유대인 이민자 가정에서 태어났다. 버틀러는 개혁적 유대교 전통을 충실히 따르는 가정에서 자라났다. 아버지는 치과 의사로 가정 형편은 나쁘지 않았다. 그러나 그의 외가 일족은 대부분 독일 나치의 유대인 학살 과정에서 희생당했다. 버틀러는 유대교 교회에서 히브리어를 배웠고, 처음 철학을 접한 것도 유대교 교회가 연 윤리학 강좌에서였다. 강좌에서 너무 질문을 많이 해대서 랍비에게 제지를 당할 정도였다고 한다. 고등학교에 다니면서는 부모님이 집 다락 방에 모아 둔 각종 철학책을 읽기 시작했다. 특히 스피노자(Baruch de Spinoza)의 정서 이론은 성정체성 때문에 고통받았던 10대의 버틀러에게 충격과 위안을 안겨 주었다. 고등학교를 졸업한 버틀러는 1974년 베닝턴 대학에 입학한다. 당시 이 대학에는 저명 래디컬 페미니스트인 안드레아 드워킨(Andrea Dworkin)이 재직하고 있었다. 1976년 철학을 제대로 공부할 결심을 하고 예일 대학으로 적을 옮긴다. 예일 대학은 여성학과를 선도적으로 개설하여 여성학을 제도권 안으로 진입시킨 진보적 학풍을 가지고 있었다. 풀브라이트 장학금을 받고 잠시 프랑스에서 공부하지만, 다시 예일 대학 철학과로 돌아왔고 1984년 헤겔(Georg Wilhelm Friedrich Hegel)의 인정(recognition) 개념을 연구한 논문으로 박사학위를 받는다.

이 논문은 이후 수정, 보완되어 1987년 『욕망의 주체들』(Subject of Desire)이라는 제목으로 출판된다. 이 책은 버틀러의 첫 공식 출판 저작이다. 버틀러의 개인사는 『젠더 트러블』 이후의 저작 『젠더 허물기』에 잘 드러나 있다. 『젠더 허물기』는 『젠더 트러블』 이후의 이론적 실천의 변화가 엿보이는 책이기도 하다. 『젠더 트러블』은 기존의 저명 페미니즘 이론가들에 비판적으로 접근하여 그것에서 자신의 주장, '수행을 통해 만들어지는 인간'을 이끌어 내는 방식으로 쓰인 이론서이다. 반면 『젠더 허물기』에서는 자신의 삶, 친인척의 삶, 역사상 실존 인물들의 삶 등을 이야기하며, '공동체와 개인의 관계'를 이야기한다. 실제 존재했고 존재하고 있는 사람들, 유대인과 성소수자 등의 비극적이고 구체적 삶의 맥락에서 공동체의 규범(norm)과 인정의 문제를 전면적으로 다룬다. 버틀러 자신이 단지 유대인이라는 이유만으로 일족 몰살이라는 충격적 경험을 해야 했던 어머니에게서 태어난 유대인이라는 점, 그리고 퀴어라는 점은 그의 사상에 큰 영향을 미친 것으로 보인다. 그의 논의는 한 공동체 안에서 함께 살아가고 있으나 이질적 이방인 취급을 당하는 소수자,[1] 달리 말해 철학에서 타자 (others)로 지칭되는 존재에 주된 관심을 가지고, 이들이 살 만한 삶을 영유하기 위해선 다른 공동체 구성원들의 '인정'이 필요하다는 방향으로 확장되고 있다. 실제로 『젠더 허물기』의 마지막 장은 '철학의 타자는 말할 수 있는가?'라는 제목의 장으로 끝맺는다. 『젠더 허물기』는 매우 흥미로운 저작이지만, 주디스 버틀러 이론의 뼈대를 알려 주고자 하는 본 글에서는 『젠더 트러블』의 내용에 주로 주목할 것이다.

본론에 들어가기 전, 버틀러의 글이 매우 난해하기로 악명이 높다는 사실을 말하고 싶다. 『젠더 트러블』에는 헤겔, 보부아르(Simone de Beauvoir), 사르트르(Jean-Paul Sartre), 위트그(Monique Wittig), 뤼스 이리가레(Luce Irigaray), 크리스테바(Julia Kristeva), 레비 스트로스 (Claude Levi-Strauss), 프로이트(Sigmund Freud), 라캉(Jacques Lacan), 알튀세르(Louis Althusser), 푸코(Michel Foucault), 데리다(Jacques Derrida), 언어 수행론으로 유명한 언어학자 존 오스틴(John Langshaw Austin) 등이 종횡무진 등장한다. 버틀러의 저작을 직접, 수월하게 읽기 위해

---

1 사회 정치 이론에서 '소수자'는 구성원의 수를 말하는 것이 아니다. 예컨대 과거 남아프리카 공화국에서처럼 인구 구성비의 다수를 흑인이 차지하고 있더라도 소수 백인이 사회 전분야를 지배하는 헤게모니를 쥐고 있다면 흑인은 소수자다.

서는 근현대 사상사 전반에 대한 상당한 수준의 선행 지식이 있어야 한다는 것을 의미한다. 실제로 버틀러는 철학사 전공생으로 철학을 공부했고 헤겔에 관한 박사논문 역시 『정신 현상학』을 둘러싼 연구사 분석을 통해 작성된다. 버틀러는 가장 난해한 글을 쓰는 학자라는 이유로 미국 학술 저널 『철학과 문학』이 선정한 '최악의 저자상'을 수상한 바가 있다.

2. 초기 리버럴 페미니즘과
　자연 본질적 보편 '여성'(Woman) 주체의 문제

서구를 기준으로 페미니즘의 등장 초기라 할 수 있는 19세기와 20세기 초만 해도 여성이란 여성의 신체 구조를 가진 이들을 총칭하는 것으로 여겨졌다. 성기 중심의 신체 구조, 즉 생물학적 성(sex)[2]에 기인하는 여성 섹슈얼리티(sexuality)의 연결성은 일견 자명해 보인다. 이때 여성은 생물학적 의미의 여성이며, 성적 취향·품성·자질 등에서 여성으로서의 타고난 보편적 특성인 여성 섹슈얼리티를 드러낸다. 예컨대 그는 이성애자로서 남성을 성적인 욕망의 대상으로 선택할 것이며 타인을 돌보고 보살피는 모성 특성을 선천적으로 타고났을 것이다. 이러한 '자연의 본질을 보편적으로 공유'하는 '여성'의 정

2　수컷(male)이냐 암컷(female)이냐의 문제를 지칭한다.

체성은 실제로 여성의 해방과 평등의 실현을 요구하는 초기 페미니즘 사회 실천 운동의 주체로서 자리매김했다. 초기 페미니즘은 어떤 방식으로든 고등교육을 받을 수 있었던 중산층 여성을 중심으로 시작되었다. 이들은 '만민 평등과 자유'의 이상을 내세우며 서구 근대를 열고 이끈 자유주의, 근대 계몽사상 등을 교육받았다. 이런 교육 아래에서 여성이 만민 평등과 자유에서 제외되어 있으며, 남성에게 불의하게 종속되어 있다는 사실에 눈을 뜨기 시작했다.

여성은 교육에서 배제당했으며, 하녀(우리나라의 경우 속칭 식모), 삯바느질 등의 여성 직업으로 특화되어 규정된 하위 직업군을 제외하면 직업을 가질 수도 없었다. 즉 여성은 배울 기회가 주어지지 않아 무지했다. 또 직업을 가질 수 없었으므로 결혼하여 남성의 경제력에 의존하지 않는다면 생존마저 불가능했다. 여성의 남성 종속, 노예화는 필연적인 결과였던 것이다. 이런 와중에 여성이 정치적 발언권을 전혀 갖지 못했던 것은 어쩌면 당연한 결과라고 할 것이다. 따라서 초기 여성운동은 참정권·교육권·의사 결정권·재산권·행복 추구권 등 인간의 보편 권리가 여성에게도 주어져야 함을 역설했다. 달리 말해 여성에게는 이런 권리들이 하나도 주어지지 않았다는 것을 의미한다. 이러한 움직임은 참정권을 얻어 내는 것을 최우선 목표로 펼쳐졌다. 참정권은 시민의 필요조건이다. 미국의 경우 1920년대 초 마침내 여성에게 참정권이 주어졌다. 그러나 미국 사회에서 여성과 동일하게 억압, 배제 및 착취의 대상이던 흑인 남성에게 먼저 참정권이 주어진 이후에 얻어진 성과였음에 주목할 필요가 있다. 이와 같은 사실은 백인 여성이 흑인 남성에 비해 존중받고 있는 것처럼 생각되어 왔으나 그것은 백인 남성의 아내로서 받는 대우였을 뿐, 아버지나 남편을 배제한 개인 여성으로서는 흑인 남성보다도 존중받지 못했다는 사실의 증거로 자주 언급된다.

그런데 상기한 대로 이러한 시민권 회복 운동은 보편 개념 '여성'을 상정하며, 생물학적 여성 모두에게 동등하게 적용되는 법적 권리의 회복을 목표로 하여 이루어졌다. 생물학적 성에 기반한 보편 여성의 존재를 실천 주체로 삼은 이러한 운동은 참정권을 비롯한 법적 권리를 얻어 내는 등의 많은 성과를 이루어냈다. 그러나 이러한 보편적이며 본질적 '여성'(Woman) 정체성의 상정은 곧 여러 문제점들을 노정하기 시작했다. 무엇보다 성에 기반한 자연 본질적 정체성은 여성성을 고정시켜 여성 역량과 그 무한한 가능성을 제한할 공산이 크며, 실제로 현실 사회에서 여성의 가능성을 제한하는 데 이용되어 왔다. 여성은 이공계보다 어문학이나 아동교육 등 정적인 학문, 가사 관련 학업·직업을 더 잘하도록 타고났다는 믿음이 그러하다. 또 자식을 낳고 자녀 양육과 가정을 위해 헌신하는 것은 여성의 자연적 본성이라는 믿음 또한 이에 속한다. 초기 리버럴 페미니스트들 또한 여성의 사회 진출을 주장하면서도 사실 꽤 오랫동안 아내, 어머니로서의 역할을 버릴 생각을 하지 못했다는 사실이 이를 반영한다. 가정이나 자녀보다 자신의 자아실현이나 개인으로서의 행복을 더 우선시하는 것은 자연의 질서를 어기는 것으로 여겨지며, 타고난 여성으로서의 의무를 져버리는 것이 된다. 한국의 경우 유독 여전히 여성에게만 '여성으로서의 도리'란 말이 사용되고, 사위의 도리란 말은 없어도 '며느리 도리'라는 말은 쉽게 사용된다. 이는 여성과 그 특성을 자연 본질적인 것으로 여기는 유교 가부장제 사회의 여성 억압적 특성을 잘 보여 준다 하겠다. '생물학적 결정론', 여성의 '자연 본질적 여성다움'이라는 오래된 주술은 오래 지속되고 있다.

3. 젠더의 출현

1955년 성과학자 존 머니(John money)는 생물학적 섹스와 섹슈얼리티가 불일치하는 사람들, 즉 타고난 섹스와 성 정체성에 대한 자기 인식이 다른 '퀴어'를 지칭할 수 없는 섹스보다는 젠더로 이를 구분하는 것이 더 용이하다고 주장한다. 1970년대의 페미니즘 제2물결 속에서 생물학적 결정론은 페미니스트를 괴롭히는 문젯거리로 등장했고, 이를 해결하기 위해 젠더를 차용하고 활용하기 시작한다. 이 용어는 곧 특정 시기·지역·문화·계급·인종 등에 따라 서로 다른 여성성이 형성되는 것으로 해석의 폭을 넓혀 여성들 사이의 차이를 설명해 낼 수 있도록 도움을 주기 시작했다. 현대 덴마크 여성과 근본주의 이슬람 국가 여성의 사고방식과 행위 양상이 다르고, 현대 한국의 젊은 여성과 유교 가부장제 환경에서 자라난 할머니 세대의 사고가 완전히 다른 것은 바로 이들이 각기 서로 다른 사회 환경에서 자라고 다른 교육을 받았기 때문이다. 이는 여성의 여성성이 자연적으로 결정되어 불변하는 것이 아니라 역사적으로 변화하는 것임을 시사하는 것이기도 하다. 이처럼 젠더는 성별 특성인 여성성과 남성성이 남녀라는 특정한 생물학적 성에 의해 자연 인과적으로 결정되는 것이 아니라 서로 다른 성별 문화, 각종 교육에 따라 성별화되는 것(gendered)임을 말해 준다.

젠더의 등장뿐만 아니라 자연과학의 발전으로 피임약 등 피임 도구가 대량 생산되고 유통된 것과 성관계를 거치지 않은 생식이 가능해졌다는 것 또한 자연적 섹스와 성역할에 균열을 냈다. 이와 같은 변화는 섹슈얼리티가 자손 생산을 위해 존재하는 것이 아니라 쾌락을 위한 것이라는 사고방식이 널리 유포되는 데 크게 영향을 미쳤다. 성관계와 출산 사이의 강한 연결 고리가 끊어진 것이다. '제3의 길'로 유명한 영국의 사회학자 앤서니 기든스(Anthony Giddens)는 페미니즘의 시각으로 쓰여진 『현대사회의 성 사랑 에로티시즘』(1992)에서 이를 '조형적 섹슈얼리티'(plastic sexuality)라 명명하며, 이러한 자연과학적 기술이 여성의 성 해방, 남녀 관계, 가족 개념에 지각변동을 불러 일으켰다고 평가한다. 더불어 레즈비언, 게이, 트랜스젠더 등 생물학적 섹스와 섹슈얼리티가 일치하지 않는 퀴어가 더 이상 이성애자인 척 남을 속이며 살기를 거부하고 자신을 드러내기 시작한 것도 섹스와 섹슈얼리티가 필연적으로 관련을 맺는 것은 아니라는 주장에 힘을 실어 주었다.

이때 섹슈얼리티는 섹스와 젠더가 뒤섞여 존재하는 곳으로 재설정된다. 말하자면 오늘날에 이르러 섹스, 섹슈얼리티, 젠더의 인과적 관계가 모두 균열을 일으키고 흔들리고 있는 것이다. 그러나 그럼에도 불구하고, 젠더가 남녀의 성별 이분법의 구분틀 안에서 논의되어 왔다는 사실을 기억해야 한다. 남자와 여자를 중심으로 하는 젠더 구분은 끝없이 자연적 성(sex)과 이에 근거하는 섹슈얼리티를 환기시키고 호명했고, 다시 연결시켰다. 무엇보다도 이런 젠더는 남성과 여성 이외의 성들을 비정상의 범주, 타자로 사고하게 만들었다. 여성과 남성 이외의 젠더는 치료의 대상, 교정의 대상으로 쉽게 치부된다.

4. 보부아르 비판: 남성적 주체를 향한 열망

버틀러를 유명하게 만든 책 『젠더 트러블』에서 그가 벌인 이론 투쟁의 대상은 이미 말했듯 보부아르에서 푸코까지 그 스펙트럼이 매우 다양하다. 그러나 그중 주로 시몬 드 보부아르와 이리가레에 대한 버틀러의 비판을 간략하게 살펴보고자 한다. 이는 버틀러 이론의 쟁점을 분명히 하는 데 결정적 도움이 될 것이다. 버틀러는 지금까지 여성과 남성을 중심으로 이루어졌던 젠더의 근간에 문제를 제기하고 흔들며, 트러블·소란·스캔들을 만들어 내는 방식으로 젠더가 남녀의 성이분법의 문제가 아님을 이야기한다.

보부아르가 『제2의 성』(1949)에서 말한 "여성은 태어나는 것이 아니라 만들어지는 것이다"라는 주장은 큰 반향을 불러일으키며 젠더의 출현을 예고했다는 평가를 받는다. 보부아르는 이 책에서 남자들이 '남성'을 자기 동일적 자아/주체로, '여성'을 남성 밖의 타자, 근본적 타자인 대타자로 위치시켰다고 말한다. 이러한 방식으로 남성은 오랫동안 정상 혹은 이상적 인간의 기준이 되었다. 근대 이후 오랫동안 인간의 자유와 평등을 말하면서 그 대상을 남성으로 한정시킨 것은 명징한 한 예일 것이다.

보부아르는 왜 여성이 타자가 되었는가를 탐구한다. 이 책은 세 개의 장으로 이루어져 있으며, 그는 이 책의 첫 장에 "생물학적 데이터"라는 제목을 붙였다. 보부아르는 생물학이 사회에 생물학적 사실들을 제공하고 사회는 그 사실들을 자의적 목적에 알맞게 해석한다는 사실을 지적한다. 보부아르는 "생물학이 여성을 생물학적 종개념에 종속시키고 여성이 지닌 다양한 힘을 제한한다는 사실은 매우 중요하다 […] 그러나 육체만으로 본성을 규정하는 것은 충분하지 못하다 […] 생물학은 우리 앞에 놓여진 질문, 즉 '무엇 때문에 여성은 대타자인가?'라는 질문을 제공하기에 충분하지 못하다"[3]라고 말한다. 보부아르는 여성의 생물학적 역할인 출산과 양육이 여성을 타자화시키고 남성에게 종속시켜왔다고 보았으며, 그 정당성을 생물학이 부당하게 제공했다고 지적한다. 그러나 생물학적 특성만이 여성을 여성이게끔 한 것이 아니다. 여성은 생물학적 성 그 이상이다. 신체 그 이상인 여성을 남성의 성적 욕망의 대상, 출산하고 양육하는 신체로 환원시켜 그 역량을 제한시키고 이것에서 벗어나지 못하도록 주술을 걸어 놓은 것은 바로 남성이다. 보부아르에게 여성의 성, 신체는 극복되어야 할 것이었다. 그는 여성이 신체를 강한 의지로 초월해야 한다고 보았고, 그 방법으로 이성 능력을 기를 것·지적 생산을 할 것·사회가 인정하는 직업을 가짐으로써 사회에서 강제되는 타자성을 극복할 것 등을 요구했다.

---

3 Simone de Beauvoir, *The Second Sex*, trans. Howard Parshley, Harmondsworth: Penguin Books, 1972, p.301.

버틀러는 보부아르의 이론에 이미 생물학적 섹스가 곧 젠더임이 숨어 있었다고 보았다. 앞서 살펴보았듯, 보부아르는 당대의 여성성이 남성 지배 구조의 구성물이라는 것, 즉 젠더라고 주장하였다. 그러나 버틀러는 이와 같은 보부아르의 통찰력을 인정하면서도 비판적인 논평을 덧붙인다. 크게 두 가지를 지적하는데, 첫째는 보부아르의 논의에 원칙적으로 다른 젠더도 걸칠 수 있는 겉옷으로서의 코기토(cogito)가 암시되어 있다는 점, 둘째는 여성이 언제나 여성으로 만들어지는 문화적 강제 상황 아래에 있음을 보여 준다는 것이다. 여기서 코기토는 신체와 무관한, 데카르트류의 순수 정신을 의미한다. 보부아르는 젠더란 문화적으로 오직 강제되는 것이기에 여성이 남성의 정신인 이성 능력 획득을 선택할 수 있다고 주장한다. 버틀러가 보기에 보부아르는 남성을 능동적 정신으로 파악한다. 이와 반대로 여성의 몸은 문화적 강제가 작용하는 수동적 존재로 본다. 버틀러에 따르면 보부아르에게 여성의 몸은 사회문화적 의미를 새기고 여성적 정신을 만들어 내는 매개 혹은 수단이다.

몸은 페미니즘 사상에서 핵심적 쟁점의 장이었다. 주류 사상사에서 남성/여성은 정신/신체, 이성/감성, 능동/수동, 문화/자연 등의 이분법적 위계질서 아래에서 논의되어 왔고, 여성의 남성에 대한 저열성 역시 이에 따라 정당화되어 왔다. 보부아르는 여성의 몸을 수동적인 매개물로 상정하고, 몸에 새겨지는 사회·문화적 맥락에 따라 여성도 수동적인 정신이 된다고 분석한다. 그러나 보부아르는 정작 남성의 몸에 대해서는 전혀 언급하지 않는다. 남성은 처음부터 여성이 도달해야 할 지향점, 논의할 이유조차 없는 것이기 때문이었다. 보부아르도 이 맥락을 부지불식간에 수용하고 있는 것이다. 전통적 사고 방식이 그래 왔듯, 보부아르에게도 육체, 성의 관점에서 규정되는 것은 오직 여성이다. 보부아르가 사상사의 전통인 심신 이분법을 수용한다는 것을 부정하기 어렵다. 남성은 정신에, 여성은 몸에 가까운 것으로 여기며, 몸을 극복해야 할 대상으로 처리하고 있기 때문이다. 버틀러는 보부아르 분석을 통해 이런 이분법을 벗어나 몸, 생물학적 성이란 과연 무엇인지 처음부터 다시 생각할 필요가 있음을 제안한다.

5. 이리가레 살펴보기: 본질 형이상학 비판

몸의 역량과 양성의 성격에 대한 버틀러의 문제의식은 이리가레에 대한 비판에서 분명하게 드러난다. 보부아르가 남성성을 여성의 지향점으로 제시하면서 여성의 몸을 철학의 주제로 분명하게 드러내며 여성 주체성을 말한다면, 이리가레는 여성은 남성과 달리 어떤 방식으로든 의미화가 불가능하다고 말함으로써 여성의 몸을 아예 지워버렸다고 주장한다. 정신분석학자이기도 한 이리가레는 프로이트의 적장자를 자처하는 라캉을 비판하며 자신의 이론을 전개한다. 라캉에게 상상계는 사회 질서 이전의 원초적 세계다. 소년은 어머니에 대한 성애를 포기하고 남성 성기인 페니스가 상징화된 팔루스 권력, 아버지의 권력을 받아들이는 방식으로 오이디푸스 단계를 성공적으로 끝낸다. 이는 소년이 사회의 지배 질서를 의미하는 상징 질서인 '팔루스를 중심으로 구축된 언어 질서' 즉 아버지의 이름을 중심으로 구축된 언어 질서의 단계로 진입했음을 의미한다. 소년들은 성공적으로 의미의 질서 속으로 편입되며 자신의 언어인 남성 언어를 가질 수 있다. 그러나 소녀들은 태생적으로 오이디푸스 콤플렉스를 완결할 수 없기 때문에 상상계에 남게 된다. 오이디푸스 콤플렉스는 소년들에게만 적용되는 사회화 과정이기에 그렇다. 이는 여성이 사회화 과정을 제대로 거치지 못하는 불완전한 인간이라는 것을 함축한다.

라캉이 이처럼 상상계와 상징계를 서로 대조시키는 것을 이리가레는 비판한다. 상상계 안에는 남성의 상상만 있는 것이 아니라 여성만의 상상 또한 있다고 주장한다. 라캉의 주장이 맞다면, 현재 우리가 알고 있는 상징계 안의 여성, 여성성의 모든 것은 남성이 만들어 놓은 것이자 남성의 여성에 대한 지배 질서가 표현된 것이다. 사회의 질서가 남성 성기 상징인 팔루스를 중심으로 구조화된다면 그것은 분명 남성들의 상징 질서이다. 그렇다면 여성에 관한 언설 또한 남성들이 만들어 낸 것임에 틀림없다. 그것은 다만 팔루스적 여성성일 뿐인 것이다. 팔루스 중심적인 남성의 성이 자기 동일적 하나로 완성된 것이라면, 이것의 반사경으로 만들어진 여성은 팔루스가 부재한 결핍, 성적 욕망의 결여를 나타내도록 되어 있다. 남자가 활동적이라면 여성은 정적이고, 남자가 지배하려 든다면 여성은 지배당함을 원한다. 즉 남자가 능동이라면 여성은 수동이다. 남성은 성적 욕망이 강하기 때문에 남성의 성적 일탈은 어쩔 수 없다고 이야기되는 반면, 여성은 성적 욕망이 없는 존재여야 하기에 일탈은 이상한 증상이며 처벌 받아야 한다. 하지만 여성의 성을 결여·결핍으로 파악하는 것은 다만 남성의 바람의 표현일 뿐이며, 사실이 아니다.

여성의 성, 상상은 말해진 바조차 없다. 이런 사고에서 벗어나 있는 여성의 성은 하나가 아니다. 여성의 성은 다수의 성이다. 여성 음경의 벌어진 두 개의 음순이 그것을 증명한다. "여성에게는 적어도 두 개는 있다. 그러나 여성의 성은 성기로 확인될 수 없다. 사실 여성에게는 성이 훨씬 많다. 여성의 성적 욕망은 두 배, 그 이상이며 그것은 복수적이다."[4] 그러나 가부장적 남성 사고의 구조 안에서 진정한 여성성을 생각한다는 것은 불가능하다. 남성의 팔루스 언어로 여성을 어떤 식으로 규정하든 그것은 남성의 의미 체계 내지는 의미의 덫에 사로잡히는 것과 같다. 상징적 질서의 팔루스적 의미 체계는 다면적이고 복수적인 여성의 성적 욕망을 억압한다. 이리가레는 중립과 과학의 가면을 쓴 남성의 언어를 파괴시키고 여성의 언어로, 남성이 부과하지 않은 여성의 섹슈얼리티를 발견해야 한다고 주장한다.

버틀러는 이리가레의 『하나가 아닌 성』(*Ce sexe qui n'en est pas un*, 1977)에서의 주장이 "남성 패권적 재현의 출발점일 뿐 아니라 바로 그 '주체'라는 개념을 구축하는 '본질의 형이상학'에 대한 비판의 출발점을 제공하고 있다"[5]라고 평가한다. 남성적 주체를 인간의 본질이라고 상정하는 논의들 전반에 문제를 제기하고 있기 때문이다. 이 본질의 형이상학은 사실상 남성에 한정되어 온 인간의 본질을 상정한다. 보편 이성, 도덕성, 언어처럼 보편 능력과도 같은 것이다. 이리가

---

4 Luce Irigaray, *This Sex Which Is Not One*, trans. Catherine Porter, Ithaca and New York: Cornell University Press, 1985, p.28.
5 주디스 버틀러, 『젠더 트러블』, 조현준 옮김, 문학동네, 2008, 102쪽.

레는 남성이 남성의 것을 보편 이성, 이상적 인간의 언어로 둔갑시켜 담론을 통용시켜 온 것을 지적하였다. 이리가레는 여성을 '타자'로 언명하는 보부아르에 반대하면서 '남성-주체 vs 여성-타자'라는 변증법적 인식에는 인간 안에 어떤 본질적 속성이 있을 거라고 미리 단정 짓는 '본질(실체)의 형이상학'이 전제되어 있다며 비판한다. 보부아르의 위계적 심신이원론에 의거한 페미니즘은 알고 보면 남성 중심적인 인본주의의 입장을 대변한다는 것이다. 이리가레는 생물학적 성 본질론 뒤에 형이상학적 인간 본질론이 배경으로 뿌리 깊게 자리 잡고 있음을 지적한다. 그리고 동시에 페미니즘 또한 그러한 인간 본질론에 사로잡혀 있음을 폭로하고 있다.

보부아르와 이리가레를 통해 살펴보면, 여성은 기묘한 상황에 처해 있다. 버틀러는 이 기묘한 상황을 다음과 같이 정리한다. "공식적으로 보부아르는 여자의 몸에 남성의 담론이 새겨지며, 그로 인해 보편성과 융합되어 있는 남성적인 몸은 온전하게 존재한다고 주장한다. 이리가레는 언어를 각인하는 자와 그 언어가 각인되어진 자가 모두 남성적인 의미화 양식 속에 있으며, 그 안에서 여자의 몸은 소위 의미화 가능한 영역으로부터 '차단되어' 있다고 분명하게 주장한다."[6] 다시 말해, 여성은 이성적이지 못한 존재로 치부되면서 주체가 아닌 몸으로 각인된다. 주체는 능동적 정신을 가져야만 하기 때문이다. 그런데 그 몸은 남성의 언어로 의미화되었고 제대로 표현된 적이 없다.

---

6 앞의 책, 108쪽.

고로 여성은 주체가 아니고 몸도 아니다. 따라서 여성과 여성의 몸이 처한 이 기묘한 현실에서 벗어나려면 이러한 상황을 초래한 심신 이분법에 깔려 있는, 본질을 전제하는 형이상학과 남성 언어의 포획 양자에서 자유로워져야만 한다. 비록 계급과 인종 등을 포착하지 못했을 뿐만 아니라 여성 억압과 배제의 원인을 다만 남성 팔루스 중심주의에 한정시켰다는 한계가 있을지라도 이리가레의 이론적 기여는 높이 평가할 만하다.

6. 남녀 젠더 구분에 트러블을 만들기

심신·남녀 이분법의 본질 형이상학과 남성 언어의 포획에서 벗어난다는 것은 무엇을 의미하는가? 사실 역사는 남성만의 것을 전체 인간의 것인 양 속이며, 보편 인간의 본질을 상정하고 이를 통해 세계를 설명해 왔다. 여성의 본질을 가정하고, 그것에 기반하여 여성을 주체화하는 것은 남성의 사고 틀을 답습하는 것에 불과하다. 버틀러는 다시 보부아르로 돌아가 우선 생물학 본질론에서 벗어날 것을 촉구한다. 보부아르는 '여자는 태어나는 것이 아니라 만들어진다'고 단언했다. 그렇다면 사회적 성, 사회적으로 규정된 여성성을 의미하는 젠더는 문화적 강제의 결과이며, 보편 생물학적 성인 섹스와 무관한 것이다. 더 나아가 몸이 언제나 수동적 상황에 처해 있으며, 담론 질서의 결과에 불과하다면 생물학적 성인 섹스 또한 담론의 결과물임에 틀림없다는 결론이 그 안에는 함축되어 있다. 섹스가 무엇인지 말하기 위해서 우리는 언어를 사용할 수밖에 없고, 각종 담론의 질서를 사용해야 하기 때문이다.

남녀의 성차에 기반하는 페미니즘은 앞서 말한 대로 섹스에 기반한 여성의 보편성을 주장한다. 이것이 여성들 사이의 차이를 제대로 보지 못하게 만든다는 것을 이미 살펴보았다. 그런데 문제는 이것만이 아니다. 이 경향성은 부지불식간에 남성을 인간의 정상 기준으로 삼는다. 따라서 이때까지의 페미니즘은 남성이 누리는 권리를 여성도 동등하게 누려야 함을 주장해 왔고, 여성도 고등교육을 통해 남성과 같은 이성 능력을 획득할 수 있음을 입증하고자 하였다. 말하자면, 여성의 남성 되기를 희망했던 것이다. 버틀러는 남녀 젠더의 구분을 극복할 때 여성 해방뿐만 아니라 남성을 포함하는 진정한 인간 해방이 가능하다고 주장한다. 젠더 구분이 사라질 때, 사회가 인정하는 타고난 생물학적 성에 따른 전형적 여성이나 남성의 모습을 보여 주지 않는다는 이유만으로 손가락질을 당하고, 병원에 갇히고, 가족에게 버림받으며, 죽임을 당하기까지 하는 퀴어 등이 인간으로서 자유롭고 평등하게 살아갈 수 있다. 남성이 인간의 기준이라는 생각은 잘못된 믿음이므로 이는 수정되어야만 한다. 지금까지의 논의가 말해 주는 것처럼 남성의 개념 역시 자연 본질적인 것이 아니라 담론 질서의 결과물에 불과하기 때문이다.

앞서 젠더 개념에서 여성의 역할은 성별에서 결정된 것이 아니라 사회적으로 교육받은 결과임을 함축하고 있다고 이야기했다. 그런데 여성이 '여성'으로 키워져 만들어지는 것처럼 남성도 동일하게 '남성'으로 키워지며 만들어진다. 그렇다면 신체와 정신의 구분, 여성과 남성의 성차 구분은 모두 문화적 산물이라는 것이 드러나며, 남녀의 생물학적 성별 차이로서의 여성의 몸과 남성의 몸을 굳이 구분하는 것 또한 본질 형이상학을 고집하는 것만큼이나 무의미하다. 이는 결국 남녀를 떠나 '인간'에 대한 원초적 재개념화가 요청됨을 말한다. 이를 위해서는 먼저 남성을 인간의 표준으로 보는 신화적 담론 일체를 부숴야만 한다.

버틀러는 보부아르와 이리가레를 비판적으로 수용하여 정신/신체라는 이분법 및 생물학적 본질론, 결정론에서 벗어날 것을 촉구한다. '여자는 태어나는 것이 아니라 만들어진다'는 보부아르의 말은 페미니즘의 고전적 명제다. 만일 그렇다면 한 사회에서 통용되는 여성적인 것 일체, 여성성은 사회적 성인 젠더이며 그것은 문화적 강제의 결과다. 젠더가 문화적, 담론 권력의 결과물이듯 보편 생물학적 성인 섹스 또한 그러하다. '여성'을 '섹스'와 동일시하는 것은 여성 범주를 그럴듯하게 성별화된 몸의 특징들과 결합시키는 것이고, 그것을 이유로 남성들이 공공연히 향유하는 각종 다양한 자유를 여성들에게 허가하는 것은 거부된다. 그러므로 성별 특성에 관한 사회적 상식의 파괴는 섹스가 자연과학적 사실이라는 고정관념을 파괴함으로써만 이루어진다. 성별 섹스를 성별 특성과 인과적으로 연결되어 있는 것으로 보는 한, 젠더의 논의 또한 남성과 여성의 구분 틀 안에서만 맴돌게 된다. 정상과 비정상의 구분이 이를 통해 생산되고, 이 기준에 맞지 않는 것들은 배제되거나 억압당한다.

7. 수행으로서의 주체

버틀러는 나아가 남성 언어 문법의 해체를 시도한다. 이 문법은 술어에 주어, 즉 행위의 원인으로서 자유 의지를 가진 주체를 설정하는 것이다. 이것은 니체(Friedrich Nietzsche)의 통찰을 이어받아 착상되었다. 니체는『도덕의 계보』(1887)에서 다음과 같이 말한다. "활동, 작용, 생성의 배후에는 어떤 존재도 없다 […] 활동이 모든 것이다."[7] 이는 존재하는 것이 오직 동사, 행위뿐임을 의미한다. 그런데 인간의 언어는 언제나 행위의 주체인 주어를 상정한다. 이 주어는 행위를 자율적으로 이끄는 주체로서 받아들여져 왔다. 그러나 그것은 사물의 운동과 변화를 설명하기 위해 불변의 무엇, 즉 실체가 필요하다고 판단한 오랜 서양 사상사적 전통의 가상이다. 그러한 가상은 거짓이다. 예컨대 우리는 '번개가 친다'고 말한다. 그러나 번개가 치는 것이 아니라 요란한 번쩍임, 치는 것 그 자체가 번개다. 술어와 주어는 다른 것이 아니다. 변화하지 않는 주체가 달리 있고, 그것의 행위만 변화하는 것이 아니다. 실체로서의 주체, 행위의 원인으로서의 주체가 존재한다고 믿는 것은 언어 문법의 기만에 속은 것에 불과하다.

젠더의 만들어짐이 보여 주듯, 여성적이든 남성적이든 간에 주체는 술어, 즉 행위의 일반화의 결과라고 볼 수 있다. 한 사회에서 일반적으로 통용되는 행위 형식을 체계적으로 언어화·담론화한 결과

---

7 프리드리히 니체,『도덕의 계보/이 사람을 보라』, 김태현 옮김, 청하, 1999, 378쪽.

로서 생겨난다는 것이다. 남성적 주체 혹은 여성적 주체가 행위에 선행하지 않으며, 행위의 원인으로 존재하는 것 또한 아니다. 우리가 '나'로 인식하는 어떤 정체성은, 말하자면 하늘에서 큰 소리를 동반하는 거대한 빛의 번쩍임이 '무수히 반복됨'을 통해 번개라는 이름을 부여받고, 이후 번개가 친다로 표현되는 것과 동일한 방식으로 형성되는 것이다. 예컨대 '여성'은 여성적 행위로 여겨지는 것들을 무수히 반복하여 수행하게 하는 지배 담론의 강제를 통해 생산되고 강화된다. 예컨대 여성복을 입고, 조신하게 움직이며, 부정적으로 대답하기보다는 윗사람의 말에 순종하고, 부엌일을 하며, 남성을 떠받들고 자녀들을 돌보는 역할을 해야만 하는 것으로 배우며 반복 수행함으로써 '여성'은 탄생한다. '타고난 여성'은 없다.

버틀러는 이를 '수행성'으로 설명한다. 버틀러는 수행성에 대해 "담론의 효과들을 산출하게 만들어 주는 실천"[8]으로 설명한다. 버틀러는 주체를 '만들어지는 것', 실체 개념에 비추어 파악하자면 그런 실체를 하나의 허상이라고 파악함으로써 '주체 없는 주체'를 말한다. 버틀러는 수행성 개념을 들여와 '여성이 된다는 것'과 '여성으로 행동한다는 것'이 같은 것임을 설명함으로써, 남성 언어의 포획에서 벗어나는 길을 제시한다. 팔루스적 남성의 타자로서 여성을 주체로 설정할 때 남녀·심신 이분법의 마법에 다시 빠지게 되는 함정을 피한다. 버틀러는 말하자면 내면성, 내적 본질을 가정하지 않는 수행성으로

---

8 버틀러, 『젠더 트러블』, 108쪽. 버틀러의 이와 같은 주장에 푸코의 '지식-권력' 이론이 많은 영향을 미쳤음은 물론이다.

서의 젠더를 주장하는 것이다. 이처럼 '여성'은 허구다. 여성이 허구라면 당연히 이와 마찬가지로 '남성'도 허구다. 섹스, 성은 존재하지 않는다. 그것은 상기한 것과 같이 동양의 음양론이나 서구의 자연 본질론과 같은 담론에 의해 만들어지고, 현재는 과학의 이름으로 끝없이 만들어지고 있는 것이다. 우리는 언어를 통해 정의 내리거나 표현하지 않고서는 결단코 섹스에 대해 말할 수 없다. 버틀러의 젠더 이론은 여성 없는 페미니즘, 근대를 이끌어 온 '주체 중심의 인간관'을 허물고 '비정체성의 인간관'을 새롭게 구축할 것을 제안한다. 정체성은 고정된 것이 아니라 언제나 변화하는 것이다. 버틀러는 이처럼 생물학적·사회적으로 미리 주어진 규범적 이분법에 의해 여성이나 남성으로 고착되지 않는 '급진적 젠더 정치'를 제안한다.

8. 여전히 남아 있는 질문들

버틀러의 주장은 남녀 젠더뿐 아니라 섹슈얼리티, 나아가 여성뿐 아니라 남성의 섹스도 존재하지 않으며, 그것 또한 담론 구성의 산물일 뿐임을 함축한다. 그는 보부아르의 위계적 심신 이분법의 문제를 비판하고 남성 언어 문법에서의 탈피를 말함으로써 남녀 이분법의 경계를 붕괴시키는 전략을 취한다. 그의 이론은 여성성/남성성이 뒤바뀌거나 뒤섞이는 것, 사회 통념을 벗어난 섹슈얼리티의 존재 정당성을 강화시켜 준다. 또 그의 이론은 퀴어에 대한 이해와 권리에 크게 기여한다. 남녀의 성별 섹스, 젠더, 섹슈얼리티가 모두 담론 구성의 결과라면 레즈비언, 게이, 드랙퀸, 트랜스젠더 등 다양한 성 정체성 또한 비정상이 아니라 다만 그것으로 존재하는 것이 된다. 이들을 기존의 남녀 젠더로 구획 지어 포함시키거나 설명할 이유나 필요가 사라진다. 사실상 남성/여성이라는 이분법적 성별 범주는 존재하지 않는 가짜이기 때문에, 이들 범주와 다른 성정체성들을 구분할 이론적 근거가 사라지기 때문이다. 이는 페미니즘 이론의 외연 확대에 큰 기여를 하고 있다고 볼 수 있다. 이뿐만 아니라 순수 정신으로서의 코기토 주체, 능동적 행위 결정자로서의 근대적 인간을 넘어 전혀 새로운 인간관을 제시하고 있다는 점에서 페미니즘의 경계를 넘어 널리 논의되고 있다.

남녀 고정관념의 그릇된 상상지로서의 젠더는 허물어져야 한다. 버틀러는 고정된 남성성과 여성성은 존재하지 않으며, 이런 경계의 붕괴가 인간이란 무엇인가를 처음부터 재고하게 만들고, 인권의 전반적 향상에 견인차가 될 것이라고 본다. 버틀러는 자연적 성에 기반하여 논의되어 오던 섹슈얼리티 및 젠더의 연관성을 모두 효과적으로 끊어냄으로써, 인권 향상의 토대를 만들어 냈다. 리버럴 페미니즘에서 젠더 페미니즘에 이르기까지의 역사를 거쳐 현재의 페미니즘은 남녀 양성 구분, 양성평등을 뛰어 넘어 퀴어를 포함하는 모든 성의 평등의 방향으로 나아가고 있다. 이는 여성/남성, 여성성/남성성의 구분이 자연 발생적인 것이 아니라 사회에서 주어져 강제되고 있는 것이며, 우리 안에 무수하게 다양한 성이 존재한다는 생각을 반영한다. 이것으로 다양한 차이에 따른 차별의 문제 또한 접근 가능함은 물론이다. 페미니즘은 이제 여성이 아니라 인간의 조건을 재고하고, 인간에 대해 말하고 있는 것이다. 페미니즘의 역사는 보편 여성을 상정하여 남녀 평등을 말하는 성별 정치에서 남녀 성별 차이를 무화시키는 급진적 젠더 정치로 이행해 온 것으로 단순화하여 정리할 수 있다. 이런 변화는 페미니즘 이론과 운동의 외연을 넓히는 데 크게 기여하고 있다.

그럼에도 불구하고, 신체 구조 차이는 부정할 수 없는 사실이다. 여성은 남성에 비해 상대적으로 신체의 근력이 떨어진다. 또 남성이 하지 않는 월경을 하며, 가임기에 임신과 출산의 가능성이 있다. 그러나 성별 섹스는 이 이상의 사회적인 강한 통념을 지니고 있다. 여성의 신체 구조는 임신과 출산, 육아를 '해야만 하는 것'이 아니라 '할 수 있는 것' 그 이상의 어떤 자연 본질적 의미도 가지지 않을 것이다. 그러나 사회적인 담론 규정 이전에는 신체 구조적 차이마저 존재하지 않는다고 이야기하는 것은 받아들이기 어렵다. 여성은 근력이 약하기 때문에 성추행·성폭력, 남성의 위압적 모습을 두려워한다. 가임기 여성에게는 출산의 가능성이 있으며 그 기간은 길고 고통스럽다. 임신과 출산, 회복의 기간 동안 여성의 자기 방어 능력과 노동에 필요한 신체 능력은 훨씬 저하된다. 이 자연의 사실이 여성 정체성의 일부를 구성한다. 남성은 남성을 정상 기준으로 삼기에 여성의 이런 일반적 특성을 결핍, 무능으로 받아들이지만, 그것은 결핍이나 무능이 아니라 남성은 할 수 없는 출산 기능을 부여받은 결과이다. 개인들의 결혼과 출산에 대한 자유로운 선택권이 인정되는 사회지만, 어쨌든 출산은 자연적 성별로서의 여성만이 할 수 있는 일이며 인류의 지속 가능한 미래의 핵심적 역량이다. 여성의 출산 역량에 관련한 여러 사회적 고려에 대한 인식이, 시혜나 특혜가 아닌 남성과 다른 신체 '차이'에서 비롯되는 여성의 정당한 권리를 보전해 주는 방향으로 전환되고 폭넓게 확산될 필요 또한 여전히 존재하는 이유이다.

버틀러의 등장 이후에도 몸을 둘러싼 젠더의 트러블은 계속되고 있다. 이는 이론과 실천의 모든 장에서 벌어지고 있다. 호주의 저명한 페미니즘 이론가인 엘리자베스 그로츠(Elizabeth Grosz)를 비롯한 많은 이론가들은 몸과 정신이 분리되는 것이 아니라 뫼비우스의 띠처럼 연결되어 있다는 주장을 하면서 버틀러의 주장에 반대되는 견해를 견지한다. 버틀러의 주장에 제기되는 이와 같은 문제는 흔히 메갈리아로 대표되는 한국 래디컬 페미니스트 혹은 영영페미니스트들의 일부가 생물학적 성별 정체성인 이분법적 섹스에 기대어 정치 세력화가 되었다는 사실과 무관하지 않다. 그리고 이들이 버틀러의 젠더 이론에 주로 기대고 있는 젠더 페미니즘을 페미니즘의 적으로 놓고 공격하는 것은 우연이 아니다. 생물학적 성에 근거하지 않는 '여성 없는 페미니즘'은 페미니즘이 아니기 때문에 여성의 권익 향상에 도움이 되지 않는다는 것이다. 그러나 이들이 동시에 레즈비언 그룹을 제외한, '남성'을 비롯한 퀴어를 반(反)여성적 그룹으로 묶어 공격하는 것 외의 어떤 비전도 보여 주지 못하는 것은 사실 우리가 앞서 보아 온 생물학적 섹스에 기원한 페미니즘의 근본 문제에 답을 못 하고 있음을 방증한다. 래디컬 페미니즘은 자연 본질의 육체성에 사로잡힌 여성의 속성 문제, 서로 다른 환경과 입장에 서 있기 때문에 차이 나는 여성들의 문제, 인간을 대표해온 남성성을 어떻게 해체할 것인가 등의 문제에 해법을 제시하지 못하고 있는 것이다. 그들은 생물학적 여성 이외의 모두를 배제하며, 여성들만의 세계를 구축하자는 것과 같은 그야말로 비현실적인 주장을 공회전시키고 있을 뿐이다. 이와 같은 충돌이 벌어지는 현장은 우리에게 많은 것을 생각하게 한다. 페미니즘에 '여성'이라는 보편적 정체성이 존재하는가? 그런 정치 주체가 필요한가? 이러한 질문은 여전히 열려 있는 쟁점의 장이다. 동시에 그 답은 아마도 래디컬 페미니즘과 젠더 페미니즘 사이에서 찾을 필요가 있음을 보여 준다는 점에서 또 다른 문제를 제기하고 있다.

참고문헌

1차 문헌

버틀러, 주디스, 『젠더 트러블』, 조현준 옮김, 문학동네, 2008.

_____, 『젠더 허물기』, 조현준 옮김, 문학과지성사, 2015.

2차 문헌

기든스, 앤서니, 『현대사회의 성 사랑 에로티시즘: 친밀성의 구조 변동』, 배은경·황정미 옮김, 새물결, 2001.

니체, 프리드리히, 『도덕의 계보/이 사람을 보라』, 김태현 옮김, 청하, 1999, 378쪽.

Beauvoir, Simone de, *The Second Sex*, trans. Howard Parshley, Harmondsworth: Penguin Books, 1972.

Irigaray, Luce, *This Sex Which Is Not One*, trans. Catherine Porter, Ithaca and New York: Cornell University Press, 1985.

지은이 소개

이하준

한남대 탈메이지교양융합대학 철학 교수로 일한다. 베를린 자유대에서 철학을 주전공으로, 문화사회학과 교육철학을 부전공으로 공부했고 아도르노 철학연구로 철학박사 학위를 받았다. 한국연구재단 전문위원과 대학지성IN&OUT 편집기획위원을 역임했다. 현재 한국해석학회와 한국동서철학회 부회장을 맡고 있다. 주요 저서로 『막스 호르크하이머, 도구적 이성비판』, 『호르크하이머의 비판이론』, 『아도르노: 고통의 해석학』, 『부정과 유토피아: 아도르노의 사회인식론』, 『교양교육 비판』 등이 있다. 이 밖에 『철학이 말하는 예술의 모든 것』(세종우수학술도서), 『그림도 세상도 아는 만큼 보인다』(세종우수교양도서)를 포함해 다수의 인문교양서를 썼다. 더 나은 철학교육을 위해 『지금, 우리는 어떻게 살고 있나?』, 『#철학』 등의 공저를 낸 바 있다.

임건태

고려대 철학과를 졸업하고, 니체에 관한 연구로 동대학원에서 박사학위를 받았으며, 현재 고려대, 대진대, 순천향대 등에서 강사로 활동하고 있다. 공저로는 『혐오를 넘어 관용으로』가 있고, 역서로는 『니체의 『비극의 탄생』 입문』, 『니체의 『도덕의 계보』 입문』이 있다.

조홍준

동아대 철학생명의료윤리학과 조교수. 독일 프라이부르크 대학에서 『아리스토텔레스와 하이데거의 시간개념 연구』로 철학박사 학위를 받았으며, 현재 한국현상학회, 한국하이데거학회, 한국해석학회 상임이사로 재직 중이다. 해외 저서로 『시간의 분열과 시간성의 이원』이 있으며, 국내에서는 『인문학, 정의와 윤리를 묻다』, 『#철학: '나-우리-사회-세계'의 관계논리』를 공저로 출간했다. 주요 논문으로 「시간은 어떻게 공간이 되는가?」, 「하이데거 예술론에서 시간의 의미」, 「하이데거 『존재와 시간』은 윤리학인가?」 등이 있다. 「하이데거 존재진리의 시간으로서 우연성」으로 2020년 한국동서철학회 학술상을 수상했다.

우호용

중앙대 철학과를 졸업하고 연세대 대학원 철학과에서 선언주의와 지각의 문제에 관한 연구로 박사학위를 받았다. 한국논리학회 간사로 근무하며 논리교육의 대중화에 참여했으며, 호서대 겸임교수와 가톨릭관동대 조교수로 재직하였다. 저서로는 『논리 그리고 비판적 사고』(공저), 역서로는 『신·자유·악』(공역)이 있으며, 논문으로는 「라이프니츠의 세 원리에 근거한 과학의 형이상학적 특성에 관한 연구」가 있다. 한밭대, 숭실대에서 논리학과 관련된 강의를 하고 있다. 현재 지각의 문제, 비트겐슈타인, 포퍼 등에 관심을 두고 연구를 진행하고 있으며, 논리학 관련 서적들도 집필 중에 있다.

곽영윤

경희대 조경학과와 고려대 국어국문학과를 졸업했다. 홍익대 대학원 미학과에서 발터 벤야민의 도시 미학에 관한 연구로 석사학위를 받고, 독일 본 대학 철학과에서 「테오도어 W. 아도르노의 자연미 이론」 연구로 박사학위를 받았다. 고려대 교양교육원 강사로 재직 중이다. 주요 논문으로 「롱기누스와 18세기 전반기 영국의 숭고론」, 「아도르노와 현대미술」 등이 있다.

박성진

인하대 철학과에서 '니체의 정치철학' 연구로 석사학위를 취득하고 성균관대 정치외교학과에서 '새로운 자유주의'(New Liberalism) 연구로 박사학위를 받았다. 현재 광주교대 윤리교육과에 재직 중이다. 한국 사회에서 정치철학자로 산다는 것이 무엇인지 고민하고 있지만 늘 해답을 찾지 못하고 있다. 그리고 미래 사회의 정치적 주체인 '포스트데모스'(Post-demos)와 '고통과 공포의 민주주의'라는 주제로 연구를 진행하고 있다. 기술혁명 시대의 정치와 정치적 주체 그리고 절망이 고여 있는 공간에서의 민주주의에 대해 고민 중이다.

성기현

한림대 인문학부 교수. 2017년 서울대 미학과에서 「질 들뢰즈의 감각론 연구」로 박사학위를 받았으며, 충북대 철학과 박사후과정연구원과 서울대 인문학연구원 선임연구원으로 재직한 바 있다. 저서로 『들뢰즈의 미학』, 『프랑스철학과 정신분석』(공저)이 있으며, 『들뢰즈와 가타리의 무한 속도』와 『들뢰즈, 초월론적 경험론』을 번역했다. 주요 논문으로 「들뢰즈의 후기 프루스트론에 대한 연구」, 「들뢰즈와 과타리의 보편사 개념」, 「들뢰즈와 해석의 문제」, 「칸트라는 분기점: 랑시에르 vs. 리오타르」 등이 있다.

도승연

광운대 인제니움 학부대학 교수이자 학장, 한국인터넷윤리학회 회장으로 인문 교양교육 전반에 대한 기획과 평가 활동에 참여하고 있다. 이화여대 철학과에서 철학 공부를 시작하여 뉴욕 주립대에서 푸코의 윤리학 연구로 박사학위를 받았다. 주요 논문으로는 「푸코와 68혁명: 사건이 아닌 경험, 신화가 아닌 비판으로서의 혁명」, 「푸코(Foucault)의 '문제화' 방식으로 스마트시티를 사유하기」, 「철학의 역할, 진실의 모습: 푸코의 자기-배려 논의를 중심으로」 등이 있다. 최근에는 패션 철학, 디지털 문명에서의 개인과 공동체의 규범성으로 연구 영역을 확장하고 있다.

이지영

이화여대 철학과에서 스피노자 연구로 박사학위를 받았다. 2000년 대구 매일신문 신춘문예 소설 부문에 당선되어 등단했다. 옮긴 책으로 『펼쳐라 철학』, 『이방인, 신, 괴물』, 『비참한 날엔 스피노자』 등이 있으며, 「스피노자에서 개체의 실존 역량과 공동체」, 「스피노자—신체와 합리적 정서의 문제」 등의 논문을 썼다. 광운대, 이화여대 등에서 철학을 강의하고 있다. 민주주의, 문학과 철학, 여성철학 등에 관심을 두고 연구를 진행하고 있고, 한국철학사상연구회 여성과 철학 분과에서 공부하고 있다.